Bildatlas

EISENBAHN

Werner Schabert (Hrsg.)

Bildatlas EISENBAHN

© Naumann & Göbel Verlagsgesellschaft mbH

Autoren: Dr. Cornelia Lawrenz, Dr. Wolfgang Mayer, Otto Schertler,

Karin Schneider-Ferber, Harry D. Schurdel, Dr. Holger Sonnabend,

Dr. Stefan Weixler, Gudrun Zercher

Realisation und Redaktion: MCS Schabert GmbH, München

Kartografie: Kartographie Huber, München

Gesamtherstellung: Naumann & Göbel Verlagsgesellschaft mbH, Köln

ISBN 978-3-625-12412-2

www.naumann-goebel.de

VORWORT

Nach der bahnbrechenden Erfindung des Rades hat man sich bereits in der Antike Gedanken über einen komfortablen Warentransport gemacht. So wurden schon im alten Babylon ein- und zweiachsige Karren zur besseren Steuerung über Steinschienen geführt. Die Griechen und Römer schlugen Spurrillen in ihre Straßen, um eine bessere Radführung zu erzielen. Später, im Mittelalter, zogen Pferde Grubenbahnen über hölzerne Schienen. Ab Mitte des 18. Jh. kamen dann Schienen aus Eisen und Stahl zum Einsatz, fast zeitgleich wurde die Dampfmaschine erfunden. Aus der Kombination von Rad, Schiene und Dampfkraft konstruierte man zu Beginn des 19. Jh. die Dampflokomotive. Diese Erfindung hat die Welt so grundlegend verändert wie kaum eine zuvor.

Im 19. Jh., dem sogenannten „Eisenbahnjahrhundert", war die Eisenbahn das Transportmittel schlechthin. Weltweit wurden Streckennetze ausgebaut und dabei Akzente in die Landschaft gesetzt – in Form von Brücken, Tunnels und Viadukten. Die Eisenbahn diente anfangs vor allem dem Waren- und Güterverkehr sowie der Landerschließung in Kolonien, aber auch – da sie eine schnelle Truppenverlegung ermöglichte – militärischen Zwecken. Den Durchbruch bei der Personenbeförderung läutete die Inbetriebnahme der Versuchsstrecke von Stockton nach Darlington im Jahr 1825 ein. Nicht lange hat es dann gedauert, bis das Verreisen mit der Bahn groß in Mode kam und komfortable Waggons für die Zugreisenden gebaut wurden. Mit der Zeit wurden die Dampfloks durch Diesel- und Elektroloks ersetzt. Die meisten Züge fahren jedoch auch heute noch auf den traditionellen Strecken,

In diesem Bildatlas finden Sie ein großes Kapitel mit vielen Fakten über die Entwicklung der Eisenbahn. Spezialkapitel befassen sich mit dem kulturellen Einfluss der Eisenbahn. Vor allem aber bereisen Sie auf 31 der interessantesten Bahnstrecken alle fünf Kontinente. In Europa fahren Sie z. B. mit der Semmeringbahn, die als erste Gebirgsbahn heute zum Weltkulturerbe zählt, Asien wartet mit der Transsibirischen Eisenbahn, der längsten Bahnstrecke der Welt, auf, die Andenbahnen Südamerikas nehmen Sie mit auf die höchsten Schienenstrecken der Erde, mit den Kenya Railways erleben Sie Afrikas Tier- und Pflanzenwelt, Australien durchqueren Sie per Bahn von West nach Ost und von Nord nach Süd und schließlich entführt Sie der TranzAlpine Express in die grandiose Bergwelt der Neuseeländischen Alpen. Es gäbe natürlich noch viel mehr schöne und historisch wichtige Bahnstrecken zu beschreiben, jedoch würde dies den Rahmen eines solchen Bandes sprengen.

INHALT

Die Entwicklung der Eisenbahn

Die faszinierende Geschichte der Eisenbahn ist eine Geschichte unserer Zivilisation. In nur 200 Jahren revolutionierte der Mensch mit der Erfindung der Dampflokomotive und moderner Hochgeschwindigkeitszüge nicht nur Verkehr und Technik, sondern prägt und verändert damit bis heute das Verhältnis von Raum und Zeit.

Eisenbahngeschichte

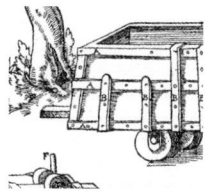

Kein Verkehrsmittel der Neuzeit hat das Leben mehr verändert wie das eiserne, dampfende und rollende Gefährt auf Schienen. Die sensationelle Erfindung der Eisenbahn eröffnete völlig neue Transportmöglichkeiten, beförderte den Handel über Länder und Kontinente hinweg, kurbelte neue Industriezweige an und veränderte das Mobilitätsverhalten der Menschen in bisher unbekannter Weise.

Pferdestärke Noch 1773 beförderten Pferde die Kohle auf den Grubenbahnen. Ein Pferd folgt dem bergab rollenden hölzernen Waggon zum Fluss, wo die Kohle auf Transportschiffe nach Newcastle verladen wurde.

Rad und Schienen vor der Eisenbahn

Drei bahnbrechende Erfindungen gingen der Erfindung der Eisenbahn voraus: das Rad, die Schiene und die Dampfmaschine. Schon 4000 v. Chr. hatten die Menschen mit dem Warentransport erst über Baumstämmen, später auf Rollen und Walzen begonnen. Beinahe zeitgleich erkannten Ägypter, Chinesen, Griechen und Römer, dass das bewegliche, aber fixierte Rad einen komfortablen Lastentransport über weite Strecken ermöglichte. Ein- und zweiachsige Karren – später Hunde genannt – wurden bereits 2200 v. Chr. bei den Babyloniern zur besseren Steuerung über Steinschienen gezogen. Auch Griechen und Römer erkannten die Vorzüge steinerner Schienensysteme und schlugen Spurrillen in die antiken Straßen, um eine bessere Wegeführung zu erzielen. Im Mittelalter kam diese Technik der Räderführung in den Stollen der Bergwerke zum Einsatz. Damals zogen noch Pferde die Gruben-bahnen zur Erzbeförderung auf hölzernen Schienenwegen. Ab 1750 kamen Schie-nen aus Eisen und Stahl zum Einsatz.

▣ Niemals jedoch hätte das Rad-Schienen-Prinzip den Siegeszug der Technik ange-treten, wäre dem englischen Physiker Isaac Newton nicht 1680 die bahnbrechende Entdeckung der Dampfkraft gelungen. Durch seine Erfindung konnte der Englän-der Thomas Newcomen 1712 die erste funktionsfähige Dampfmaschine konstruie-ren und nur wenig später präsentierte der schottische Ingenieur James Watt der Öffentlichkeit die erste mit Überdruck und Drehbewegung arbeitende Dampfma-schine, die er sich 1769 patentieren ließ. Das überarbeitete Newcomen-Modell hatte einen zweiten Dampfkondensator, sodass nicht mehr 80 % der Energie jeder Dampfladung für die Erwärmung des kalten Metalls verschwendet wurden.

Sir Isaac Newton (1642–1727) Der Physiker entdeckte die Dampfkraft für den Antrieb.

Römische Stein-straße Auf inner-städtischen Pflas-terstraßen wie hier in Pompeji haben die Transporte schwerer Lasten, Militärgeräte und Bauteile Spurrillen in die Pflastersteine geschnitten. Auch die Steine zum Überqueren der Straße sind deutlich sichtbar.

Die Lokomotive lernt laufen

Die Erfindung der Eisenbahn vollzog sich unter Tage. 1767 waren im größten englischen Kohlerevier Newcastle bereits 57 atmosphärische Dampfmaschinen nach Newcomens Bauart im Einsatz. Nachdem der englische Industriebaron Matthew Boulton seinen Geschäftspartner James Watt zur Entwicklung eines neuen Maschinentyps gedrängt hatte, ersetzten in den englischen Bergwerken ab 1780 die Watt'schen Niederdruckdampfmaschinen den Antrieb für Wasserpumpen. Der entscheidende Durchbruch der transporttechnischen Revolution vollzog sich 1804 in den Pennydarren-Eisenwerken von Merthyr Tydfil im Süden von Wales. Hier experimentierte der geniale Bergwerksingenieur Richard Trevithick mit der Dampfmaschine, befestigte seine neu konstruierte Hochdruckmaschine auf einem Fahrgestell und nahm auf der Hüttenwerksbahn die erste Dampflokomotive der Welt in Betrieb. Trevithicks Erfindung zog auf fünf Wagen 10 t Fracht samt 70 Mann Besatzung in nur vier Stunden und fünf Minuten über die 15 km lange Strecke. Dies entsprach etwa einer Geschwindigkeit von 6–8 km/h. Jedoch brachen die Schienen unter dem Gewicht des Zuges. Obwohl der Waliser bis 1808 noch an zahlreichen Dampflokomotiven herumexperimentierte, verließen sich die Bergwerksbetriebe noch einige Zeit auf die altbewährte Zugkraft der Pferde. Erst als die Preise für Pferdefutter durch die Napoleonischen Kriege (1800–1815) in die Höhe schossen,

Eisernes Wunder Das Modell der „Catch-me-who-can" (1808) wog mit gusseisernem Schornstein und Dampfableitungsrohr 8 t.

Zirkusmanier
Richard Trevithicks
Experimente mit
der Dampflok ende-
ten 1808 als Publi-
kumsattraktion auf
dem Euston Square
in London. ≫

Erster Dampfbus Als erster Reisebus Europas verkehrte der nach einem Modell Trevithicks 1833 gebaute „Leviathan" mit einer Geschwindigkeit von 22 km/h zwischen London und Birmingham.

erkannten auch die skeptischen Grubenbesitzer den Nutz-
wert der neuen Maschinen.

▣ Noch hatte Trevithicks Erfindung allerdings etwas eher illus-
tres und wurde von der technikscheuen Öffentlichkeit als
Belustigung wahrgenommen: Zwischen Juli und September
1808 konnte das staunende Londoner Publikum in einem
Lokomotivenparcours für einen Schilling pro Kopf eine
Fahrt auf der „Catch me who can" (Fang mich, wer kann)

wagen. Im Jahr von Trevithicks Tod 1833 waren in und um
London bereits 26 Wagen mit Dampfkraft im Einsatz.
Darunter auch die Dampfomnibusse von Walter Hancock,
die bis zu 16 Personen transportieren konnten und bis 1837
regelmäßig zwischen Paddington und London City verkehr-
ten. Auch der von Dr. William Church gebaute Dreirad-
Doppelstockdampfbus, der „Leviathan", galt als attraktives
Verkehrsmittel: Mit bis zu 50 Fahrgästen verkehrte er im
Linienverkehr zwischen Birmingham und London.

Personentransportwesen In Philadelphia, Pennsylvania, war das innerstädtische Schienennetz 1877 bereits auf über 500 km ausgeweitet.

Pferdeeisenbahnen

▣ Außerhalb der Hüttenbranche war das Vertrauen in die Dampflokomotive noch dürftig. Groß war die Angst, zum Schleppen von großen Lasten könnte die Reibung zwischen Rad und Schienen nicht ausreichen. Als Richard Trevithick 1804 die erste dampfbetriebene Schienenlokomotive ins Rollen brachte, gab es bereits eine Reihe von Eisenbahnen, die jedoch alle mit Pferden oder ortsfesten Dampfmaschinen und Seilzug betrieben wurden. Im Mutterland der Eisenbahn waren die Pferdeeisenbahnen zunächst nur für den Gütertransport vorgesehen und kamen vor allem als Zubringerlinien für den Wassertransport in kanalreichen Gegenden zum Einsatz. Erst 1801 genehmigte das Britische Parlament den Transport von Personen in Linienkutschen zwischen Croydon und Wandsworth. Die kleine Marktstadt Croydon war ein bedeutendes Industriezentrum mit mehr als vierzig mit Wasserkraft arbeitenden Fabriken, die Waren für London produzierten. Sie wurden mit Pferdeeisenbahnen durch das Wandle-Tal bis an die Einmündung der Themse bei Wandsworth transportiert. Die Benutzer mussten für Wagen und Pferde selbst sorgen.

▣ Kurz darauf kamen in London die Vorläufer des Automobils zum Einsatz. Wieder hatte der Eisenbahnpionier Trevithick die zündende Idee. 1803 konstruierte er ein Fuhrwerk, das dampfbetrieben und selbstfahrend durch Londons Straßen rollte. Das von Presse und Publikum viel beachtete „London Steam Carriage" war nicht auf das Schienennetz angewiesen und funktionierte wie eine Postkutsche mit Dampfantrieb.

Da der Unterhalt dieser Wasserdampfmaschine wesentlich teurer als bei einer Pferdekutsche war, konnte sich das Gefährt nicht durchsetzen.

◨ Auf dem Kontinent wurden die ersten Pferdeeisenbahnen in Betrieb genommen, als die Briten schon mitten im Zeitalter der Dampfmaschine steckten. Hier setzte sich am 1. August 1832 in Böhmen die erste kontinentale Eisenbahn in Bewegung und die 129 km lange Strecke zwischen Budweis und Linz galt zu diesem Zeitpunkt als eine der längsten Pferdeeisenbahnen der Welt. In Österreich-Ungarn wurden kurz darauf zwei weitere Pferdeeisenbahnen zwischen Prag und Lahn sowie zwischen Pressburg und Tyrnau eingerichtet. Auch im französischen St. Etienne eröffnete am 1. Oktober 1828 die erste Pferdeeisenbahn. Sie führte über 20 km nach Andrézieux und ab 1832 als erste Dampfeisenbahnlinie Frankreichs über 56 km bis nach Lyon. Mit durchschnittlich 12 km/h waren die Pferdeeisenbahnen immerhin um einiges schneller als das damals noch übliche Personentransportmittel, die Postkutsche! Die rasche Entwicklung der Dampfeisenbahn in England bedeutete ein baldiges Ende für die Pferdeeisenbahnen. In Amerika gab es schon 1807 eine Pferdeeisenbahn im Stadtverkehr von Boston. Auch die Strecke der ersten öffentlichen Dampfeisenbahn, die 1830 im Staat Maryland eröffnete, wurde zunächst nur für den Betrieb mit Pferden genehmigt.

Experimente mit Dampf

Richard Trevithick Der 1771 in Cornwall als Sohn eines Bergwerksingenieurs geborene Richard Trevithick gilt bis heute als der größte Pionier der britischen Lokomotivgeschichte. Er arbeitete zeitlebens an der Verbesserung der Dampfmaschine und war der Erste, der die Anwendung von Hochdruckdampf in einer Maschine wagte. Damit gelang ihm eine wesentliche Verbesserung der mit niedrigem Druck arbeitenden Maschinen des schottischen Erfinders James Watt. Auch die Verkleinerung der Dampfmaschinen und die Herstellung stärkerer Dampfkessel, die höhere Dampfdrücke und damit eine höhere Leistung erbrachten, zählten zu seinen Errungenschaften. Nach dem Bau mehrerer stationärer Pumpmaschinen für Bergwerke experimentierte Trevithick ab 1802 mit dampfgetriebenen Straßenfahrzeugen.

TECHNIK

London Steam Carriage (1803)
Trevithicks dampfgetriebene Kutsche von war ohne Schienenführung konzipiert und gilt als Vorläufer des Automobils. ▶▶

Moderner Viadukt Der Causeys-Tanfield-Arch bei Liverpool (1727) ist die erste Eisenbahnbrücke der Welt und gilt als Meisterwerk der Brückenbaukunst.

Der Durchbruch der Dampflokomotive

◻ In England schritt die industrielle Revolution unaufhaltsam voran. Die Technik eroberte die industriellen Produktionsstätten. Die vielerorts eingesetzten Dampfmaschinen erforderten Unmengen von Kohle und der Bedarf am begehrten Brennstoff stieg ins Unermessliche. Beharrlich wurden die Zechenbesitzer von der Industrie auf Ersatz der Pferde durch leistungsfähigere Antriebe gedrängt. Bald beschäftigten sich viele Erfinder mit dem Einsatz von Dampfmaschinen und arbeiteten fieberhaft an der Weiterentwicklung der ersten Dampfmaschine von Richard Trevithick aus dem Jahr 1804. Jedes Jahr erschienen neue Modelle, jedes ein Stück weiter verfeinert, um das Problem der Reibung zwischen Rad und Schienen zu lösen. Bizarre Versuche brachten um 1810 etwa die Lokomotive mit „Beinen" von William Brunton oder die erste Zahnradlokomotive von John Blenkinsop hervor. Diese trickreiche Konstruktion sollte durch seitlich fixierte Zahn-

räder und eigens dazu entwickelte Schienen das Rutschen auf dem Untergrund verhindern. Auf der Middleton-Kohlegrube nahe Leeds in Yorkshire wurde am 12. August 1812 die „Prince Regent" als erste Lokomotive nach diesem System eingesetzt. Auf der heute als die älteste Bahnlinie der Welt geltenden Zechenstrecke wurden 1813 drei weitere Zahnradbahnen eingesetzt: die „Salamanca", die „Marquis Wellington" und eine vierte, deren Name entweder „Lord Wellington" oder „Marquis Wellesley" war. Damit begann auf der schon am 9. Juni 1758 in Betrieb genommenen Wagenstrecke, dem Middleton-Railway, der erste reguläre Dampfbetrieb der Welt.

◻ Die erste Lokomotive, die für ihre Vorwärtsbewegung allein auf die Reibung zwischen Rad und Schiene vertraute, war die von William Hedley im Sommer 1813 fertiggestellte „Puffing Billy": Mittels des Schwinghebels (Balancier) funktionierte hier die Kraftübertragung von der Dampfmaschine zum Rad. Die zweiachsige „Puffing Billy" und die baugleiche „Wylam Dilly" waren bis 1865 in den Wylam-Bergwerken bei Newcastle-upon-Tyne unterwegs.

▣ Mit dem Beginn des Eisenbahnzeitalters wurden zum ersten Mal seit der Römerzeit wieder monumentale und weite Entfernungen überspannende Verkehrsbauwerke errichtet. Neben Straßen und Kanälen, die mit dem Einsetzen der industriellen Revolution in England das stetig steigende Transportvolumen im ganzen Land bewältigen mussten, gehörten nun auch Trassen und Brücken zu den wichtigsten Bauaufgaben. England avancierte zur größten Baustelle der Welt, wo berühmte Bauingenieure wie Thomas Telford (1757–1834) ihr Können im Brückenbau unter Beweis stellten. Noch heute sind Brücken aus dem frühen 18. Jahrhundert erhalten, wie der 1727 errichtete Causey-Tanfield-Arch bei Consett in der Grafschaft Durham. Die steinerne Brücke ist 24 m hoch und hat eine Spannweite von etwa 30 m. Bis 1800 wurde hier die Kohle von Tanfield bis zum Fluss Tyne transportiert. Es war noch immer billiger, die Kohle von den Gruben zur Verarbeitungsstätte oder zur nächsten schiffbaren Wasserstraße per Schienen und Bahn zu transportieren, als im flachen Hügelland Kanäle zu bauen und zu betreiben.

Wirtschaftlich erfolgreich John Blenkinsops Zahnradlokomotive von 1811 wurde zum Vorbild der später in den Bergen eingesetzten Zahnradbahnen. ⏵⏵

Innovation mit glatten Rädern William Hedleys „Wylam Dilly", von 1813–1862 an der Wylam-Zeche in Northumberland in Betrieb, stellte die Kraftübertragung zwischen glatten eisernen Rädern und Schienen unter Beweis.

Stephensons Versuchsstrecke: Stockton–Darlington

◾ Noch heute wird George Stephenson als der Erfinder und Erbauer der ersten betriebstüchtigen Dampflokomotiven gefeiert. Dank seiner technischen Visionen entwickelte sich die neue Technologie sprunghaft weiter und machte England zum weltgrößten Erfolgsland der Eisenbahn. Stephensons erste Lokomotive für die Killingworth-Kohlegrube, die zuerst „Mylord" und später „Blücher" oder „Blucher" getauft

wurde, stammte von 1814. Sie war zwar funktionstüchtig, aber nicht wirtschaftlich. Nach Verbesserungen an Kessel, Gestänge und Gleis nahm Stephenson 1822 den Bau eines neuen Typs in Angriff. In seiner Fabrik von Newcastle-upon-Tyne wurden fünf Lokomotiven für Bergwerke hergestellt. Zwei dieser Maschinen eröffneten 1825 den Lokomotivbetrieb auf der Kohlebahn zwischen Stockton und Darlington; sie schleppten Züge von 34 Wagen mit einer Geschwindigkeit von 19 km/h. Das Besondere an dieser Strecke war jedoch eines: Von Anfang an setzten sich George Stephenson

Jungfernfahrt Bei der Eröffnung der 1825 der Stockton-Darlington-Bahnstrecke am 27. September 1825 konnte eine jubelnde Menschenmenge George Stephenson als Lokomotivführer bewundern.

«

George Stephenson

Der 1781 in Wylam geborene George Stephenson schrieb mit seiner später patentierten Erfindung einer Lokomotive, die den Sog des Abdampfs zum Anfachen des Feuers nutzen, Eisenbahngeschichte. Unter der Leitung Stephensons wurde am 27. September 1825 zwischen Stockton und Darlington die erste öffentliche Eisenbahn der Welt eingeweiht. 1823 gründete Stephenson in Newcastle die erste Lokomotivfabrik der Welt und leitete den Bau der bedeutendsten Eisenbahnen in England. Stephenson war bis zu seinem Tod 1848 Eigentümer mehrerer Kohlegruben und Eisenwerke und war Präsident der Institution of Mechanical Engineers. Auch Stephensons einziger Sohn Robert wurde Experte für Eisenbahnfragen.

BIOGRAFIE

und sein Sohn Robert dafür ein, dass wenigstens Teile der 35 km langen Strecke Shildon–Darlington–Stockton für den lokomotivbetriebenen Personenverkehr genutzt wurden.

▣ Das Parlament hatte die erforderliche Mehrheit zum Bau der Bahnstrecke lange verweigert. Im schon damals dicht besiedelten England führten die Transportwege unvermeidbar über privaten Landbesitz, wo sie entweder als störend empfunden wurden oder ein wichtiges Handelszentrum nicht mit einbezogen. So fürchtete der ortsansässige Lord Darlington um seine zur Fuchsjagd genutzten Gebiete und verhinderte das Streckenprojekt zwischen der Bergwerkstadt Darlington und der Hafenstadt Stockton bis 1821. Doch setzte sich die Quäkergemeinschaft Gesellschaft der Freunde unter Führung des Unternehmers Edward Pease durch. Die neu gegründete Gesellschaft Stockton and Darlington Railway gab den Bau der Bahnlinie in Auftrag.

Stockton
TO
Darlington.
No. _____ Second Class, 1ˢ 6ᴰ

day of _____ 184

Please to hold this Ticket till called for.

Billetts in Handarbeit Auf die 105 x 70 mm großen Billetts notierte der Fahrkartenverkäufer die Nummer im Moment des Verkaufs.

Ab 1824 wurden schnell weitere Streckenabschnitte mit Sand aufgeschüttet, 64 000 steinerne Schienen mit hölzernem Unterbau und darauf die eisernen Gleise verlegt.

Personen statt Kohle

- Am 27. September 1825 war es so weit und unter dem Getöse von Kirchenglocken und Kanonenschüssen zog die erste Dampflokomotive der Welt zum ersten Mal nicht nur Kohle und Erz, sondern transportierte – allein mit ihrer Dampfkraft – auch Personen. An diesem Tag war nichts mehr vom Widerstand der aufgebrachten Bauern zu spüren, die monatelang gegen die im Auftrag der Bahngesellschaft eingesetzten Landvermesser mit Meuten von Jagdhunden und Mistgabeln vorgegangen waren. Selbst Stephenson hatte lebensgefährliche Widerstände überwinden müssen, als ihn wütende Landbesitzer aus dem Hinterhalt mit Steinen bewarfen. Die Eröffnungsfeier der ersten Eisenbahnlinie war akribisch geplant. Stephenson selbst stellte seine erste Loko-motive namens „Locomotion No. 1" vor, die sechs mit Kohle und Mehl beladene Güterwagen (Tender), den ersten und einzigen Personenwagen für Ehrengäste, 20 extra zur Jung-fernfahrt mit Sitzbänken ausgestattete Wagen für insgesamt etwa 450 Gäste und Arbeiter und abschließend sechs Kohle-wagen zog. Mit nahezu 70 t Last setzte sich der Zug unter dem Jubel tausender Zuschauer in Bewegung und erreichte auf seiner Jungfernfahrt eine Geschwindigkeit von 13 km/h.

Königin Viktoria Sie schrieb über ihre erste Eisenbahnfahrt: „Wir waren per Eisenbahn gereist, aus Windsor, in einer halben Stunde, frei von Staub, Menschenmassen und Hitze, und ich bin davon ganz entzückt."

Doch den Behörden war das Tempo nicht geheuer und ein Reiter mit roter Fahne musste dem Zug voraustraben.

- Revolutionär an dieser Strecke war auch, dass Stephenson der von ihm konzipierten Schienenführung eine Gleisspur-weite von 1435 mm zugrunde legte, die in der Folge zum Standard bei der meisten Strecken der Welt wurde. Das Zeit-alter der Eisenbahn hatte begonnen! Doch fuhren in den fol-genden Jahren nicht nur Züge auf den Gleisen. Noch gaben sich Kutschen, Güterzüge mit Dampflokomotiven, Pferde- und Postkutschen auf den oft noch eingleisigen Strecken ein

gefährliches Stelldichein. Nach der Eröffnung der ersten Dampflokomotivstrecke für Personenzüge stieg die Nachfrage nach Dampfbetrieb in Europa stark an. In den Kohlegruben Englands und Hollands lief der Abbau des erforderlichen Treibstoffs auf Hochtouren. Nach seinem spektakulären Erfolg auf der Stockton-Darlington-Strecke plante Stephenson eine neue Strecke zwischen Liverpool und Manchester. Wenig später stellten der britische Eisenbahningenieur John Braithwaite und sein schwedischer Kollege John Ericsson 1829 mit der „Novelty" eine Dampflok vor, die die Strecke von einer Meile in der Rekordleistung von nur 56 Sekunden bewältigte. Damit trat die „Novelty" das legendäre Rennen von Rainhill an, das sie jedoch nicht gewinnen sollte.

▣ Mit der Eisenbahn änderte sich im 19. Jh. nicht nur das Gütertransportwesen, auch der Personenverkehr in und um die aufstrebenden Metropolen passte sich den neuen Zeiten an. Ein dichtes Netz von Eisenbahnlinien ermöglichte die Bildung von Vororten, von wo aus die Angehörigen der Mittel- und Oberschicht zu ihren Arbeitsplätzen in die Zentren der Städte pendelten. Menschen aller Klassen nutzen den Zug nicht nur, um zur Arbeit zu gelangen, sondern flohen in der Freizeit aus den verschmutzten Industriestädten. Ab der zweiten Hälfte des 19. Jh. waren Ferien- und Ausflugsexpresszüge aus den Fahrplänen nicht mehr wegzudenken. Die noblen und komfortablen Abteile trugen zum Reiseerlebnis

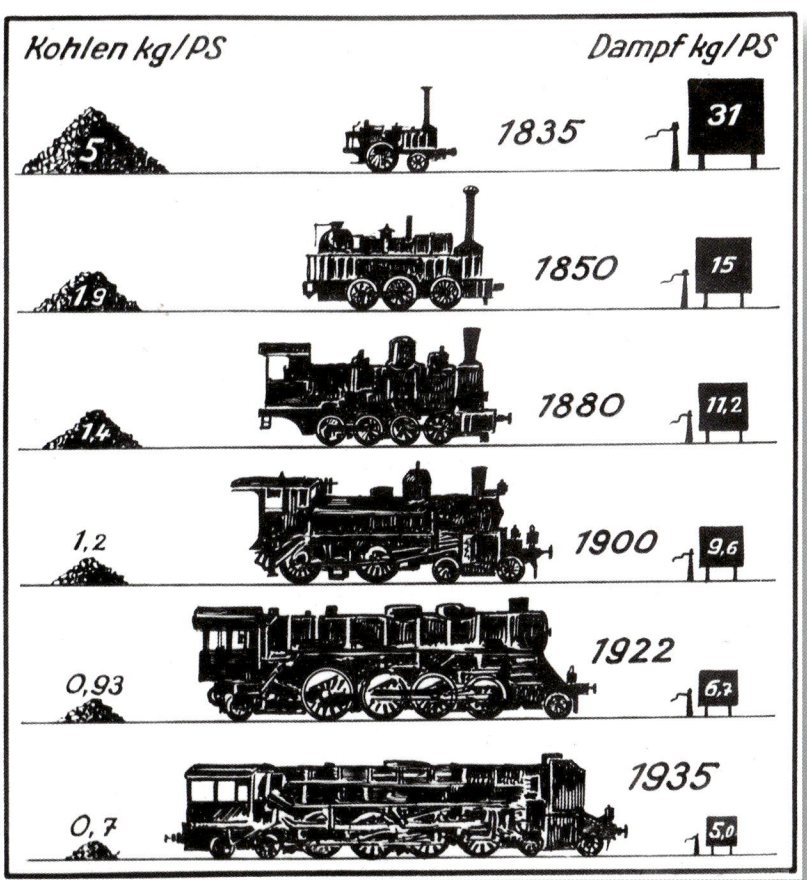

Kohlestatistik Seit Beginn der Eisenbahngeschichte arbeitet man kontinuierlich am Wirkungsgrad der Kohleverbrennung.

Neue Konstruktion Die 3 t schwere „Novelty" hatte als erste Lok ihren Zylinder innerhalb des Rahmens und ein Geländer für Lokführerstand. Während des Rainhill-Rennens fuhr die Lok fast 45 km/h, musste jedoch wegen Gebläseausfall der „Rocket" das Feld allein überlassen.

ebenso bei wie der perfekte Service bei einem glanzvollen Dinner mit kulinarischen Höhepunkten in den luxuriösen Speisewagen. Für den europäischen Hof und Geldadel konstruiert, waren die Hersteller der Luxuszüge stolz darauf, den Reisenden größtmögliche Behaglichkeit und luxuriöse Eleganz bieten zu können.

Stephenson ist nicht zu bremsen

▣ Der Erfolg von Stephensons Dampflokomotiven war bald in aller Munde, sodass sich der eifrige Ingenieur sogar gegen die Lobby der englischen Kanalbesitzer durchsetzte. Diese hatten – zunächst mit Erfolg – seine Pläne abwehren können, eine von vornherein für Personen- und Güterverkehr mit Dampflokomotiven ausgelegte Bahnverbindung zwischen Liverpool und Manchester einzurichten. Die Aktionäre der bereits zwischen beiden Städten existierenden Fährverbindung zu Wasser boykottierten Stephensons Anliegen, indem sie das Unternehmen als lächerlichen Schwindel verleumdeten und den Eisenbahnpionier öffentlich mit Spott und Hohn beschimpften. Doch schließlich überzeugten die Leistungen der Strecke Stockton–Darlington die Parlamentarier und Stephenson konnte sich der ersten Intercity-Verbindung der Welt widmen. Zunächst ging es um die Streckenplanung, die Stephenson seinem aus Amerika herbeigeeilten Sohn Robert auftrug. Dieser erwies sich als genialer

Eisenbahn durchschneidet die Landschaft Für die L&MR musste am Olive Mount ein 2 Meilen langer Einschnitt in den roten Sandstein geschlagen werden, um eine möglichst ebene Streckenführung zu erreichen. An vielen Stellen ist der Einschnitt fast 20 m tief. Mit dem ausgebrochenen Gestein wurden der Roby-Bahndamm und der Sankey-Viadukt auf derselben Strecke errichtet.

»

Bis ins Detail geplant Die von Robert Stephenson 1841 signierte Handskizze zeigt die typische holzummantelte Röhrenkessellokomotive mit Blasrohr, die im frühen 19. Jh. über die Gleise im Nordosten Englands dampfte.

«

Opening
OF
THE LIVERPOOL AND MANCHESTER
RAILWAY,
WEDNESDAY, 15TH SEPTEMBER, 1830.

CHAS. LAWRENCE, CHAIRMAN.

THE BEARER OF THIS TICKET IS ENTITLED TO SEAT No. 34.
NORTH STAR'S TRAIN.

ENT? ....

YELLOW FLAG.

Beförderungsvertrag
Die Tickets waren mit
Namen und Sitzplatz-
nummer versehen.

Streckenplaner und konnte das unwegsame Gelände, selbst durch die berüchtigte Katzenmoorstrecke, mittels Brücken, Durchstichen und gewagten Trassenführungen bezwingen.

▣ Bis 1830 wurde an der neuen Eisenbahnverbindung gefeilt und in nur vier Jahren entstand die 50 km lange zweigleisige Strecke unter der Leitung von George Stephenson. Sie verlief zwischen der Hafenstadt Liverpool und dem Industriezentrum Manchester und galt als logistisches Meisterwerk. Zum ersten Mal in der Eisenbahngeschichte wurden für eine einzige Strecke Dämme aufgeschüttet, Berge durchschnitten, Versorgungsstationen für Lokomotiven eingerichtet und Tunnel und Bahnhöfe gebaut. Insgesamt 64 Brücken und Viadukte wurden in Backsteintechnik errichtet. Nur an der Water Street in Manchester konstruierte der schottische Brückeningenieur William Fairbairn eine Brücke aus Gusseisen. Es wurden unterschiedliche Wagen für den Transport von Menschen, Tieren, Gütern und Kutschen gebaut. Acht

Züge standen bereit und es gab sogar einen Fahrplan. Vergessen waren die Zweifel, die die Direktoren bis zur Eröffnung der Strecke Liverpool–Manchester am 15. September 1830 getrieben hatten. Zunächst wollten sie ganz auf Lokomotiven verzichten und die Strecke mit Hilfe von 21 ortsfesten Dampfmaschinen betreiben.

▣ Der Erfolg der Strecke war ungeachtet eines tragischen Unfalls am Eröffnungstag, bei dem ein Parlamentsabgeordneter an der Wasserfüllstelle Parkside zu Tode gekommen war, enorm. Bereits ab Sommer 1831 wurden auf der Strecke Zehntausende zu den Pferderennen nach Newton befördert. In der Folgezeit entstanden in England zunächst einzelne kurze Eisenbahnverbindungen.

Die Konkurrenz schläft nicht – das Wettrennen von Rainhill

▣ Für seine Idee, auf der Strecke Liverpool–Manchester mit Dampf doppelt so schnell wie mit der Eilpost fahren zu können, musste Stephenson die Direktoren der Bahngesellschaft überzeugen. Um die Tauglichkeit der bisher nur in den Kohlegruben eingesetzten Dampflokomotiven auf der Strecke zu prüfen, veranstaltete die Bahngesellschaft ein spektakuläres Wettrennen. Vier Wettbewerbslokomotiven, die „Novelty"

(Neuheit) von John Braithwaite, die „Sans-pareil" (Ohnegleichen) von Timothy Hackworth, die „Rocket" (Rakete) von Stephenson und die „Perseverance" (Ausdauer) von Timothy Burstall, traten gegeneinander an.

▣ Die Maschinen sollten gefedert auf sechs Rädern ruhen, die Gesamthöhe durfte 15 Fuß (4,6 m) nicht übersteigen, sie sollten ihren Rauch selbst verzehren (also ein Blasrohr besitzen) und mussten bei einer Geschwindigkeit von 16 km/h ein Höchstgewicht von 20 t ziehen können. Hinzu kam ein

Gewichtslimit von max. 6 t, der Dampfdruck im Kessel durfte 3,5 Atm nicht übersteigen, die Lokomotive durfte nicht teurer als 550 Pfund Sterling sein und musste am 6. Oktober 1829 am Liverpooler Ende der Bahn aufgestellt sein. Alle teilnehmenden Lokomotiven erfüllten die Anforderungen, doch die Teststrecke von 70 Meilen (113 km) bewältigte nur die „Rocket" von Stephenson, und das sogar mit einer Geschwindigkeit von 56 km/h, 30 km/h mehr als der im Wettbewerb geforderten Geschwindigkeit. Stephenson trug den Siegerpokal davon.

Wettrennen in Rainhill Vier Dampflokomotiven traten auf der Teststrecke in Rainhill an, um den für die L&MR geeigneten Lokomotivtyp zu finden.

«

ROCKET.

Der Sieger von Rainhill George und Robert Stephensons „Rocket" hat eine Höchstgeschwindigkeit von 56 km/h erreicht.

Dampfkraft als Motor der Zukunft

Vor der industriellen Revolution waren Mensch, Tier, Wasser und Wind die wichtigsten Energiequellen der menschlichen Produktion und des Verkehrs. Ende des 18. Jh. trat eine Maschine, die Antriebsenergie erzeugen konnte, ihren Siegeszug an: die Dampfmaschine. Sie setzte Wärmeenergie in mechanische Energie um und sorgte für fundamentale Veränderungen in Technik und Gesellschaft. Durch die Dampfkraft konnten Maschinen wie Lokomotiven, Dampfschiffe und neue Web- und Spinnmaschinen zur Textilproduktion angetrieben werden, alles ging einfacher und schneller.

TECHNIK

Siegeszug der Dampflokomotive

◉ Der Erfolg der „Rocket" beruhte auf dem Heizrohrkessel, den fast waagerecht liegenden Außenzylindern, Treibrädern mit Kuppelstangen und der selbstregelnden Feueranfachung durch den Abdampf. Diese Merkmale haben seitdem fast alle Dampflokomotiven. Dennoch war die „Rocket" nicht perfekt und musste mehrmals umgebaut werden. Bereits zur offiziellen Eröffnung der Strecke Liverpool–Manchester am 4. Oktober 1830 stellte Stephenson einen neuen, verbesserten Lokomotivtyp vor. Bei der „Planet" lagen die Zylinder nicht mehr hinten, sondern vorn, jedoch noch zwischen den Rädern, innerhalb des Rahmens. Die technischen Neuerungen der

Dampflokomotive wurden in der von Stephenson am 23. Juni 1823 gegründeten ersten Lokomotivfabrik der Welt entwickelt. Ihr Name lautete „Robert Stephenson Co" und mitfinanziert wurde das Unternehmen von zwei ehemaligen Dampflokskeptikern Edward Pease und Michael Longridge. Die Werkstatt wurde in der Forth Street in Newcastle eingerichtet und produzierte bald nicht nur für den englischen Markt. Seit der sensationellen Wettfahrt von Rainhill stapelten sich die Aufträge für Lokomotiven der Bauart „Rocket". Die 1835 als erste nach Deutschland gelieferte Lokomotive „Adler" trug bereits die Fabriknummer 118.

Die Eröffnung L&MR machte die Vorteile des Schienenverkehrs überdeutlich. Die Transportpreise für Rohstoffe san-

Mannschaftsbild In der Eisenbahnfabrik Doncaster (Yorkshire) wurden die Lokomotiven der Great Northern Railway gebaut und repariert. Schon im 19. Jh. waren hier bis zu 3500 Arbeiter gleichzeitig beschäftigt.

Fabrik für Stahlrösser Stephensons Lokomotivfabrik in Newcastle lieferte die ersten Lokomotiven für den europäischen Kontinent und die Vereinigten Staaten. Aus Angst vor Industrie-spionage waren Besucher nicht gern gesehen.

Maßstab für die Zukunft Robert Stephensons „Planet" besaß einen auf dem Kessel horizontal angebrachten Zylinder, was die Stabilität verbesserte. Die Konstruk-tion besaß bereits alle wichtigen Bauteile unserer heu-tigen Kolbendampfmaschine.

Seite 28/29 Feierliche Eröffnung Deutschlands erste Eisenbahnstrecke verband Nürnberg und Fürth.

ken derart, dass sich Kohleexporte von England bis nach Südamerika lohnten. Auch umgekehrt konnten die in den Häfen angelandeten Rohstoffe zu günstigen Tarifen zu den Fabriken ins Landesinnere transportiert werden, was das Wachstum von Fabriken zu ganzen Industriezentren beschleunigte.

Entwicklung auf dem Kontinent

▣ Während in England die Produktion der Dampflokomotiven boomte, steckte die Entwicklung auf dem Kontinent noch in den Kinderschuhen. Preußen schickte 1814 den Hütteninspektor Johann Friedrich Krigar von der kgl. Eisengießerei in Berlin in geheimer Mission nach England, um in Leeds die Lokomotiven der Middleton Colliery zu studieren. Krigar konstruierte nach dem Muster der englischen Zahnradlokomotive von Blenkinsop einen Dampfwagen, mit dem er im Juni 1816 auf dem Werksgelände in Berlin einige Probefahrten durchführte.

▣ Der Münchner Josef von Baader legte 1814 die Pläne zum Bau einer Pferdeeisenbahn von Nürnberg nach Fürth vor. Auf dieser Strecke sollte gut 20 Jahre später die erste deutsche Dampflokomotive, die legendäre „Adler", ihren Betrieb aufnehmen. Auch der deutsche Nationalökonom Friedrich List hatte für damalige Verhältnisse futuristische Ideen. Er forderte 1833 ein „allgemeines deutsches Eisenbahnsystem",

Eisenbahnfachmann Joseph von Baader (1763–1835) war der wichtigste Wegbereiter der Eisenbahn in Bayern. Nach anfänglichem Medizinstudium studierte Baader von 1786 bis 1793 Maschinenbau in England. ➤➤

das sich als Netz von Schienen über ganz Deutschland legen und damit den Einigungsprozess der 365 deutschen Teilstaaten zur Steigerung des Wohlstands beschleunigen sollte – eine Vision, die Wirklichkeit werden sollte!

▣ In kurzem Abschnitt folgten die Strecken Berlin–Potsdam (Oktober 1838), Braunschweig–Wolfenbüttel (1838) und Leipzig–Dresden (1839). Zwischen 1820 und 1840 entstanden in Preußen die ersten Maschinenfabriken des Breslauer Eisengießers August Borsig. Er lieferte Baukarren für die Potsdamer Bahn und reparierte die ausländischen Dampf-

Münchner Straßenszene 1890 Noch wurden die Straßenbahnen von Dampfmaschinen gezogen. Die Probleme der Luftverschmutzung wurden erst später mit der Einführung der Elektrotraktion ◀◀ gelöst.

Kathedralen der Moderne Prachtvolle Bahnhofsgebäude – hier der Potsdamer Stadtbahnhof von 1848 – lösten bald die hölzernen Schuppen ab.

Semmering-Wettbewerb

EREIGNIS

Leistungsstarke Lok gesucht Vier Lokomotiven traten 1851 nach dem Vorbild des Wettrennens zu Rainhill zur Probefahrt an: Die „Bavaria" von Maffei in München, die „Wiener Neustadt" aus einer Wiener Neustädter Firma, die „Seraing" der Firma Cockerill in Belgien und die „Vindobona" von Haswell aus Wien. Den Sieg trug zwar die „Bavaria" davon, doch konnte keine dieser Lokomotiven wirklich überzeugende Leistungen bieten. Erst eine später konstruierte Lokomotive, die eine Kombination der Grundideen aller vier Typen war, konnte längere Zeit am Semmering eingesetzt werden.

lokomotiven. 1841 baute er seine erste eigene Maschine, die „Borsig", nach amerikanischem Vorbild, ab 1844 folgte die „Beuth", die sich hervorragend verkaufte. Auch die Werkstätten von Johann Andreas Schubert (Dresden), Carl Edler von Prevenhuber (Wien), Johann Anton Ritter von Maffei (München), Emil Kessler (Karlsruhe) und von Georg Egestorff (Hannover) erlangten bald Weltruhm.

▣ 1835, noch vor der Eröffnung in Nürnberg, rollte in Belgien die erste Dampfeisenbahn zwischen Brüssel und Mecheln über die Gleise. In Russland wurde 1837 eine Strecke zwischen St. Petersburg und Zarskoje gebaut. Ähnlich wie die Strecke Berlin–Potsdam, die zum Sommersitz der preußischen Könige führte, diente diese der Beförderung der kaiserlichen Romanow-Familie in ihre 23 km entfernte Sommerresidenz. Die Lokomotive lieferte Timothy Hackworth.

Ebenfalls 1837 eröffnete die Kaiser-Ferdinand-Nordbahn in Wien und wurde zur wichtigsten Bahnlinie der Habsburgermonarchie. In den Niederlanden begann 1839 mit der Strecke Amsterdam–Haarlem die Ära der Dampflokomotive

Deutschlands erstes Stahlross Der 1750 Pfund Sterling teure „Adler" wurde von Robert Stephenson in England gebaut und in den Nürnberger Maschinenwerken des Johann Wilhelm Spaeth 1835 zusammengesetzt.

und im gleichen Jahr fuhr in Italien die erste Dampflok von Neapel nach Portici. Auf der Iberischen Halbinsel dauerte die Entwicklung etwas länger: In Spanien fuhr die erste Eisenbahn erst 1855 von Barcelona nach Mataró und Portugal nahm 1856 die Strecke Lissabon–Carregado in Betrieb.

Die Adler

◾ Am 7. Dezember 1835 wurde zwischen Nürnberg und Fürth in Bayern die erste deutsche Bahnlinie eröffnet. Auf den Gleisen dampfte die von Stephenson in Newcastle gebaute Dampflokomotive, die „Adler". Die Maschine wurde nach der Fertigstellung in den Werkstätten von Newcastle in 19 Teile zerlegt und als 9-t-Fracht über Nordsee und Rhein

per Schiff bis Köln und von dort auf Ochsenkarren bis nach Nürnberg transportiert.

Ebenso bedeutend für die Entwicklung des deutschen Eisenbahnwesens war die „Saxonia", eine Lokomotive mit zwei Treibachsen und einer unter dem Führerstand angebrachten Laufachse. Die unter Leitung des Dresdner Professors Johann Andreas Schubert in der Maschinenfabrik Übigau gebaute Maschine gilt als die erste funktionstüchtige in Deutschland gebaute Lokomotive. Doch auch dies war nicht ohne die englischen Vorbilder möglich. Schubert war 1834 auf Kosten des sächsischen Staates nach England gereist, wo er die Dampflokomotiven auf der L&MR studierte und zu Hause aus dem Gedächtnis nachzeichnete. Er verbesserte die englischen Vorbilder an Triebwerk, Laufwerk, Konstruktion und Betriebstauglichkeit. So besaß die „Saxonia" zwei gekuppelte Treibachsen, eine Laufachse unter dem Führerstand und der lange, schlanke Schornstein endete oben in einem korbähnlichen Funkenfänger. Die „Saxonia" weihte am 7. April 1839 die Bahnlinie Leipzig–Dresden ein, auf deren 120 km langer Strecke auch der erste deutsche Eisenbahntunnel bei Oberau in Sachsen entstand. Damit wurde das englische Eisenbahnmonopol gebrochen und in Deutschland wuchs ein blühender Industriezweig mit namhaften Lokomotivfabriken heran.

In Bayern begann der Lokomotivbau mit Joseph Anton von Maffei (1790–1870). Der begüterte Münchner Tabakhersteller engagierte sich beim Bau der München-Augsburger-Eisenbahn. Die Lokomotiven für diese Strecke kamen aus England. Maffei warb einen mit der Inbetriebnahme dieser Loks betrauten Ingenieur ab und errichtete 1838 ein Eisenwerk in Hirschau bei München, wo 1841 die erste Lok der Münchner vom Band lief. Auch die im Semmering-Wettbewerb siegreiche „Bavaria" stammte aus den Münchner Maffei-Werken. 1844 befuhr sie die neu eingerichtete Linie Nürnberg–Bamberg. Die „Bavaria" verfügte über einen besonderen Kettenantrieb, mit dessen Hilfe alle Räder angetrieben wurden, womit die gesamte Masse von Lokomotive und Tender als Reibungsgewicht eingesetzt werden konnte. 1866 lieferte Münchens zweiter Lokomotivfabrikant Georg Ritter von Krauss die „Landwührden" an die Oldenburgische Staatsbahn aus. Zu den ersten deutschen Lokomotivfabriken gehörte auch das von Emil Kessler in Karlsruhe

gegründete Werk. Dort wurde als erste im Dezember 1941 die „Badenia" für die Badische Staatsbahn hergestellt.

▣ Zur vorgeschriebenen Ausrüstung jeder Lokomotive gehörte auch die Dampfpfeife. Als auf den Strecken noch Lokomotiven, Kutschen und andere Fuhrwerke unterwegs waren musste der Lokführer drohende Zusammenstöße verhindern können. Blies er anfangs noch wie ein Postillon in ein Horn, wurden die bei stationären Dampfanlagen üblichen Pfeifen zur Warnung vor Überdruck den Bedingungen des Bahnbetriebs angepasst. Durch einen schmalen Spalt entwich Wasserdampf gegen eine Pfeifenglocke. Die dabei entstehenden Schwingungen wurden als Pfeifton wahrgenommen. Der Lokführer bediente die Pfeife mit Hilfe eines mechanischen Gestänges, das vom Führerstand der Lok oder des Triebwagens zum Steuerventil zwischen Dampfzuleitung und Pfeife führte. Mit einem Haupt- und Zusatzventil konnte über eine unterschiedliche Dosierung des durchströmenden Dampfes ein unterschiedlicher Ton bzw. unterschiedliche Lautstärke des Pfeifsignals erzeugt werden.

Johann Anton von Maffei Er verkaufte seine erste Lokomotive 1845 für 24 000 Gulden an König Ludwig I., der ihr den Namen „Münchner" gab. »

Mit Volldampf durch Bayern Acht baugleiche Modelle der „Bavaria" wurden 1844 vom bayerischen Staat bestellt. Für jede wurden 27 000 Gulden bezahlt. Auch Dampfmaschinen, Eisenbahnbrücken und Dampfschiffe stellten die Maffeischen Werkstätten her. »

Amerika geht eigene Wege

Als 1835 in Deutschland die erste Bahnlinie eröffnet wurde, lagen in Amerika bereits 1500 Streckenkilometer und das Aktiengeschäft mit privaten Eisenbahnen boomte. Auf die 1829 eröffnete Linie zwischen Baltimore und Ellicots Mills folgte rasch auch die damals längste Strecke der Welt, der 1670 km lange Abschnitt zwischen Boston (Massachusetts) und Greensboro (Georgia), sodass in Übersee 1840 bereits 4535 Streckenkilometer verlegt waren. Zum Vergleich: Ganz Europa einschließlich Russland verfügte zu diesem Zeitpunkt über 2925 km. Väter der ersten amerikanischen Lokomotiven waren John Stevens und der Uhrmacher Phineas Davis, die ab 1826 die bald in großer Zahl produzierten Modelle „Grashopper" und „York" entwarfen. Unverwechselbar amerikanisch waren die von Isaac Dripps entworfenen Lokomotiven mit den zum Schutz vor Weide- und Großwild erfundenen schneepflugartigen Bahnräumern, den sogenannten „Cow-catcher". 1860 hatte sich das amerikanische Streckennetz mit 49 016 km bereits verzehnfacht. Die technischen Neuerungen hingen mit der Umstellung von Holz auf Kohle als Brennstoff zusammen. Kohleverbrennung erzeugt mehr Dampf, weshalb leistungsstärkere Lokomotiven entwickelt wurden. Immer größere und leistungsstärkere

Typisch amerika-nisch Das Erscheinungsbild einer klassischen amerikanischen Lokomotive vor 1850 zeichnete sich durch den voluminösen Trichterschornstein, den verzierten Petroleumscheinwerfer und den weit vorstehenden Kuhfänger (Cowcatcher) aus.

≪

Loks wie die 1'C1'-Lok „Prairie" kamen in ganz Amerika zum Einsatz oder wurden wie die No. X45 nach Japan exportiert.

◫ Während des Amerikanischen Bürgerkriegs (1861–1865) wurde der Eisenbahnbau sogar als politisches Mittel eingesetzt. 1862 erließ Präsident Abraham Lincoln ein Gesetz zum Bau einer Eisenbahn, die den Bund zwischen der Union, Kalifornien und den anderen westlichen Staaten und Territorien stärken sollte. Das Gesetz ermächtigte die Union-Pacific-Gesellschaft, eine Bahnlinie bis zur Westgrenze des Nevada-Territoriums zu bauen. Als konkurrierende Gesellschaft sollte die Central-Pacific-Bahn von Kalifornien ostwärts bauen. Am 10. Mai 1869 trafen sich die Central und die Union Pacific in Promontory Point im Bundesstaat Utah. Nach 6-jähriger Bauzeit, in der ca. 3000 km Schienen verlegt wurden, stand die Verbindungsstrecke zwischen dem Atlantik im Osten und dem Pazifik im Westen der USA. Den letzten Schwellennagel, der aus purem Gold bestand, soll der Präsident von Central Pacific Leland Stanford eingeschlagen haben. Die „Jupiter" der Central Pacific durfte die Strecke eröffnen. Damit hatten auch die beschwerlichen Planwagentracks ein Ende und die Besiedlung des Wilden Westens nahm ihren Lauf. Auf der Strecke fuhren Lokomotiven wie die „Pioneer", 1851 für die Cumberland Valley Railroad in

Kriegsbeute Der legendäre „General" wurde im Amerikanischen Bürgerkrieg von Unionstruppen entführt. Südstaatentruppen nahmen die Verfolgung mit einer baugleichen 2'B-Lokomotive auf und konnten den „General" nach acht Stunden und 139 km zurückerobern. ≫

≪ **Fertigstellung Transkontinentale 1869**
Von November 1865 bis Mai 1869 verlegten 12 000 Arbeiter aus China, Irland und Deutschland die 1738 km lange Transkontinentale durch die US-Bundesstaaten Nebraska, Wyoming und Utah..

französischen Pacific-Maschinen nicht denkbar. Die erste mit einer Geschwindigkeitsanzeige ausgestattete Lok war die zwischen London und Schottland eingesetzte „Flying Scots-man", ebenfalls eine Konstruktion Sir Gresleys, der mit einer Geschwindigkeit von 160 km/h den damaligen Rekord und gleichzeitigen Höhepunkt des Dampfzeitalters auf einer Normalstrecke darstellte.

In Amerika wurden ab 1941 die aus Frankreich importierten Mallet-Lokomotiven zum Standard der meisten Züge: Schon 1884 hatte sich der Franzose Anatole Mallet seine Gelenklokomotive mit Vierzylinder-Verbundtriebwerk patentieren lassen. Den Höhepunkt erreichte das Mallet-Prinzip mit den „Big Boys" der Union Pacific Railroad. Ihre

Rekordzug Die legendäre „Flying Scotsman" fuhr 1934 mit einer Rekordgeschwindigkeit von 160 km/h die damals längste Non-stop-Strecke der Welt zwischen London und Edinburgh.

«

Pennsylvania gebaut, oder die erste Gelenklokomotive der USA, die von William Mason gebaute „Janus".

Die große Zeit der Dampflok oder Höhepunkte der Entwicklung

◾ Viele Ingenieure, Techniker und Erfinder arbeiteten noch bis in die 1920er Jahre daran, die Zuverlässigkeit und Geschwindigkeit des Stephen'sonschen Urmodells zu erhöhen. Niemals hätte sich Stephenson vorstellen können, dass etwa 100 Jahre nach seiner ersten Dampflok die stromlinienförmige „Mallard" von Sir Nigel Gresley auf der Messstrecke in Nordengland mit einer Geschwindigkeit von 203 km/h einen bis heute ungebrochenen Weltrekord für Züge mit Dampfantrieb aufstellen sollte. Dieser Rekord war ohne die von André Chapelon zwischen 1900 und 1920 entworfenen

Markenzeichen blau Die schnellste Dampflokomotive der Welt wurde 1934 von der London & North Eastern Railway (LNER) in Dienst gestellt und legte in 25 Jahren über 2 Mio. km zurück. »

2'D-Loks gehörten zu den größten Dampfloks, die je gebaut wurden; sie konnten 7000 t schwere Züge über weite Entfernungen ziehen. Die Anwendung des automatischen Dampfentwicklers mit Überhitzer sowie der Einsatz größerer Feuerbüchsen und längerer Kessel erzeugte eine Leistungssteigerung, die erst im 21. Jh. übertroffen wurde.

◳ Die Technik war ausgereift und fortan bestimmten Geschwindigkeit und Design die Entwicklung. Nach dem Börsenkrach von 1929 symbolisierten futuristische, dynamische Formen den Aufbruch in eine neue Zukunft. Mit den aerodynamischen Verkleidungen der Züge, die den Luftwiderstand enorm verringerten, erzielten europäische und nord-

amerikanische Bahnen Spitzenleistungen. Deutschland gelang es 1936 mit seinem schnittigen, jeglichem Luftwiderstand trotzenden Modell Nr. 05-001 (2'C2'-Lok), den Rekord von 199 km/h aufzustellen. Der Tempovirus infizierte auch Amerika. Mit durchschnittlich 129 km/h zählten die stromlinienverkleideten „Hiawathas" der Chicago, Milwaukee, St. Paul und Pacific Railroad mit ihren ölgefeuerten Zweizylinder-2'B1'-Atlantics zu den schnellsten Dampftriebzügen der Welt. Mit den gelb angestrichenen „Yellowbellies" (Gelbbäuche) wie dem „Fast Flying Virginian" der US-Chesapeake & Ohio Railroad schrieb Amerika Designgeschichte.

Der „Fliegende Hamburger" Mit ihm eröffnete die Reichsbahn 1933 den Schnellverkehr mit Triebzügen. Kurz darauf stellte die Reichsbahn die zweiteilige Bauart Hamburg und die dreiteilige Bauart Leipzig in Dienst. Von letzterer hatten je zwei Einheiten eine elektrische und eine hydrodynamische Kraftübertragung. Ab 1938 folgte noch die ebenfalls dreiteilige Bauart Köln mit längeren Einzelwagen.

Fliegender Schotte Arbeiter montieren das schottische Distelemblem auf eine Dellic-Diesellokomotive, die ab 1962 den „Flying Scotsman" genannten Expresszug zwischen London und Edinburgh zog.

Das Dieselzeitalter

◻ Zeitgleich machte ein großer Rivale der Dampflok Schlagzeilen und rückte in die Liga der Rekordhalterplätze auf – die Diesellokomotive. Auf der Grundlage des von Dr. Rudolf Diesel 1897 erfundenen Dieselmotors wurde 1912 im Berliner Borsig-Werk die erste mit Schweröl betriebene Großdiesellokomotive der Welt gebaut. Allerdings beschäftigte die Konstrukteure noch bis in die 1960er Jahre das lästige Problem der Kraftübertragung zwischen Motor und Treibräder: Eine Dieselmaschine kann – anders als eine Dampf- und Elektrolok – nur lastfrei und nicht aus dem Stand anfahren. Eine Lösung versprach erst der Einsatz des dieselhydraulischen Prinzips, bei dem zwischen Motor und Antrieb ein Flüssigkeitsgetriebe sitzt. Bis heute basieren Dieselloks auf beiden Arten der Kraftübertragung. Bei der dieselhydraulischen Kraftübertragung wird die Motorkraft durch ein hydraulisches Getriebe an die Antriebsachse übertragen. Die dieselelektrische Kraftübertragung funktioniert durch den Antrieb des Dieselmotors mittels eines Generators, der an den Rädern Elektromotoren mit Strom versorgt.

Mit der Erfindung dieser Technik erzielte die Diesellok in den 1920er Jahren schließlich den Durchbruch. Zu Weltruhm gelangte der 1933 erstmals als Intercityverbindung zwischen Hamburg und Berlin eingesetzte „Fliegende Hamburger". Seine stromlinienförmigen Schnelltriebwagen wurden über Dieselmotor, Generator und elektrisch betriebene Radantriebsmotoren angetrieben und bewältigten die 287 km lange Strecke in nur 137 Minuten. Die erfolgreichsten dieselelektrischen Loks wurden mit dieser Technik in den 1950er Jahren vom amerikanischen Motorbauer General Motors gebaut und erlangten mit den stumpfnasigen Modellen der F-Reihe Weltruhm. Berühmt wurden Anfang der 1950er Jahre auch die deutschen Schienenzeppeline der F-Reihe des Schnellverkehrspioniers Franz Kruckenbergs, der seine Erfahrungen auch in die Konstruktion der exklusiven Einzelgänger „Senator" und „Komet" einfließen ließ.

Die weltweit leistungsstärkste Diesellok der Anfangszeit kam aus Großbritannien. Sechs Jahre fuhr die 1955 von der English Electric Company gebaute „Deltic" mit 3300 PS über die Hauptstrecken der britischen West- und Ostküste. Sie hielt eine durchschnittliche Höchstgeschwindigkeit von 146 km/h und war damit schneller als jede britische Dampflok. Die „Deltic" verfügte nicht nur über zwei Führerhäuser – an jedem Ende der Lok eines –, sondern auch über zwei gesamte Generatoreinheiten. Fiel ein Motor aus, konnte der zweite dennoch den gesamten Zug ziehen.

Rudolf Diesel

Genialer Ingenieur Im Jahr 1892 ließ Diesel seine Idee einer selbstzündenden Kraftmaschine patentieren. Gemeinsam mit der Maschinenfabrik Augsburg-Nürnberg (MAN) entwickelte er den Dieselmotor, bei dem allein die Hitze der Verdichtung zum Entzünden des Kraftstoffs ausreichte. Dieselmotoren müssen wegen der hohen Kompression besonders massiv gebaut werden. Aufgrund ihrer Größe und ihres Gewichts waren sie zunächst für den stationären Einsatz konzipiert und wurden erst nach mehreren Versuchsreihen in eine Lokomotive eingebaut. 1913 wurde der erste Dieseltriebwagen in Schweden in Betrieb genommen.

BIOGRAFIE

Amerikanischer Dieseltraum Die formschönen Maschinen von GM-EMD trugen maßgeblich zur Verdieselung der Strecken bei.

Seattle & North Coast Railroad

101

102   101

Wirtschaftswunderzug Im TEE konnte man nur 1. Klasse fahren und brauchte auf keinen Komfort zu verzichten.

Schienennetze überziehen Europa und die Welt

In der Frühphase der Eisenbahn war es offenbar hilfreich, die Strecken schlicht nach den Himmelsrichtungen zu benennen, in denen sie innerhalb eines Landes verliefen. Überhaupt ging bis zum Zweiten Weltkrieg der Blick der Streckenplaner und Gesellschaftseigner kaum über die Landesgrenzen hinaus. Bedingt durch die große Anzahl von Privatbahnen, fehlte es Ende des 19. Jh. noch an einer überregionalen Struktur. Allein in den Kolonien entstanden ausgedehnte Netze der Kolonialmächte. So erhielt Indien als erstes

Imposant und elegant Die hoch aufgesetzte Führerkanzel, die windschnittige Form und das glänzende TEE-Symbol charakterisieren die neue Generation von Luxusexpressen.

«

"WEST RIDING LIMITED"
THE FIRST STREAMLINE TRAIN
BRADFORD LEEDS LONDON
[KING'S CROSS]

MONDAYS TO FRIDAYS commencing 27th September 1937	
BRADFORD EXCHANGE dep. 11.10 a.m.	LONDON KING'S CROSS dep. 7.10 p.m.
LEEDS CENTRAL dep. 11.31	LEEDS CENTRAL arr. 9.53
LONDON KING'S CROSS arr. 2.15 p.m.	BRADFORD EXCHANGE arr. 10.15

Luxus auf Rädern Mit diesem Poster wirbt die London&North Eastern Railway für die Fahrt mit dem Luxusexpress „West Riding Limited" zwischen Bradford und London.

asiatisches Land schon 1852 eine Eisenbahn, die etwa 35 km von Bombay nach Thana führte. Auch Japans erste Eisenbahn entstand 1872 mit technischer und finanzieller Hilfe Großbritanniens.

▣ Mitte der 1950er Jahre gründeten sieben Staatsbahnen eine gemeinsame Organisation. Belgien, die Niederlande, Frankreich, Luxemburg, Deutschland, die Schweiz und Italien wollten die Wirtschaftszentren Westeuropas mit einem schnellen und komfortablen Streckennetz versehen. Um die Idee auch nach außen zu transportieren, wurde eine einheitliche Gestaltung entworfen. Die Dieselfahrzeuge des „Trans-

Europ-Express" (TEE) wurden in den meisten Ländern zum Sommerfahrplan 1957 aufgenommen. Allen gemeinsam war die identische Farbgestaltung von Rot-Beige, während sich die Formen von Land zu Land unterschieden. Stolz präsentierte auch Großbritannien eine Reihe einheitlich gestalteter Züge, die als Luxusexpresse die neu eingerichteten Streckenabschnitte befuhren. Nach dem Vorbild von Sir Nigel Gresleys „Mallard" fegten ab den 1940er Jahren Stromlinien-Pacifics der A4-Reihe der „West Riding Limited" zwischen Bradford–Leeds–London, der „Silver jubilee" zwischen London–Newcastle und der „Coronation Scot" zwischen London und Schottland hin und her.

Die elektrische Lokomotive zieht erste Bahnen

▣ Ende des 19. Jh. revolutionierte die Erforschung und Nutzung der Elektrizität die Geschichte der Lokomotive: Der deutsche Ingenieur Werner von Siemens betrieb 1879 die erste elektrische Lokomotive auf einem elektrifizierten Gleis. Ein Drahtbesen vermittelte den Strom von einem zwischen den Schienen installierten Flacheisen zur Lok, von wo er über Draht und Schienen wieder angeleitet wurde. 1881 wurde in Lichterfelde bei Berlin die erste elektrische Straßenbahnstrecke eröffnet.

▣ Doch erst als zur Jahrhundertwende die Probleme von Stromart, Antrieb und Oberleitung überwunden waren, wurden überall in Europa strombetriebene Straßen- und Eisenbahnen eingesetzt. In Wien fuhr 1883 die erste Oberlandbahn mit Gleichstrom, in der Schweiz fuhren 1895 zwischen Lugano und Paradiso erstmals Drehstromwagen und schon 1896 konnte in Budapest die erste Untergrundbahn des Kontinents eröffnet werden. Die ersten Linien der Pariser Metro folgten ab 1900. Doch auch hier war das Mutter-

Werner von Siemens

Groß durch Elektrizität Aufbauend auf Arbeiten des englischen Physikers Michael Faraday entdeckte Siemens 1866 das dynamoelektrische Prinzip zur Erzeugung elektrischer Energie. 1879 führte Siemens die erste praktische Anwendung der elektrischen Traktion auf der Berliner Gewerbeausstellung vor. Gemeinsam mit seinem Bruder Carl erfand er das Siemens-Martin-Verfahren für die Stahlgewinnung. Auch die von ihm entwickelten Lichtmaschinen wurden bald das große Geschäft. Glühlampen eroberten mit ihrem hellen Licht die Städte. In Berlin gab es bald elektrische Straßenbeleuchtung und Straßenbahnen. Ab 1877 wurden dort die ersten Siemens-Fernsprecher aufgestellt.

BIOGRAFIE

Erste deutsche Vollbahn Die zweiachsige elektrische Straßenbahn fuhr ab 1895 zwischen Lichterfelde und Zehlendorf.

Erfolg in der Erfindungsfabrik Auch der Erfinder der Glühlampe T.A. Edison experimentierte in seinem Labor im kalifornischen Menlo Park mit der Elektrifizierung von Lokomotiven. 1880 erreichte sein Modell eine Höchstgeschwindigkeit von 50 km/h.

»

land der Eisenbahn schneller: Als erste elektrische Vollbahn mit öffentlichem Nahverkehr, Stationen und Signalanlagen gilt bis heute die City & South London Railway. Sie wurde am 18. Dezember 1890 zwischen Stockwell und King William Street als 5 km langer Streckenabschnitt eröffnet. Die Wagen fuhren mit etwa 500 V Gleichstrom, der sich aber nur für kürzere Strecken bei gering erzeugter Spannung eignete.

▣ Zum Jahreswechsel 1912/13 führten die deutschen Länderbahnen ein einheitliches Bahnstromsystem ein, dem sich später auch die 1920 gegründete Reichsbahn mit ihren Strecken anschloss: Überall wurde auf Einphasenwechselstrom 15 000 V und $16\frac{2}{3}$ Hz umgestellt und auch die Länder Österreich, Schweiz, Schweden und Norwegen schlossen sich dem einheitlichen elektrischen Bahnnetz an.

▣ Amerika war dieser Entwicklung voraus. Dort fuhren schon seit den 1880er Jahren Lokomotiven mit elektrischem Antrieb nach Modellen von Thomas Alva Edison. 1898 hatte Boston (Massachusetts) die erste U-Bahn der USA. Das erste Teilstück der New Yorker U-Bahn folgte 1904; zuvor wurde der Personenverkehr auf den Schienen der 451 km langen Hochbahn erst mit dampfbetriebenen Forney-Tenderloks und ab 1871 mit elektrifizierten Zügen transportiert.

Faszination Untergrund Magazine, Zeitungen, Romane wie auch Theater, Film und Jazzmusik greifen begeistert Alltagsszenen aus der New Yorker U-Bahn auf.

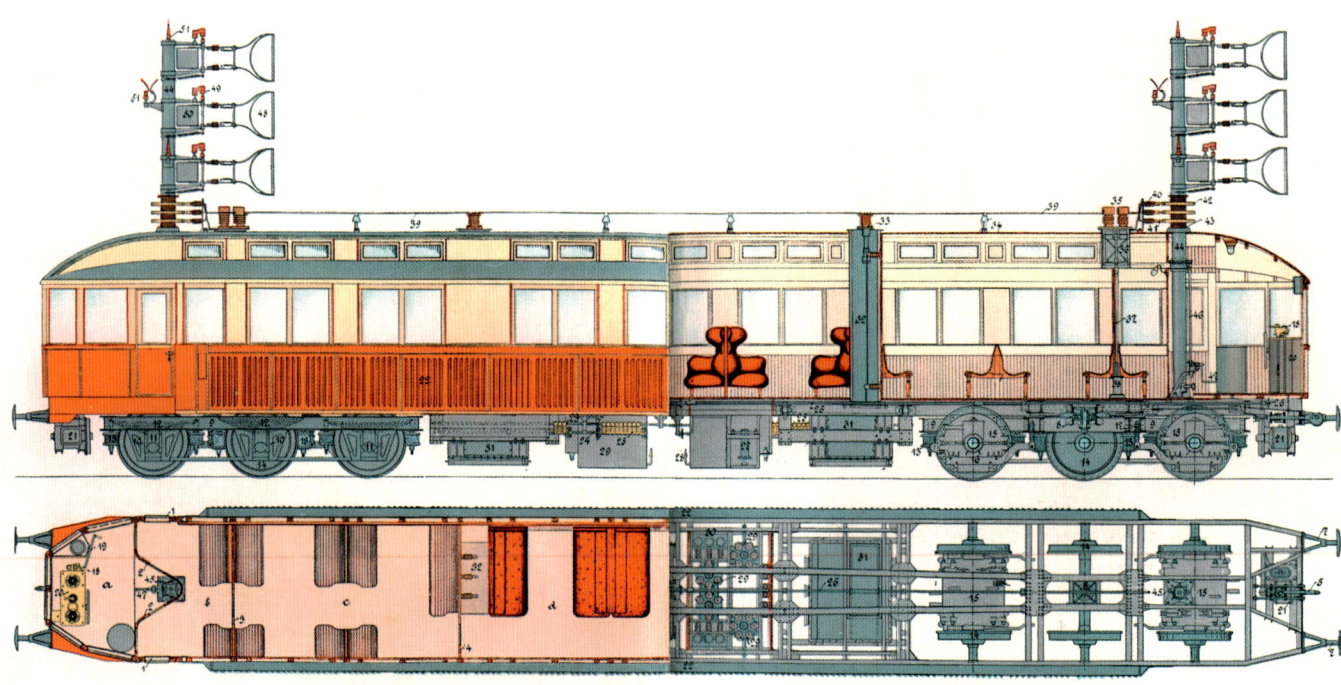

Schnitt durch einen Motorwagen der Versuchs-Schnellbahn Marienfelde-Zossen

Preußen ganz vorn Der erste elektrische Motorwagen der Versuchsschnellbahn Marienfeld–Zossen wurde von der Firma Siemens & Halske in Berlin gefertigt.

Rekordleistungen füllen die Blätter der Weltpresse

▣ Anfang des 20. Jh. wurde Deutschland Rekordhalter für die Geschwindigkeit der Elektrobahn. Auf der militärischen Teststrecke Berlin–Zossen wurden ab 1901 drei Weltrekorde aufgestellt: 1901 erreichte eine vierachsige E-Lok die Höchstgeschwindigkeit von 162 km/h, 1903 erzielte ein sechsachsiger Dreiphasendrehstrom-Triebwagen eine bis dahin unerreichte Geschwindigkeit von 202 km/h, die kurz darauf von einem baugleichen Modell mit 209 km/h überboten wurde. Jedoch blieben diese Wettrennen eine Spielerei, denn auf den deutschen Streckennetzen galt im alltäglichen Betrieb eine Geschwindigkeit von max. 140 km/h. Dies auch nur, wenn die Lokomotiven verstärkte Bremsen besaßen und der Signalabstand auf den Strecken vergrößert war.

▣ Elektroloks werden bis heute für ihre Schnelligkeit bewundert und erreichen in der Nachkriegszeit die Geschwindigkeitsrekorde der Superlative: Viele Jahre blieb der Temporekord von 331 km/h aus dem Jahr 1955 bei den französischen Eisenbahnen. Selbst die Züge der japanischen Tokaido-Line, die berühmten „Raketenzüge", konnten diesen Rekord mit ihren 240 km/h nicht brechen. Auch Deutschlands ab 1984 eingesetzte ICE-Wagen kamen mit ihren 265 km/h nicht an den Rekordhalter Frankreich heran. Dies sollte so bleiben, denn Frankreich bestand jeden neu aufgestellten Weltrekord bis zur Höchstmarke von 513,3 km/h, die der „TGV-Atlantique" am 18. Mai 1990 auf den Schienen erreichte.

▣ Auch Spanien experimentierte mit einem für den Regelverkehr einzusetzenden Geschwindigkeitsrekordzug. Im Jahr 2006 erreichte die Tachonadel des von der Firma Siemens in Krefeld und Valladolid gebauten „Velaro.301" die erwartete Höchstgeschwindigkeit von 300 km/h. In diesem Tempo wird der 25 000 Millionen Euro teure Zug zukünftig die Strecke Madrid–Barcelona in 2½ Stunden zurücklegen. Schneller darf er nicht fahren, da Schienen und Sicherheitssysteme nicht auf eine höhere Geschwindigkeit ausgelegt sind. Auch Luxus und Komfort der 404 bequemen Plätze halten oberstes Niveau: Im besonders eleganten Club-Bereich unmittelbar hinter dem Cockpit gibt es einen Konferenzraum für bis zu sieben Personen und einen VIP-Raum. Außerdem werden auf mehreren Bildschirmen in allen Abteilen Unterhaltungsprogramme gezeigt. Von den spanischen Spitzengeschossen wurden bereits 60 Züge nach China und acht Stück nach Russland verkauft. Der Zug soll die Hauptstadt Peking mit Tianjin im Nordosten verbinden. In Russland soll der „Velaro RUS" die Strecke von Moskau nach

Sankt Petersburg bedienen. Die höchste Bergbahn der Welt, die Manitou and Pike's Peak Railway steigt bis auf eine Höhe von 4301 m den Ostrand der Rocky Mountains in Colorado hinauf. Über 14 km führt die 1891 eröffnete Bahn mit Neigungen bis zu 250 Promille zur Gipfelstation. Zunächst zogen Dampf- und Diesellokomotiven die Touristen auf den Berg, ab 1960 kamen dieselelektrische Zahnradtriebwagen der schweizerischen Lokomotiv- und Maschinenfabrik Winterthur zum Einsatz.

◙ Im Güterverkehr hält die im Jahr 2000 erstmals ausgelieferte IORE den Weltrekord. Die in Kassel gebaute Zugmaschine ist mit 14 600 PS eine der stärksten elektrischen Lokomotiven der Welt. Die Lokomotiven werden unter extremen Klimabedingungen betrieben und ziehen Eisenerzzüge mit einem Gewicht von 8200 t von Minen im Inland an die schwedische und norwegische Küste. Rekorde im Miniaturformat gibt es in Hamburg zu bewundern. Mitten in der Speicherstadt steht die größte Modelleisenbahn der Welt. Auf 900 m² rattern 700 Züge mit mehr als 10 000 Waggons durch künstliche Landschaften.

Gegen den Druck Markenzeichen der Shinkansen-Züge ist das aerodynamische Zugdesign mit einer lang gestreckten, nasenartigen Bugform. Sie verhindern den Tunnelknall, der bei der Durchfahrt durch die in Japan häufigen engen Tunnel auftreten kann.

TGV der ersten Generation Im typischen Orange befährt der Schnellzug die Strecke Paris–Lyon.

Züge der neuen Generation

☐ Um die Fahrgäste nicht an die wachsende Konkurrenz von Auto und Flugzeug zu verlieren, wurden die Leistungen der Hochgeschwindigkeitszüge weltweit in die Höhe getrieben. Technische Prestigeobjekte des 20. Jh. wie der japanische Shinkansen, der französische „TVG" und der deutsche „ICE" wurden auf neuen Bahnstrecken für den Personentransport eingesetzt. Computergesteuerte Technik, atemberaubendes Design und unvergleichlicher Komfort gehören zum Standard des neuen Bahnzeitalters. Auf der 1964 eröffneten „Tokaido Shinkansen" (Neue Bahnstrecke) zwischen Japans Hauptstadt Tokio und der Industriestadt Osaka fuhren bis Juli 1967 bereits 100 Mio. Fahrgäste. Bekannt sind die Shinkansen-Züge weniger für eine absolute Höchstgeschwindigkeit der Triebwagen als vielmehr für die durchgängig hohe Reisegeschwindigkeit auf einem vom Nah- und Güterverkehr baulich komplett getrennten Hochgeschwindigkeitsnetz. So erzielt der „Nozomi-Superexpress" zwischen Tokio und Nagoya inklusive Bahnhofsaufenthalten eine Durchschnittsgeschwindigkeit von 206 km/h. Heute fahren auf der 2237 km langen Shinkansen-Strecke zehn verschiedene Zug-

Verbindung zum Kontinent

Kanaltunnel Schon Napoleon trug sich 1802 mit der Idee, den Ärmelkanal zu untertunneln. Doch erst 1986 war die Zeit für diese planungstechnische Meisterleitung reif. In durchschnittlich 40 m unter dem Meeresboden wurden drei getrennte Röhren gebohrt: zwei 7,6 m breite Fahrtunnel für die Züge und dazwischen ein 4,8 m breiter Versorgungstunnel für Wartung, Belüftung und Notevakuierung. Von der Gesamtlänge von 50,45 km liegen 38 km unter Wasser. Der am 6. Mai 1994 eröffnete Kanaltunnel war mit 15 Mrd. Euro das teuerste privat finanzierte Bauprojekt der Welt. Jährlich nutzen etwa 7 Mio. Passagiere den Kanaltunnel bei einer Reisezeit von 35 Minuten.

TECHNIK

ICE durchfährt die Museumsinsel in Berlin Deutschland hat ein dichtes und mit 37 600 km eines der längsten Eisenbahnnetzes Europas.

»

typen bis hin zur neuesten Generation der Reihe 300, dessen Modell 300X im Juli 1996 mit 443 km/h einen neuen Geschwindigkeitsrekord in Japan aufstellte. Die japanischen „Raketenzüge" sind für ihre hervorragende Pünktlichkeit, ihre Zuverlässigkeit und Sicherheit bekannt. Nicht ein Fahrgast kam bisher in einem Shinkansen-Zug zu Schaden.

Konkurrenzlos pünktlich Sämtliche Shinkansen-Züge erreichen pro Tag zusammengerechnet eine Verspätung unter fünf Minuten. Ein Erfolg guter Wartung und Trennung des Hochgeschwindigkeitsnetzes von Nah- und Güterverkehr.

«

◻ Spitzenreiter Frankreich hält mit seinen TGV-Zügen bis heute die Geschwindigkeitsrekorde für Normalstrecken. Im Jahre 1969 begann die Entwicklung eines aerodynamischen Experimentalzugs, der drei Jahre später als TGV 001 ausgeliefert wurde. Die Kürzel „TGV" stehen für „Train à Grande Vitesse", was Hochgeschwindigkeitszug bedeutet. Mit dem TGV-Duplex baute Frankreich den ersten doppelstöckigen TGV mit aerodynamischer Kopfform. 2007 ging die vierte TGV-Generation in Produktion und erreichte auf der Neubaustrecke Paris–Ostfrankreich sagenhafte 574,8 km/h. Im Februar 2008 stellte der TGV-Hersteller Alstom mit dem „Automotrice Grande Vitesse" die vierte Generation von Superzügen Made in France vor, die bis heute in alle Welt verkauft werden.

◻ In Deutschland begann das ICE-Zeitalter 1988 mit einem Weltrekord, den der „Intercity-Experimental" mit

406,9 km/h erzielte. Seit 1991 verbinden die Intercityexpress-züge ("ICE") die größeren Städte Deutschlands. Inzwischen ist der "ICE" das Rückgrat des Fernverkehrs geworden und es gibt kaum eine Gegend in Deutschland, die nicht mit dem sehr komfortablen Zug erreichbar ist.

Eisenbahnen der Zukunft / Die Bahn ohne Räder / Magnetschwebebahnen

◼ Kein anderes Verkehrssystem zu Lande ist schneller, sicherer und komfortabler als der "Transrapid". Dazu wird die umweltfreundliche berührungsfreie Technik der Magnetbahnen als hochwirtschaftlich gepriesen. Bei diesen spurgeführten Landverkehrsmitteln, die durch magnetische Anziehung oder Abstoßung in der Schwebe gehalten werden, sind Räder entweder gar nicht oder nur bei niedrigen Geschwindigkeiten notwendig. Die Magnetschwebebahn bewegt sich fort mit Hilfe von Elektromagneten in einer Reihe von Gehäusen an der Basis. Zu unterscheiden sind dabei drei verschiedene Techniken des magnetischen Schwebens: das elektromagnetische Schweben (EMS), das seit 1977 in Deutschland weiter-entwickelt wird, das in Japan favorisierte elektrodynamische Schweben (EDS) und das permanentmagnetische Schweben

(PMS). Das stromlinienförmige Design des Rumpfes ent-spricht dem der "Boeing 747" und ist für Höchstgeschwin-digkeiten entwickelt. Die wichtigsten Fortschritte der inter-nationalen Transrapid-Entwicklung werden auf der 32 km langen Teststrecke im Emsland getestet. Geringer Energie-verbrauch und verschleißfreie Konstruktion von Zug und Schiene halten die Betriebskosten niedrig. Die führenden Transrapid-Länder sind Deutschland, Japan und China.

Für die Strecke Hamburg–Berlin entwickelte man das Versuchsfahrzeug "Transrapid 08", der im Jahr 1999 der Öffentlichkeit präsentiert wurde. Das Vorserienmodell ist für eine Maximalgeschwindigkeit von 550 km/h ausgelegt. Kos-tenanalysen und Zweifel an der Passagierberechnung ließen das Projekt jedoch scheitern: Statt die 264 km lange Strecke mit 400 km/h in 53 Minuten zurückzulegen, bewältigt nun der 230 km/h schnelle "ICE-T" die Distanz in eineinhalb Stunden.

Auch die Planungen zwei weiterer Transrapid-Strecken in Deutschland scheiterten. Weder die 37 km lange Verbindung zwischen der Münchener Innenstadt und dem Flughafen noch das 2000 für das Ruhrgebiet geplante 80 km lange Metrorapid-Projekt von Düsseldorf nach Dortmund wurden bisher umgesetzt. Ebenso stockt das für die Schweiz geplante

Noch in der Warteschleife In München war zwischen Hauptbahnhof und Flughafen eine Magnetschwebebahn geplant. Die Pläne für den "Transrapid" wurden wegen der Explosion der Baukosten auf über 3 Mrd. Euro am 27. März 2008 offiziell aufgegeben.

Flughafenexpress

Seit 2004 transpor-
tieren drei doppel-
spurige Transrapid-
züge mit 430 km/h
etwa 7500 Passa-
giere täglich zwi-
schen dem interna-
tionalen Flughafen
Pudong und der
Innenstadt von
Shanghai.

»

Stadt-
schnellbahnen

Beförderung von Millionen Im 19. Jh. dominierten dampf- und elektrobetriebene Stadtbahnen,
die ober- und unterirdisch geführten S- und U-
Bahnen. Die schon Anfang des 20. Jh. weitver-
breiteten Hochbahnen, etwa in Chicago, New
York oder Wuppertal, bieten auch im 21. Jh.
effektive Lösungen für die zunehmende Ver-
kehrsbelastung. Traditionelle Netze der Stadt-,
Vorort- und Regionalbahnen bekommen Konkurrenz von Hochbahnstrecken, die den teilweise kollabierenden Personennahverkehr ent-
lasten, etwa die Hängebahn in Ofuna (Japan)
und die Einschienenbahn in Sydney (Australien).

Magnetschwebeprojekt „Swissmetro", das als unterirdisches
Stadtverbindungsnetz im Vakuumtunnel entstehen sollte.
Damit verfügt China über die einzige kommerziell genutzte
Magnetbahn: Im Januar 2001 entschied sich China, dessen
Schienennetz inzwischen eine Länge von knapp 60 000 km
umfasst, für den deutschen „Transrapid", der seit 2004 mit
bis zu 430 km/h zwischen dem Finanzzentrum in Shanghai
und dem Flughafen Pudong verkehrt: Für die 30 km lange Strecke brauchte Trevithicks erste Dampflokomotive
200 Jahre zuvor noch 8 Stunden und 10 Minuten …, der
chinesische Transrapid fährt sie in 8 Minuten.

▣ Trotz aller Rückschläge rangiert Deutschland auf Platz 1 im
internationalen Hochgeschwindigkeitsverkehr. Eventuell soll
der deutsche „Transrapid" künftig auch im Nahen Osten
unterwegs sein. Dort plant der Iran die 860 km lange Strecke
zwischen der Hauptstadt Teheran und der ostiranischen
Pilgerstätte Maschhad mit der elektromagnetischen Technik
aus Deutschland zu betreiben. Momentan brauchen die
jährlich bis zu 15 Mio. Pilger für den Weg mit Bussen zwei
Tage und in Zukunft vielleicht nur noch drei Stunden.

TECHNIK

Züge in Europa

Für Eisenbahnreisende hat Europa einiges zu bieten, etwa die Strecke der „Semmeringbahn", die als erste Gebirgsbahn heute zum Weltkulturerbe zählt. Mit dem langsamsten Schnellzug der Welt, dem „Glacier-Express", lässt sich die Schweizer Bergwelt erkunden, während der schnellste Zug der Welt, der „TGV", seine Passagiere komfortabel von Paris ans Mittelmeer befördert.

Schottland

Mallaig
Fort William
Oban
Tarbet
West-Highland-Line | *84–89*
Glasgow

GROSSBRITANNIEN

Nordsee

England

London

NIEDERLAND

Calais
Lille
BELGIEN

ATLANTISCHER

OZEAN

Paris
Nancy

Le Mans
Tours
la Baule
Nantes
TGV | *98–105*
Glacier
Express
64–6

Bordeaux

FRANKREICH

Lyon

Valence

Ferrol
Gijón
Santiago de
Compostela
Oviedo
Santander
Bilbao
El Transcantábrico | *106–113*
Biarritz
Avignon
Léon
Marseille

PORTUGAL
SPANIEN

N
50 km
www.kartographie.de

MITTELME

Al Andalus Expreso | *114–119*

Cordoba
Sevilla
Granada
Jerez de la Frontera
Antequera
Cadiz
Ronda
Malaga

Europa

DÄNEMARK

Ostsee

POLEN

Brocken
1142 m
Brockenbahn | 80–83

DEUTSCHLAND

TSCHECHISCHE REPUBLIK

SLOWAKISCHE REP.

Stuttgart

Straß-
burg

Linz

Wien

München

Salzburg

Semmering
Mürzzuschlag

Semmeringbahn |
48–57

Budapest

UNGARN

RUMÄNIEN

SCHWEIZ

uzern

Chur

Davos

Innsbruck

ÖSTERREICH

Brenner

Brennerbahn | *76–79*

St. Moritz
Tirano

Orient–Express | *90–97*

Bernina–
Express | *58–63*

SLOWENIEN

KROATIEN

Belgrad

SERBIEN

BULGARIEN

Chiasso

Gotthardbahn |
70–75

matt

Verona

Venedig

ITALIEN

Nis

Sofia

Adriatisches

Meer

Meer

TÜRKEI

Istanbul

Tyrrhenisches

Meer

GRIECHENLAND

Ägäisches

Meer

Ionisches

Meer

Die Semmeringbahn

Den würdigen Auftakt zur Geschichte der Gebirgsbahnen bildet die kurze, aber bautechnisch äußerst anspruchsvolle Eisenbahnlinie über den Semmeringpass in Österreich. Die nur 41 km lange Strecke zwischen dem niederösterreichischen Gloggnitz und dem steirischen Mürzzuschlag wurde bei ihrer Eröffnung 1854 als ein Wunderwerk der Ingenieurkunst bestaunt.

Viadukt Die im Stil des Klassizismus gehaltenen Kunstbauten der Semmeringbahn fügten sich hervorragend in die Berglandschaft ein. Diese Einheit von Kunst und Technik wurde schon zur Erbauungszeit als vorbildlich gelobt. »

Historisches Modell Für die Semmeringbahnlinie kamen nur die leistungsstärksten Dampfloks ihrer Zeit zum Einsatz. Selbst Robert Stephenson, der Sohn des genialen Dampflokkonstrukteurs George Stephenson, hatte es nicht für möglich gehalten, die Steigungen am Semmering mit Hilfe der Dampfkraft überwinden zu können.

▣ Selbst der Kaiser zeigte sich „enthusiasmiert", als er am 16. Mai 1854 von einem offenen Güterwaggon aus die fertige Strecke besichtigte. Noch nie waren so starke Höhendifferenzen und so schwierige Geländestrukturen überwunden worden wie auf dieser Eisenbahnlinie! Kaiser Franz Joseph I. und seine schöne Gattin Elisabeth wussten, welch gewaltige Leistung der leitende Ingenieur Carl Ritter von Ghega erbracht hatte. Doch groß gefeiert wurde nicht, da man in der fertiggestellten Linie nur das Teilstück eines weit größeren Projekts sah, nämlich der südlichen Staatseisenbahn, die die Residenzstadt Wien mit dem einzigen Adriahafen der Monarchie, Triest, verbinden sollte. Bis zur Fertigstellung dieser Linie 1857 wollte man mit der ganz großen Festzeremonie warten. Um ehrlich zu sein: Dies wurde der Bedeutung der Semmeringbahn nicht gerecht, denn sie bedeutete den Knackpunkt des gesamten Vorhabens. 1842 hatte man die Linie Wien–Gloggnitz eröffnet, 1844 folgte die Strecke Graz–Mürzzuschlag, aber das kleine Stückchen dazwischen, über den knapp 1000 m hohen Semmeringpass, hatte man bislang nur mit Pferdegespannen überwinden können. Noch nie war ein Schienenstrang über die Alpen gelegt worden, sodass der Bauleiter Carl Ritter von Ghega auf diesem Feld absolutes Neuland betrat. Es galt auf dem kurzen, in der Luftlinie nur 21 km langen Teilstück rund 450 Höhenmeter zu überbrücken, was nur gelingen konnte, wenn man den Schienenweg auf rund das Doppelte verlängerte und mit zahlreichen Kunstbauten wie Tunneln oder Viadukten bestückte. Viele Experten hielten diese Streckenführung rundheraus für undurchführbar und empfahlen die Errichtung von Standseilbahnen, Schrägaufzügen mit Kettenantrieb oder Steilrampen mit Pferdebetrieb.

Meisterwerke der Ingenieurbaukunst

▣ Carl von Ghega widerlegte alle Kritiker. Seit 1842 als Baudirektionsadjunkt mit der Semmeringüberschienung betraut, konnte er 1848 nach langen Planungsarbeiten endlich mit der Realisierung seines Meisterwerks beginnen. Unter dem Eindruck der Märzrevolution von 1848 und der hohen Arbeitslosigkeit gaben die Behörden grünes Licht für den Bau der ersten normalspurigen Gebirgsbahn Europas. Phasenweise werkelten bis zu 20 000 Arbeiter, darunter etwa ein Drittel Frauen und Kinder, an den Baustellen. Etwa 1000 Menschen bezahlten die Pioniertat aufgrund von Arbeitsunfällen und wegen der in den Unterkünften grassierenden Krankheiten wie Cholera und Typhus mit dem Leben. In der Rekordzeit von sechs Jahren

Klüfte überspannen Ohne Brücken und Viadukte wären viele Gebirgsbahnstrecken undenkbar.

Carl von Ghega

Der 1802 in Venedig als Sohn eines Marineoffiziers geborene Carl von Ghega war ein früh vollendetes technisches Genie. Schon mit 15 Jahren ging er zum Studium nach Padua, wo er bereits zwei Jahre später den Doktortitel für Mathematik erwarb. Zunächst arbeitete er als Bauleiter für die Kaiser-Ferdinand-Nordbahn, bevor er 1842 zum Gesamtplanungsleiter der zukünftigen südlichen Staatseisenbahn ernannt wurde. Ghega unternahm Studienreisen nach Amerika und England, um die dortigen Fortschritte im Eisenbahnbau kennen zu lernen. Um die Realisierung der Semmeringbahn musste er lange kämpfen, da das Projekt von vielen Fachleuten für sundurchführbar gehalten wurde. Doch Ghega ließ nicht locker und erwies sich auch bei der Baudurchführung als äußerst gewissenhafter Ingenieur.

B I O G R A F I E

In schwindelnder Höhe Ein beliebtes und bewundertes Motiv für viele Abbildungen waren der 688 m lange Weinzettlwandtunnel und die Weinzettlwandgalerie.

gruben sie insgesamt 15 Tunnel, errichteten 16 Viadukte, viele davon sogar zweistöckig, und erbauten dazu noch über 100 Brücken und Durchlässe. Dabei mussten sie mit den einfachsten technischen Hilfsmitteln vorliebnehmen, denn es gab weder wirkungsvolle Tunnelbohrmaschinen noch leistungsfähige Sprengstoffe wie Dynamit. Die Semmeringbahn musste daher in solider Handarbeit, ergänzt durch den Einsatz von Schwarzpulver, errichtet werden. Erstmalig wurden Steigungen von bis zu 28 ‰ und enge Kurvenradien von 190 m gemeistert. Dabei stellten sich den Arbeitern enorme Schwierigkeiten in den Weg. Nach einem verheerenden Felssturz am Weinzettlwandtunnel, bei dem 14 Bergleute ums Leben kamen, musste die Trassenführung komplett neu geplant und weiter in den Berg hinein verlegt werden, was zusätzlich abstützende Galerien erforderte. Auch der 1434 m lange Semmeringscheiteltunnel, der in einer Höhe von 898 m über dem Meeresspiegel den Semmeringpass unterquerte, bereitete den Erbauern große Probleme.

Bahnhof am Semmering Die Höhenluft auf fast 1000 m galt als besonders kräftigend und wohltuend, sodass sich hier schon vor weit über 100 Jahren erholungsuchende Gäste tummelten.

Gedenktafel Schon 1869 wurde Carl Ritter von Ghega ein Denkmal am Bahnhof Semmering gesetzt.

Leistungsstarke Lokomotive gesucht

▢ Für Carl von Ghega stellte sich nicht zuletzt die Frage nach einer leistungskräftigen Lokomotive, wollte er die Bahnlinie effektiv nutzen können. 1851 schrieb er einen Lokomotivwettbewerb aus, an dem sich die renommiertesten Maschinenfabriken aus Deutschland, Österreich und Belgien beteiligten. Die vier eingereichten Modelle – neben der Siegerin „Bavaria" der bayerischen Lokomotivfabrik Maffei die Lok „Vindobona" der Maschinenfabrik der Wien-Gloggnitzer-Bahn, die „Neustadt" der Lokomotivfabrik Günther (Österreich) und die „Seraing" der belgischen Firma Cockerill – brachen alle Rekorde. Die aus ihnen von Wilhelm von Engert konstruierte typische Semmeringlokomotive, eine dreifach gekuppelte Dampflokomotive, war die leistungskräftigste ihrer Zeit. Bis zu fünf Bremser mussten mitfahren, um während der Talfahrt die Geschwindigkeit des Zuges zu zügeln. Damit setzte die 1854 vollendete Semmeringbahn

Neun Schächte wurden von der Erdoberfläche aus zur künftigen Tunnelachse vorangetrieben, um die Bauzeit zu verkürzen. Doch der hohe Gebirgsdruck ließ die Tunnelsohle um bis zu 2 m ansteigen und eindringendes Bergwasser behinderte die Arbeiten. Mit einer Höhe von 898 m blieb der Semmeringtunnel nach seiner Fertigstellung aber lange der weltweit höchste erreichte Ort einer öffentlichen Eisenbahnlinie. Als bauliche Glanzleistung galt auch der zweistöckige, 148 m lange Viadukt über die Kalte Rinne bei Breitenstein, der mit 46 m Höhe alle anderen Streckenbauwerke überragte.

Sigmund Freud Der Begründer der Psychoanalyse erholte sich gerne am Semmering von seiner anstrengenden Arbeit.

Johannes Brahms Er schrieb zwischen 1884 und 1885 in Mürzzuschlag seine vierte Symphonie, die Mürzzuschlager.

Alma Mahler-Werfel Sie besaß in Breitenstein am Semmering ein eigenes Sommerhaus.

gepriesen. Mehr und mehr wandelte sich die Fahrt mit der Semmeringbahn zu einem touristischen Vergnügen, das immer mehrMenschen in Anspruch nahmen. Einmal in hohem Tempo über die Kalte Rinne rauschen, vor sich die steil aufragende Polleroswand und die schneebedeckten Gipfel des Bergmassivs der Rax vor Augen – das gehörte bald zum Höhepunkt eines jeden Gebirgsaufenthalts. Die Gegend um den Semmeringpass begann sich stark zu wandeln. Nicht von der Streckenführung bis zum Rollmaterial neue wegweisende Akzente. Im Eisenbahnbau setzte sich der Dampflokomotivbetrieb gegenüber anderen Antriebsarten auch für die schwierigsten Strecken durch. Die Scheu vor dem Gebirge war gebrochen und in den kommenden Jahrzehnten setzte die große Zeit der Gebirgsbahnen ein. Die solide Bauart der Bahnstrecke, die zusätzlich zu den Gleissträngen und Viadukten eine Vielzahl von Signal- und Streckenwärterhäuschen umfasste, macht ihren Betrieb als Haupteisenbahnlinie bis zum heutigen Tag möglich. Nur wenige umfangreiche Sanierungsmaßnahmen mussten begonnen werden. Im schwierigen Scheiteltunnel wurde von 1949 bis 1952 eine zweite eingleisige Röhre errichtet und ebenfalls in den 1950er Jahren die Elektrifizierung der Strecke vorangetrieben. Als ein technisches Meisterwerk wurde die Semmeringbahn 1998 zum UNESCO-Weltkulturerbe erklärt.

Treffpunkt der feinen Gesellschaft

▫ Die erste europäische Gebirgsbahn beeindruckte die Zeitgenossen zutiefst. Ihre schönsten Kunstbauten wie der Viadukt über die Kalte Rinne fanden sich bald auf Briefmarken, Postkarten und Geldscheinen wieder. Die Semmeringbahn galt als harmonische Verbindung von Natur und Technik, in Reiseführern wurden ihre „pittoresken Felspartien", ihre „graziösen Galerien und kühn geführten Viadukte" und das „berauschende Gefühl des ehrfürchtigen Erschauerns"

nur die Ausgangspunkte der Bahnstrecke Gloggnitz und Mürzzuschlag erfreuten sich regen Zulaufs. Erschlossen wurde auch die Passhöhe selbst. Reiche Wiener strömten an den Semmering, ließen sich komfortable Villen erbauen und genossen die gute Höhenluft. Auf dem Semmering selbst entstanden das Südbahnhotel und das mondäne Hotel Panhans für auswärtige Gäste sowie eine exklusive Villenkolonie für die Schönen und Reichen Wiens. Alles, was Rang und Namen hatte, Künstler, Aristokraten, vermögende Bürger, traf sich am Semmering. Der Dichter Arthur Schnitzler, der Psychologe Sigmund Freud, die schöne Alma Mahler-Werfel, der Maler Oskar Kokoschka gaben sich hier ein Stelldichein. Zugute kam der Region überdies, dass schon Ende des 19. Jh. der Wintersport in ihr Einzug hielt. Im steirischen Mürzzuschlag eröffnete sich dem Tourismus dank der Aktivitäten des Skipioniers Toni Schruf, der 1893 das erste Skirennen Mitteleuropas in Mürzzuschlag veranstaltete. Der „Run" auf die Bergwelt, bis heute ungebrochen, nahm damit seinen Ausgang.

Diesellokomotive von Kraus-Maffei Die Kohlebefeuerung der Dampfloks löste immer wieder verheerende Waldbrände entlang der Bahnstrecke aus. Die Dieselloks erwiesen sich als umweltfreundlicher.

Haupttunnel Der alte Tunnel wurde nach dem Zweiten Weltkrieg saniert und auf ein Gleis reduziert. Der neue Semmeringtunnel, der teilweise 100 m vom alten Tunnel entfernt angelegt wurde, ergänzte die Strecke.

Der Bernina-Express

Der Bernina-Express ist der Gipfelstürmer unter den Gebirgsbahnen. In einer atemberaubenden Fahrt durch die Schweizer Bergwelt schraubt er sich ohne Zahnstange auf den 2253 m hohen Berninapass empor und kann damit für sich in Anspruch nehmen, die am höchsten gelegene Alpentransversale Europas und die steilste Adhäsionsbahn der Welt zu sein!

Willkommen Die Albula- und die Bernina-strecke der Rhätischen Bahn gehören seit 2008 zum UNESCO-Weltkulturerbe. Die Rhätische Bahn heißt jeden Gast auf ihren Strecken herzlich willkommen.

▣ Der Expresszug, der von Chur, der Hauptstadt des Schweizer Kantons Graubünden, ins sonnige Veltlin mit dem Endpunkt Tirano in Italien führt, hat die besten Voraussetzungen, alle Superlative zu sprengen. Er durchquert die tiefsten Schluchten, klettert auf die höchsten Passhöhen und bietet mit seinem Panoramablick die schönsten Ausblicke auf die über 4000 m hohen Bergriesen der Berninagruppe. Die beiden Herzstücke der Strecke, die dem wilden Lauf der Albula folgende Albula-

Mit Auszeichnung Die Berninabahn gehört wegen ihrer technischen Meisterleistungen seit 2008 zum UNESCO-Weltkulturerbe.

bahn und die in luftige Höhen führende Berninabahn, wurden im Juli 2008 wegen ihrer technischen Meisterleistungen sogar ins UNESCO-Weltkulturerbe aufgenommen. Weiter kann es eine Eisenbahnstrecke kaum bringen. Trotz der schwierigen Geländeformationen ist die Linie dennoch im eigentlichen Wortsinn eine „Express"-Verbindung, denn sie benötigt für die gesamte Strecke zwischen Chur und Tirano nur 4 Stunden und 7 Minuten.

Berninagruppe Eine Fahrt mit dem Bernina-Express, vorbei an den schneebedeckten Gipfeln der Berninagruppe und dem Morte-ratsch-Gletscher, zählt zu den Höhepunkten einer jeden Alpenreise.

Landwasserviadukt
Das Baumaterial für den schwindelerregend hohen Landwasserviadukt entnahmen die Erbauer um die Jahrhundertwende der unmittelbaren Umgebung. Dadurch passte sich das imposante Bauwerk nicht nur optisch der Landschaft an, sondern konnte auch in der Rekordbauzeit von nur 13 Monaten fertiggestellt werden.

«

Ospizio Bernina Die höchst gelegene Bahnstation der Rhätischen Bahn. Trotz der enormen Höhe wird ganzjährig der Durchgangsverkehr aufrechterhalten. »

Die Albulalinie

⊡ Der Ausgangspunkt der Tour ist Chur, die alte Bischofsstadt, die der Zug in Richtung Reichenau-Tamins verlässt. Ein Stück das Hinterrheintal bis Thusis aufwärtsfahrend, zweigt der Bernina-Express ins wilde Tal der Albula ab, wo den Reisenden sofort spektakuläre landschaftliche Höhepunkte und ebenso spektakuläre bauliche Lösungen, die diese Hindernisse überwinden, erwarten: Unter den vielen imposanten Viadukten ragt der Landwasserviadukt, der mit Sicherheit zu den am meisten fotografierten Motiven der Rhätischen Bahn gehört, hervor. 65 m tief ist die Schlucht, die es zu überbrücken gilt, und die Ingenieure der zwischen 1898 und 1903 errichteten Albulalinie mussten sich einiges einfallen lassen, um diese Hürde zu überwinden. Für den 130 m langen Landwasserviadukt sahen sie mächtige, bis zu 58 m hohe Pfeiler vor, die jeweils durch Gewölbe mit einer lichten Weite von 20 m verbunden wurden. Die fest im harten Felsen verankerten Pfeiler – jeder von ihnen wiegt etwa 6200 t – verjüngten sich stark nach oben hin und erhielten eine asymmetrische Bauweise, um die Zentrifugalkräfte besser aufzufangen. Kaum hat der Zug die Brücke überquert, wird er von einem Tunnel aufgenommen und rast weiteren Attraktionen entgegen. Die Strecke zwischen den Orten Bergün und Preda nennt man auch „Albulazirkus", weil die verwirrende Anzahl von Kehrtunneln und miteinander verschlungenen Kehrschleifen den Eisenbahnfahrer meist ziemlich orientierungslos zurücklässt. Doch die Erbauer der Rhätischen Bahn

Höhentafel Stolz wird dem Reisenden die Höhe von 2256 m über dem Meeresspiegel am höchsten Punkt der Fahrt verkündet.

63

sahen sich hier vor gewaltige Probleme gestellt. Es galt, 416 m Höhenunterschied in einem viel zu engen Tal zu überwinden. So mussten die Konstrukteure die Distanz von 6 km künstlich auf gut das Doppelte verlängern und die Serpentinen quasi in den Berg verlegen. So schraubt sich der Zug im Tunnel höher und höher, um danach in scheinbar entgegengesetzter Richtung weiterzufahren. Prunkstück der mit Tunnel und Viadukten gespickten Strecke ist der 5845 m lange Albulatunnel, in dessen Inneren der höchste Punkt der Linie von 1823 m erreicht wird.

Die Berninabahn

▣ Mit Erreichen des mondänen Skiorts St. Moritz ist eine schienentechnische Zäsur verbunden. Die 1903 fertiggestellte Albulalinie war von ihren Erbauern als klassische Gebirgs- und Regionalbahn im Dampflokbetrieb geplant

worden, während die von St. Moritz ausgehende Berninabahn vorwiegend touristische Gesichtspunkte berücksichtigte. So suchte man aufwändige Tunnelbauten zu vermeiden und die Linie an den schönsten Panoramablicken vorbeizuführen. Die von Anfang an elektrifizierte Linie konnte 1910 erstmals durchgehend befahren werden. Der heutige Bahnreisende kann sich also in St. Moritz bequem zurücklehnen und sich auf die grandiosesten Momente der Fahrt freuen. Ab Pontresina, dem auf 1775 m gelegenen Urlaubsort des Oberengadiner Hochplateaus, folgt der Zug dem Berninatal und erreicht schon bald die berühmten Montebellokurve, von der aus sich ein herrlicher Ausblick auf die Berninagruppe und den Morteratsch-Gletscher eröffnet. Danach schraubt sich der Bernina-Express auf die Berninapasshöhe empor. Die auf 2253 m Höhe liegende Station Ospizio Bernina ist der höchste Punkt, den der Zug erreicht. Vom Ufer des Lago Biancos aus genießt man den Blick in die bis weit in den Frühsommer hinein verschneite Hochgebirgsregion. Mit der Alp Grüm an der Südseite des Passes erreicht der Zug wieder die Baumgrenze. Von hier aus blickt der Reisende hinab ins Puschlavtal, auf den schimmernden Lago di Poschiavo und weiter bis ins sonnige Veltlin, umrahmt von den Bergamasker Alpen. Von der Alp Grüm geht es in abenteuerlicher Fahrt in einem Gefälle von bis zu 70 ‰ über mehrere enge Kehrschleifen hinab in die Ebene von Cavaglia. Ohne Zahnstange muss die Bahn 400 Höhenmeter auf 1500 m Luftlinie bewältigen – eine rasantere Talfahrt gibt es kaum. Hat der stolze Gipfelstürmer die Talsohle einmal erreicht, wandelt er sich mehr und mehr zur Straßenbahn. Zuweilen fährt er mitten durch die italienischen Dörfer und Gemeinden. Eine gewaltige Kehre hat er nur noch bei Brusio zu überwinden. Im italienischen Tirano schließlich beendet der Expresszug seine Reise über höchste Gletscherhöhen.

Das Veltlin

Das klimatisch begünstigte Veltlin umfasst das etwa 100 Kilometer lange Tal der Adda, das sich vom Comersee bis nach Bormio erstreckt. Das Gebiet, das zur italienischen Region Lombardei gehört, besticht durch seine vielfältigen Reize. So gehören die Wintersportorte Aprica, Livigno und Bormio zu den beliebtesten in ganz Italien und waren schon Austragungsort internationaler Skirennen. Dessen ungeachtet wächst in den tiefer gelegenen Gebieten auch der Wein. Der Veltliner ist ein aus der Nebbiolo-Traube gewonnener Rotwein, der besonders gut zu den regionalen Spezialitäten wie dem Bündner Fleisch passt.

Kehre bei Brusio Der weltberühmte Kreisviadukt wurde nicht der Schönheit wegen erbaut, sondern allein aus technischen Gründen. Er dient lediglich der Höhengewinnung.

Solisviadukt Er überspannt die schaurig-schöne Schynschlucht, durch die sich der wilde Fluss Albula auf seinem Weg zwängen muss. Mit 85 m Höhe ist die Solisbrücke das höchste Bauwerk der Strecke.

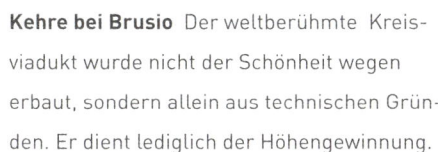

Tirano Der Ort mit seiner mächtigen, der heiligen Maria geweihten Wallfahrtskirche und dem prächtigen Palazzo Salis, einem der schönsten Paläste des Veltlin, ist der Endpunkt des Bernina-Expresses. Hier fährt er wie eine Straßenbahn mitten durch den Ort.

Der Glacier-Express

Der Glacier-Express ist nicht unbedingt der schnellste auf den Schienen, dafür lässt er seinen Gästen aber Zeit, die herrliche Aussicht auf der 291 km langen Strecke zwischen St. Moritz und Zermatt zu genießen. Und das ist auch richtig so: Denn an Naturwundern hat es auf dieser Schmalspurbahn quer durch die Alpen wahrlich keinen Mangel.

Glacier-Express Die Panoramawagen bieten den Reisenden einen hervorragenden Blick in die Landschaft. Über Kopfhörer werden die Fahrgäste in sechs verschiedenen Sprachen über interessante Streckendetails informiert.

Seit knapp 80 Jahren erfreuen sich Touristen aus aller Welt an dieser einzigartigen Panoramastrecke. Im Juni 1930 startete der allererste Glacier-Express in Zermatt mit 70 geladenen Gästen seine Reise nach St. Moritz, das er erst nach knapp 11 Stunden erreichte. Um einiges schneller ist der Zug seitdem geworden, heute benötigt er für die Überwindung des 2033 m hohen Oberalppasses, der insgesamt 291 Brücken und 91 Tunnel nur noch rund 7½ Stunden. Dafür fährt er allerdings nicht mehr über den Furkapass, sondern durchfährt ihn im über 15 km langen Furkabasistunnel, der erst 1982 eröffnet wurde. Seitdem muss der Fahrgast auf den

Blick zum Rhonegletscher verzichten – der Preis, um die hochalpine Linie auch im Winter befahren zu können.

◻ Um seine Attraktionen fürchten muss der Glacier-Express dennoch nicht. Wer will, kann im Sommer immer noch in einer der liebevoll gestalteten Museumsbahnen über den Furkapass schnaufen. Alle anderen lehnen sich in den hochmodernen Panoramawagen der Rhätischen und der Matterhorn-Gotthard-Bahn zurück und lassen mit gemächlichem Tempo, das zuweilen keine 40 km/h erreicht, die Landschaft an sich vorüberziehen. Wer im schicken Engadiner Skiort St. Moritz seine Reise beginnt, kann sich schon auf dem ersten Teil der Fahrt auf spektakuläre Ausblicke freuen. Die auch vom Bernina-Express befahrene Albulalinie beeindruckt durch ihre besonders tiefen Schluchten und ihre außergewöhnliche Trassenführung. Mit einer verwirrenden Vielfalt von Tunneln und Kehrschleifen wird das wilde Tal der Albula überwunden. Zu den außergewöhnlichsten Brückenbauten auf diesem Streckenabschnitt gehört der ganz in heimischem dunklen Kalkstein errichtete und sich harmonisch in die Landschaft fügende Landwasserviadukt. Nach Verlassen der schwindelerregenden Schynschlucht erwartet den Besucher das liebliche Domleschg, das sich von Thusis etwa 20 km nach Norden zieht und auch das „Bündner Burgenland" genannt wird, da auf jedem

St. Moritz Der mondäne Skiort liegt 1775 m über dem Meeresspiegel und bietet daher hervorragende Bedingungen für den Skisport. Seine Lage am St. Moritzer See macht ihn aber auch in der Sommerzeit zu einem beliebten Ausflugsziel. Im Durchschnitt gibt es hier 322 Sonnentage zu genießen.

kleinen Hügel eine mittelalterliche Burganlage thront. Die Festung Rhäzüns aus dem 13.–16. Jh. oder die markante Burg Ortenstein grüßen schon von weitem. In Reichenau-Tamins, wo sich Vorder- und Hinterrhein zum mächtigen Strom Rhein vereinen, macht der Glacier-Express eine scharfe Kehre und wendet sich nach Westen, dem Vorder-rheinlauf aufwärtsfolgend.

Durch wilde Schluchten

■ Die gewaltige Rheinschlucht mit ihren bizarren Felsforma-tionen, die den Besucher hier erwartet, kann es mit jedem Grand Canyon in Übersee aufnehmen, so grandios ist ihr Eindruck. Sie entstand in der Endphase der letzten Eiszeit, als in einem großen Bergrutsch Gesteinsmassen unerhörten Ausmaßes in Bewegung gerieten und den Rhein gar zum See stauten. Die Hinterlassenschaft der Naturkatastrophe könnte prächtiger nicht ausfallen: Schroff abfallende Felswände, Pyramiden, Zacken, Höhlen und Tore hat die Erosion aus dem Kalkstein gewaschen. Dort, wo die Naturgewalten wie-der Nachsicht walten ließen und der Rhein als munterer Bergbach vor sich hin sprudelt, liegt das uralte, aus dem 8. Jh. stammende Benediktinerkloster Disentis, dessen ein-flussreiche Äbte einst Pate bei der Gründung des „Grauen Bundes", der Keimzelle des Kantons Graubünden, standen. Als sich 1424 im nahe gelegenen Dörfchen Trun die Gemeinden der Rheintäler zu einem Bund gegen die reichen Feudalherren zusammenschlossen, versagte der Abt von Disentis seinen Segen dazu nicht. Die alte Abtei ist mittler-weile zur Schule umgewandelt worden.

Rheinschlucht Die bizarren Felsformationen und Steilhänge verliehen der Rheinschlucht den Ehrentitel „Grand Canyon der Schweiz". Auf rätoromanisch nennt man sie „Rinaulta". Das einzigartige Naturdenk-mal lässt sich über verschiedene Pfade auch zu Fuß erkunden.

Kloster Disentis Das Kloster wurde bereits im 8. Jh. gegründet und ging aus einer Einsiedelei des fränkischen Mönchs Sigisbert hervor. Von der Macht und Würde der Fürstäbte zeugt heute noch die imposante barocke Fassade der Klosteranlage.

Der Aufenthalt in Disentis ist für den Glacier-Express die letzte Atempause vor dem Aufstieg in die Bergwelt. Mit einer Zahnradlok an seiner Spitze geht der Zug seine Kletterpartie zum 2033 m hoch gelegenen Oberalppass an. Nur sehr langsam überwindet er den steilen Anstieg zum höchsten Punkt seiner Reise, wo ihn der herbe Charme der Hochgebirgslandschaft erwartet. Die karge Landschaft wird nur durch das eisblaue Wasser des Oberalpsees gemäßigt, dessen Ufer die Eisenbahn ein Stück entlangfährt, bevor der steile Abstieg nach Andermatt beginnt. Der Glacier-Express befindet sich nun auf dem Territorium des Kantons Uri. Die nur mit Hilfe einer Zahnstange zu bewältigenden 600 m Höhenunterschied bis Andermatt bieten dem Fahrgast wunderbar wechselnde Einblicke in die Hochalpenwelt um den St. Gotthard. Im Schneckentempo fährt der „Express"-Zug den Skiort Andermatt an. Den zweiten mühevollen Anstieg hinauf auf den Furkapass erspart sich der Zug danach aber, er durchfährt ihn bequem im Furkabasistunnel. Kaum hat er den Tunnel verlassen, begrüßt ihn schon das liebliche Wallis – der dritte Kanton, den der Glacier-Express auf seiner Reise kreuzt. Hier durchfährt er die Landschaft Goms, das Quellgebiet der jungen, aus dem Rhonegletscher gespeisten Rhone. Im Hauptort des Oberwallis, in Brigg, erwartet den

Besucher eine bauliche Perle – das Stockalper-Schloss. Kaspar Jodok Stockalper wollte seinen im Handel erwirtschafteten Reichtum gebührend zur Schau stellen und ließ das burgartige Gebäude mit seinen hohen Türmen zwischen 1658 und 1678 errichten – ein Beweis für die Wohlhabenheit und die internationalen Kontakte der Region zur frühen Neuzeit! Nicht umsonst bemühte sich der in Mailand geborene und im Wallis aufgewachsene Stockalper um den Ausbau des Saumpfads über den Simplon zur Passstraße. Der im Gold- und Bergbau tätige Kaufmann wusste eben um die Notwendigkeit einer guten Infrastruktur.

▣ Die letzte Etappe seiner Reise führt den Glacier-Express durchs enge Tal der Matter Vispa nach Zermatt. Wiederum muss er eine gewaltige Steigung von bis zu 125 ‰ bewältigen. Er windet sich durch die enge Kipfenschlucht, auf deren Grund die Matter Vispa tost, quält sich unter lautem Gequietsche die Kurven empor, bis sich das Tal wieder weitet und der Endpunkt Zermatt erreicht ist. Die an Höhepunkten reiche Panoramafahrt krönt der abschließende Blick auf das Matterhorn, einen der gewaltigsten und charakteristischsten Bergkegel der Alpenwelt. Majestätisch überragt der stolze Berg den Kurort, ein Wunder der Natur, unnahbar und doch faszinierend schön.

Zermatt mit Matterhorn Der autofreie Kurort am Ende des Mattertals zog schon zu Beginn des Alpinismus Bergsteiger aus aller Welt an. ➤➤

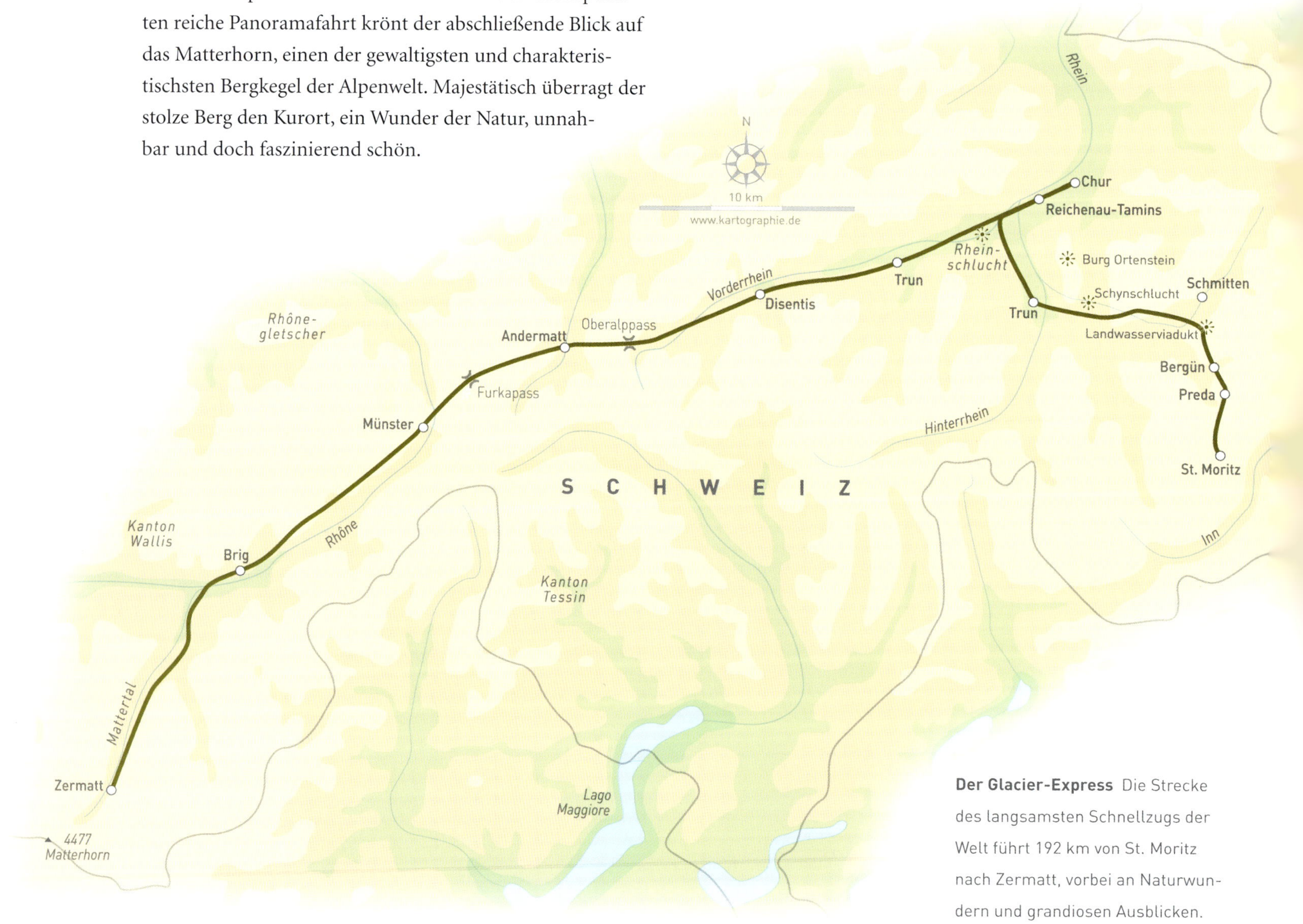

Der Glacier-Express Die Strecke des langsamsten Schnellzugs der Welt führt 192 km von St. Moritz nach Zermatt, vorbei an Naturwundern und grandiosen Ausblicken.

Dramatische Erstbesteigung

Das Matterhorn versuchten 1865 zwei Bergstei-gergruppen gleichzeitig auf unterschiedlichen Wegen zu bezwingen. Der Engländer Edward Whymper erreichte am 14. Juli 1865 mit seinen Gefährten als Erster den schneebekrönten Gip-fel vor dem Italiener Jean-Antoine Carrel. Beim Abstieg stürzten jedoch etwa 400 m unterhalb des Gipfels vier Kameraden aus Whympers Mannschaft in den Tod. Regisseur und Schau-spieler Luis Trenker verfilmte das Drama 1938 in seinem berühmten Film „Der Berg ruft".

EREIGNIS

TERREICH

Inn

Startbereit Der Glacier-Express wartet am Bahnhof von Brig auf das Startsignal für die Fahrt nach Zermatt.

Die Gotthardbahn

Die Schweizer Gotthardbahn bietet Gebirgserlebnis pur. Auf atemberaubenden Wegen schlängelt sich die Strecke durch das imposante Massiv des St. Gotthard. Schnell kommen die Züge wegen der vielen künstlichen Trassen nicht voran. Doch das wird sich in ein paar Jahren ändern, wenn der neue Gotthardbasistunnel eröffnet wird.

Jungfernfahrt 1880 gelang der Durchbruch beim Bau des Gotthardtunnels. Die Jungfernfahrt wurde zu einem rauschenden Volksfest.

▣ Eigentlich handelt es sich um ein ganz normales Dorf in den Schweizer Bergen mit einer schönen Kirche und strebsamen Einwohnern. Und so würden die Menschen in Wassen im Kanton Uri ein beschauliches und ungestörtes Leben führen, würde nicht gerade ihr Ort eine der großen Attraktionen der Gotthardbahn bieten. Das Eisenbahnwunder ereignet sich, genau 54,4 km vom Startpunkt Immensee aus gemessen, in einer Höhe von 928 m über dem Meeresspiegel. Hier ist höchste Aufmerksamkeit gefragt. Denn wer im Zug sitzt und nicht genau aufpasst, könnte leicht an sich selbst zweifeln. Spätestens, wenn man den Eindruck hat, dieselbe Kirche während der Fahrt schon ein paar Mal gesehen zu haben, sollte man sich daran erinnern, dass es sich hier um eine Spezialität der Gotthardbahn handelt.

▣ Denn das Dorf Wassen wird von den Zügen, die auf der Gotthardtrasse verkehren, tatsächlich nicht weniger als dreimal passiert. Das liegt natürlich nicht an einer Fehlplanung der Ingenieure, die für diese Streckenplanung verantwortlich gewesen

Autoverladung

Wenn sich die Gott-
hardbahn durch die
Alpen schlängelt,
transportiert sie
nicht nur Menschen,
sondern auch Autos.

sind. Vielmehr ergibt sich dieses Kuriosum aus den besonderen landschaftlichen Gegebenheiten, die auch anderswo die
Züge, die auf der Gotthardstrecke fahren, zu ungewöhn-
lichen Manövern zwingen. In Wassen jedenfalls ändert die
Bahn mit Hilfe von zwei Kehrtunneln (dem Wettinger
Tunnel und dem Leggisteintunnel) zweimal die Richtung
und zeigt sich auf diese Weise in Wassen dreimal.

Streckenbau mit Hindernissen

▫ In technischer Hinsicht gehört die Gotthardbahn ohne Frage
in die Spitzenklasse der Eisenbahnlinien der Welt. Denn
nicht nur in Wassen stellte die Natur höchste Anforderungen
an den Einfallsreichtum der Ingenieure und Konstrukteure.
Gebaut wurde sie in den Pionierzeiten am Ende des 19. Jh.
Schon lange vorher hatte man über eine solche Bahnlinie
nachgedacht, doch wegen der enormen Schwierigkeiten, die
sich daraus ergaben, eine Strecke mitten durch das Hochgebirge zu führen, zogen sich die Planungen ziemlich lange
hin. 1872 war es so weit, damals erfolgte der erste Spatenstich bei der Anlage des Gotthardtunnels, dessen Richtstol-

len acht Jahre später durchschlagen wurde. Zwischendurch
hatte es so ausgesehen, als würde man die Arbeiten am Tunnel nie zu einem Ende führen können. Den Arbeitern wurde
so viel zugemutet, dass sie im Juli 1875 in den Streik traten,
die Trasse blockierten und ultimativ eine Lohnerhöhung
verlangten. Doch sie stießen mit ihren Forderungen auf
wenig Gegenliebe. Milizen sollten für eine Fortführung der
Arbeiten sorgen, doch es kam zu schweren Tumulten, an
deren Ende vier Arbeiter ihr Leben verloren hatten. Außerdem waren viele Verletzte zu beklagen. Nur unter Protest
und schwer bewacht gingen die übrigen Arbeiter wieder ans
Werk. Wichtigstes Datum in der Geburtsgeschichte der
Gotthardbahn aber war der 1. Juni 1882. An diesem Tag
wurde offiziell und feierlich der Durchgangsverkehr für die
Strecke Immensee–Chiasso eröffnet. Ab jetzt begann hier der
fahrplanmäßige Verkehr durch die Schweizer Berge.

Streckennetz Gotthardbahn

▫ Eigentlich ist die Gotthard keine einzelne Bahnlinie, sondern
sie besteht aus fünf Teilstrecken, die in der Kombination die

Neubrück In malerischer Landschaft passiert die Bahn bei Neubrück eine 1599 gebaute Brücke über die Vispa und eine barocke Kapelle.

«

Gotthardbahn bilden: Es gibt eine Talbahn Nord und eine Talbahn Süd, eine Rampe Nord und eine Rampe Süd und schließlich den Gotthardtunnel. Insgesamt ergibt sich daraus ein Streckennetz von etwa mehr als 206 km. Der Scheitelpunkt der Linie liegt auf einer Höhe von 1154 m. Der höchste Bahnhof ist Airolo im Kanton Tessin – am Ende des Gotthardtunnels. Hier befinden sich die Reisenden in einer zugigen Höhe von 1142 m. Ausgestattet ist die Gotthardbahn mit der imposanten Zahl von 80 Tunneln und Galerien, außerdem gibt es 1234 Brücken und Durchlässe. Auch diese Zahlen beweisen in aller Deutlichkeit, wie schwierig und anspruchsvoll das Unterfangen gewesen ist, hier eine Bahnlinie zu bauen.

▣ Die Strecke zwischen Luzern und Chiasso wird sowohl vom Güter- als auch vom Personenverkehr viel genutzt. Früher waren es die Züge des eleganten „Trans-Europ-Express" (TEE), die hier durch die Schweizer Landschaft rauschten. Heute gibt es vom „TEE" nur noch einige Museumsexemplare. Stattdessen bestimmen jetzt Züge wie der italienische Tempozug „Pendolino" das Bild. Dessen Hochgeschwindigkeitsmaschinen müssen allerdings auch der schwierigen Trassenführung Tribut zollen. In den schwierigsten Passagen ist der „Pendolino" nicht viel schneller als die alten Dampf-

Tunnelbau Die Arbeiten am Gotthardtunnel forderten einen hohen technischen Aufwand. Nicht nur in Ariolo (oben) kamen damals moderne Bohrmaschinen (unten) zum Einsatz.

»

Bauplatz in Airolo (Reparaturwerkstätte, Compressorenhaus, Arbeiterwohnungen, Richtungsstollen, Tunneleingang).

loks, die sich auf der Strecke abmühten, bevor sie zu Beginn der 1920er Jahre von den modernen E-Loks abgelöst wurden. Heute bedienen stündlich zwei Schnellzüge die Strecken von Luzern und Zürich in den Süden nach Chiasso und Locarno.

Wunderreisen durchs Gebirge

◻ Die Gotthardbahn hat einen besonderen Erlebnischarakter. Das Panorama der Schweizer Bergwelt vermittelt im Sommer wie im Winter atemberaubende Eindrücke. Ist die Landschaft insgesamt schon die Reise wert, so trifft dies im Speziellen auf eine ganze Reihe von Highlights auf der Strecke zu. Nach dem Start am Vierwaldstätter See befindet man sich zunächst in der Welt des Schweizer Volkshelden Wilhelm Tell, wo einst der berühmte Rütlischwur geleistet wurde. Wenn die Züge den 15 km langen Scheiteltunnel des Gotthard hinter sich haben, eröffnet sich dem staunenden Betrachter die warme und helle Landschaft des Tessin. Hier geht es mit der Bahn rapide bergab –

natürlich nur, was die Höhe angeht. Nach 150 km wird Bellinzona erreicht, das gerade einmal 241 m über dem Meeresspiegel liegt. Die Stadt verbreitet schon ein fast italienisches Flair. Noch mehr gilt das für Lugano, die größte Stadt im Kanton Tessin. Die pittoresk am gleichnamigen See gelegene Stadt wird immer mehr zum Tummelplatz der Schönen und der Reichen. Gleich nach der Weiterfahrt wird der Bahnreisende durch den Anblick des Dammes von Melide belohnt. Dabei handelt es sich um einen künstlichen, bereits 1848 fertiggestellten Damm, der den Luganer See an seiner engsten Stelle, zwischen Melide und Bissone, überbrückt. Über diesen Damm führt sowohl die stark frequentierte Autobahn als auch die Trasse der Gotthardbahn. Während aber die Autofahrer auf den Verkehr aufpassen müssen, können die Zugreisenden auf beiden Seiten der Abteil- und Waggonfenster sich ganz gemütlich der Illusion hingeben, man würde direkt durch den See fahren.

◻ Dank des Melidedammes ist die Verbindung zwischen Lugano und Chiasso schnell und direkt. In Chiasso endet nach knapp

Bahnstück Ohne Viadukte wäre die Fahrt durch die Alpen eine wahre Tortur.

Passschild Das Schild auf der Gotthardpasshöhe zeigt es genau an: Man befindet sich 2091 m über dem Meeresspiegel.

St. Gotthard
2091m
6860ft
A.C.S.

Historischer Bahnhof Von Luzern aus fährt
stündlich ein Schnellzug in das Tessin.

über 206 km die Erlebnisfahrt auf den Schienen der Gotthardbahn. Chiasso liegt unmittelbar an der Grenze der Schweiz zu Italien. 233 m beträgt die Höhe dieser geschäftigen Grenzstadt, also gut 1000 m niedriger als der Scheitelpunkt der Trasse.

Die Moderne hält Einzug

In ein paar Jahren wird sich die Welt der Gotthardbahn revolutionär ändern. Der Grund ist das Megaprojekt des Gotthardbasistunnels. Nach dem Willen der Planer soll es mit den langwierigen Aufstiegen und kurvenreichen Aktionen auf der Strecke bald vorbei sein. Aber nicht nur die Zeitersparnis wird als Argument ins Feld geführt. Auch ökologische Aspekte spielen eine Rolle. Der immer mehr zunehmende Schwerlastverkehr in den Alpen soll von der Straße auf die Schiene verlagert werden. Mit 57 km Länge wird der neue Tunnel, zwischen Erstfeld in Uri und Bodio im Tessin verlaufend, der längste Tunnel der Welt sein. Die Zugfahrt von Zürich nach Mailand wird nach der Fertigstellung des Tunnels nur noch 2 Stunden und 40 Minuten – und damit eine geschlagene Stunde weniger als heute – dauern. Mit der Inbetriebnahme des Tunnels wird für 2015, vielleicht auch erst für 2017 gerechnet.

Geistlicher Namensgeber

Benannt ist die berühmte Bahn nach einem Heiligen. Namenspatron von Pass und Bahn ist der Benediktiner Godehard, der 960 in Reichersdorf im Bistum Passau zur Welt kam. 1022 wurde er zum Bischof von Hildesheim berufen. Als erster Bayer wurde er 1131 vom Papst heiliggesprochen. Damit galt er in Süddeutschland, in Österreich und in der Schweiz als Vorzeigeheiliger, nach dem man getrost einen Pass benennen konnte. Auch andere Alpenpässe sind nach Heiligen benannt, wie der San Bernardino, für den der heilige Bernhardin von Siena (1380–1444) Pate stand. Sechs Jahre nach seinem Tod wurde er heiliggesprochen.

HISTORIE

Brennerbahn – Brücke über die Alpen

Der Brennerpass ist seit der Antike eine der wichtigsten Verkehrsrouten über die Zentralalpen. Mit der Eisenbahn brachen auch hier neue Zeiten an. Seit über 140 Jahren stellt sie eine viel benutzte Verbindung zwischen Österreich und Italien dar. Eine Fahrt mit der Brennerbahn ist eine echte Alternative zur Autobahn – auch wenn man an der Grenze noch Wartezeiten einplanen muss.

Die Zweisystemlok
Auf der Brennerlinie verkehren die Züge mit schnittigen Zweisystemloks. »

Unglück Die Brennerstrecke ist nicht ungefährlich. Vor allem in den Pionierzeiten am Ende des 19. Jh. kam es immer wieder zu Zugunglücken.

▣ Der Eisenbahnpionier erlebte die feierliche Einweihung seines technischen Meisterwerks nicht mehr mit. Als Karl von Etzel den Auftrag erhielt, eine Bahnlinie über den Brenner zu bauen, konnte der Schwabe bereits auf eine imposante Erfolgsbilanz verweisen. So war er maßgeblich an dem Aufbau eines Schienennetzes in seiner württembergischen Heimat und am Bau der Schweizerischen Zentralbahn beteiligt gewesen. So hatte er sich in den Schweizer Bergen nachdrücklich für die anspruchsvolle Aufgabe qualifiziert, auch den altehrwürdigen Brennerpass für den Eisenbahnverkehr zu erschließen. Verkehrstechnisch war dies eine äußerst sinnvolle Maßnahme. Denn mit seinen 1370 m Höhe stellte der Pass den niedrigsten Übergang über die Zentralalpen dar. Das hatten schon die Römer gewusst, die deshalb, wenn sie von Italien nach Norden wollten, gerne den Brenner benutzt hatten. Aber die Herausforderung, vor der Etzel und seine Leute standen, war immer noch immens. Schließlich galt es, bei der geplanten Trasse auf relativ kurzer Distanz

Gütertransport Der Brennerpass ist nicht nur für Reisende, sondern auch für den Handel mit Gütern eine der wichtigsten Nord-Süd-Transitstrecken.

einen Höhenunterschied von ungefähr 800 m zu überwinden. Am 23. Februar 1864 fiel der Startschuss. 16 Bautrupps arbeiteten an verschiedenen Stellen. Am 2. Mai 1865 erlag Etzel einem Schlaganfall. Aber es musste natürlich auch ohne den führenden Kopf des Unternehmens weitergehen und nach rekordverdächtiger Bauzeit von dreieinhalb Jahren konnte am 24. August 1867 die nagelneue Brennerbahn ihrer Bestimmung übergeben werden. Die Eisenbahngesellschaft ehrte den Erbauer 25 Jahre nach der Einweihung mit einem schönen Denkmal im Bahnhof Brenner.

Zeitraubender Lokwechsel

Dieser Bahnhof Brenner auf dem Scheitelpunkt des Passes ist der höchste Bahnhof von Österreich. Gleichzeitig markiert er die Grenze zu Italien. Schon 1925 wurden auf der Brennerlinie die schnaufenden Dampfloks gegen moderne E-Loks ausgetauscht. Das bescherte den Reisenden allerdings Probleme, die bis heute nicht ganz ausgeräumt sind. Denn auf der Brennerlinie fahrende Züge mussten im Bahnhof Brenner Wartezeiten in Kauf nehmen. Der Grund dafür: Die E-Loks aus Österreich und aus Italien verwendeten unterschiedliche Stromsysteme – bei den Österreichern waren es 15 000 V und $16^2/_3$ Hz Wechselstrom, bei den Italienern 3600 V und $16^2/_3$ Hz –, und es mussten im Bahnhof Brenner die Loks ausgetauscht werden. Seit 2004 geht es aber im Normalfall schneller. Für den Güterverkehr setzt die private „Rail Traction Company" (RTC) seitdem auf eine Ausrüstung mit

sogenannten Zweisystemloks, deren Technologie es erlaubt, auf einen umständlichen Lokwechsel zu verzichten. Dabei spielen wirtschaftliche Gesichtspunkte eine entscheidende Rolle. Denn durch die früher übliche einstündige Wartezeit am Bahnhof Brenner waren die Güterzüge gegenüber den LKW nicht mehr konkurrenzfähig. Leisten kann es sich die Bahn aber nicht, so viel Geld auf den Schienen liegen zu lassen. Seit mehr als 50 Jahren ist der Brennerpass eine der wichtigsten Nord-Süd-Transitstrecken für den Handel mit Gütern.

▣ Eine Fahrt auf der Brennerbahnstrecke ist für Eisenbahn-fans eigentlich ein Muss – egal, mit was für einem der vielen Züge, die hier verkehren, man fährt. Die Auswahl ist groß: Die Brennerstrecke nutzen sowohl internationale Schnell-züge als auch regionale Züge aus Österreich und Italien. Wer von Österreich aus startet, besteigt den Zug in der 582 m über dem Meeresspiegel liegenden Tiroler Metropole und Olympiastadt Innsbruck. Von hier sind es auf dem Schie-nenweg 36,4 km bis zum Bahnhof auf dem Brenner. Auf dem Weg dorthin passiert sie durch einen Tunnel den

Bahnhof von Sigmundskron
Schloss Sigmundskron aus dem 10. Jh. – eine der ältesten Festungsanlagen in Südtirol –, beherbergt heute Reinhold Messners „Mountain Museum".

«

Ehrgeiziges Tunnelprojekt

▣ Seit Neuestem geistert im Zusammenhang mit der Brennerbahn immer wieder der Begriff „Basistunnel" durch die Gazetten. Dabei handelt es sich um ein ehrgeiziges Projekt mit dem Ziel, den Güter- und Personenverkehr auf der Strecke München–Verona erheblich zu vereinfachen. Zwischen Innsbruck und der Franzensfeste in Südtirol soll dieser neue Tunnel auf einer Strecke von 55 km gebaut werden. Damit würde ein neues aufregendes Kapitel in der nun bereits über 140-jährigen Geschichte der traditionsreichen Brennerbahn aufgeschlagen werden.

König der Lüfte Das Landeswappen zeigt den Tiroler Adler.

Tiroler Freiheitsheld Auf ihrer Tour fährt die Brennerbahn mitten durch das Land von Andreas Hofer (1767–1810), der nicht nur am Bergisel bei Innsbruck mit Denkmälern geehrt wird. »

Bergisel und dann immer bergauf Richtung Brenner. Die Landschaft wird dabei immer spektakulärer. Furchtsame Gemüter sollten den überhängenden Felswänden im steilen Wipptal nicht zu viel Aufmerksamkeit schenken und sich stattdessen an dem grandiosen Panorama erfreuen, dass die Landschaften immer wieder zu bieten haben. Der Zug passiert die Stationen Patsch (784 m) und Matrei (995 m) und erreicht dann die 1370 m des Bahnhofs Brenner. Nach dem obligatorischen Stopp geht es dann auf italienischer Seite über eine Strecke von 239 km weiter bis nach Verona.

Die Brockenbahn

Der Brocken ist ein 1142 m hoher Mythos. Unzählige Sagen und Legenden ranken sich um den höchsten Berg im Harz. Und auch die Eisenbahnfans kommen hier voll auf ihre Kosten. Allerdings machte die deutsche Teilung dem Vergnügen für Jahrzehnte einen Strich durch die Rechnung.

Winterlandschaft Wenn die Brockenbahn im Winter durch die verschneite Landschaft fährt, kommen sich die Passagiere wie im Märchen vor.

▣ Der Dichterfürst ging noch zu Fuß den Berg hinauf. Dreimal, 1777, 1783 und 1784, erklomm Johann Wolfgang von Goethe auf seinen Harzreisen den Brocken. Nicht ganz unschuldig ist er an dem Reiz und der Faszination, die von diesem Berg ausgeht. In seinem „Faust" hat er ihm mit der Walpurgisnachtszene ein ewiges Denkmal gesetzt. Und Goethe ist nicht der Einzige, der den Brocken per pedes bewältigt hat. Auch sein Dichterkollege Heinrich Heine startete 1824 eine Harzreise und versäumte es natürlich nicht, dem höchsten Harzberg einen Besuch abzustatten.

Wasser tanken Am Bahnhof von Drei Annen Hohne wird eine Dampflok der Harzer Schmalspurbahn mit Wasser betankt. »

Heinrich Heine Der Dichter hat viel für den guten Ruf des Brocken getan. Völlig zu Recht wird deshalb im Nationalpark Hochharz an den Dichter erinnert.

Wie Goethe mit seinem Hexenthema so hat Heine der Literatur dabei unsterbliche Verse und dem Brocken eine unschätzbare, dazu kostenlose Werbung geschenkt. Es gab Zeiten, da konnten viele Menschen Heines berühmte Brockenverse auswendig zitieren: „Heller wird es schon im Osten, / Durch der Sonne kleines Glimmen, / Weit und breit die Bergesgipfel / In dem Nebelmeere schwimmen." Spätestens jetzt rangierte der Brocken unter den prominentesten deutschen Bergen ganz vorn und durfte sich des Rufes erfreuen, ein Ort spezieller Romantik und Mystik zu sein.

Mit der Nostalgiebahn zum Gipfel

▣ Wer heute auf Goethes Spuren auf den Brocken will, kann den Goetheweg nehmen. Wer es lieber mit Heine hält, nimmt den Heineweg. Der Eisenbahnfreund aber nimmt die Brockenbahn. Sie beschert nicht allein ein grandioses Landschaftserlebnis sondern auch das Feeling von Nostalgie pur. Denn Hightech hat hier keinen Platz. Die Brockenbahn ist eine ausschließlich von Dampfloks angetriebene Schmalspurbahn. In knapp 50 Minuten schnauft sie vom Bahnhof Drei-Annen-Hohe zur Gipfelstation hinauf. Das sind fast genau 20 km Strecke. Bewältigt wird dabei ein Höhenunterschied von etwas weniger als 600 m. Drei Annen Hohne liegt 542 m über dem Meer, der Bahnhof oben auf dem Brocken auf 1125 m.

▣ Goethe hatte noch keine Chance, mit der Brockenbahn zu fahren, weil er schon 1832 starb. Auch Heine, der 1856 starb, lebte zu früh, um die Bahn nehmen zu können. Die Geschichte der Brockenbahn begann zu Kaisers Zeiten im Jahre 1896. Damals erfolgte die Vergabe der Konzession zum Bau und zur Inbetriebnahme einer Schmalspurbahn von Nordhausen nach Wernigerode mit einer Weiterleitung zum Brocken. Betreiber war die mit den Buchstaben NWE abgekürzte Gesellschaft „Nordhausen-Wernigeroder Eisenbahn". Bereits am 20. Juni 1898 erfolgte die feierliche Eröffnung des ersten Streckenabschnitts, der von Wernigerode über Drei Annen Hohne zum schönen Harzort Schierke führte. Der Eisenbahnweg zum Gipfel des Brocken war im März 1899 freigeschaufelt.

Rasch entwickelte sich die Brockenbahn zu einer touristischen Attraktion. Die Frage: Bergsteigen oder Zugfahren? wurde von Harzreisenden immer häufiger mit der zweiten Option beantwortet. Und tatsächlich war und ist die Fahrt mit den 700 PS starken Dampfrössern, die als Adhäsionsbahnen ganz ohne Zahnräder auskommen, ein echtes Erlebnis. Etwas beengt in den meist vollen Abteilen der altertümlichen Waggons sitzend, nähert man sich, an steilen Hängen und tiefen Schluchten vorbei, langsam dem majestätischen Brocken. Nach einem Stopp am Bahnhof Goetheweg (956 m hoch) fährt der Zug noch eine weite Schleife um den Berg herum und schürt bei den Reisenden, die den Gipfel fest im

Schnaufender Gipfelstürmer Auf dem Weg nach oben geht es durch dichte Wälder. »

Gipfelstation Der Brockenbahnhof liegt in 1125 m Höhe.

Blick haben (jedenfalls wenn man im Zug auf der richtigen Seite sitzt), die Vorfreude auf den viel gepriesenen Berg.

Teilung und Wiedervereinigung

▣ Fatal wirkte sich auf Harz, Brocken und Brockenbau die deutsche Teilung nach dem Zweiten Weltkrieg aus. Wie sich die Dinge dadurch verändert hatten, konnte man schon an dem neuen Namen der Betreiber ablesen. Die NWE hatte ausgedient, angesagt war nun die VVB (Vereinigung Volkseigener Betriebe), die 1949 wiederum der Deutschen Reichsbahn in der gerade entstandenen Deutschen Demokratischen Republik überlassen wurde. Die Grenzlinie zwischen den beiden Teilen Deutschlands verlief mitten durch den Harz. Der Brocken lag im Osten und die Menschen im Westen konnten im Normalfall von einer Fahrt mit der Brockenbahn nur noch träumen. Der Gipfel des Berges selbst wurde nach dem Mauerbau im August 1961 zur militärischen Sperrzone erklärt. Für die Brockenbahn bedeutete diese Maßnahme

Wegweiser Für Wanderer, die lieber auf Schusters Rappen als mit dem Feuerross unterwegs sind.

nicht das Aus, aber eine erhebliche Einschränkung. Denn die Fahrt von Drei Annen Hohne aus endete jetzt bereits in Schierke. Die Schienen zum Gipfel wurden nur noch von Güterzügen für das Militär benutzt.

▣ Der Fall der Mauer, das Ende des DDR-Regimes und die deutsche Wiedervereinigung bedeuteten auch für den Zugverkehr auf den Brocken die große Wende. Erst einmal mussten die teilweise schon recht maroden Schienenanlagen wieder auf Vordermann gebracht werden. Dann kam der 15. September 1991, ein Tag, den sich alle Fans der Brockenbahn im Kalender rot angestrichen hatten. Erstmals seit 1961 wieder fuhren an diesem Tag Dampfloks mit erwartungsfrohen Reisenden über Schierke zum Gipfel des Brocken. Zwei Jahre später übernahm die Harzer Schmalspurbahnen GmbH (HSB) die Regie über die Brockenbahn – 97 Jahre, nachdem der erste Spatenstich für eine der reizvollsten Eisenbahnstrecken Deutschlands erfolgt war. Nach der Ankunft auf dem Gipfelbahnhof können die Benutzer der Bahn jetzt wieder das herrliche Panorama der Harzer Bergwelt genießen, und dies ganz ohne störende Militär- und Abhöranlagen, die nach dem Ende der DDR sofort demontiert worden waren. Mit Romantik à la Goethe oder Heine ist es angesichts der Besuchermassen, die täglich mit der Bahn auf den Brocken fahren, heute allerdings nicht mehr allzu weit her.

Die West Highland Line

Die West Highland Line gilt als eine der schönsten Bahnstrecken Europas: Die 264,3 km lange Reise zwischen der 600 000-Einwohner-Metropole Glasgow im Herzen Schottlands und der knapp 800 Seelen kleinen Fischersiedlung Mallaig an der Hebridischen See führt hinein in unvergessliche Naturlandschaften.

Auf nach Glennfinnan Der Jacobite Steam Train K1 No. 62005 rollt in Richtung Glennfinnan. Im Hintergrund zu erkennen ist der soeben passierte Glennfinnan-Viadukt.

☐ Der erste Spatenstich zum Bau der Trasse erfolgte am 23. Oktober 1889. Knapp fünf Jahre später, am 11. August 1894, wurde der Abschnitt zwischen Glasgow und Fort William für den Verkehr freigegeben – als bis heute längster in toto neu eröffneter Schienenstrang der britischen Eisenbahngeschichte. 1901 schließlich war die Strecke bis zur heutigen Endstation Mallaig befahrbar. An die West Highland Line angebunden wurde 1965 der faktisch ältere Streckenast von Crianlarich nach Oban. Er war Teil der anschließend stillgelegten, bereits Juni 1880 in Betrieb genommenen Bahnlinie von Dunblane bei Stirling über Callandar und die Glen Dochart.

☐ Ab Glasgow, Queen Street, führt die Reise rund 30 km durch Großstadt und Großstadtperiperie: Dann, jenseits von Helensburgh, nimmt die Besiedlungsdichte

13. August 1950 Auf offener Strecke lädt ein dampfbe- triebener Kranwa- gen Drainagerohre vom Zug. Vier Mit- glieder der Crew nutzen diese Gele- genheit zu einer kleinen Pause. ❯❯

langsam, bald sogar sprunghaft ab. Kurz nach der Haltestelle Arrochar & Tarbet eröffnet sich hinter einem kleinen Sattel ein herrlicher Blick über Loch Lomond, den mit einer Fläche von etwa 71 km² größten See Schottlands. Er begleitet die wei- tere Reise bis zum Bahnhof Ardlui. Danach geht es in stetiger Steigung die Glen Falloch hinauf nach Crianlarich, dem „Tor in die Highlands". Dort, etwa 90 km hinter Glasgow, trennt sich der Zug: Ein Teil setzt seine Fahrt weiter nach Norden fort, ein Teil biegt mit Ziel Oban in Richtung Westen ab.

Von Crianlarich nach Oban: Fisch, Whisky und ein Kolosseum

▣ Der Zug Richtung Westen durchquert die malerische Glen Lochy, passiert das ver- fallene Kilchurn Castle, begleitet den von Sir Walter Scott besungenen River Awe – und hat knapp 70 km später Oban erreicht. Bis weit ins 19. Jh. hinein war die heute rund 8000 Einwohner zählende Stadt kaum mehr als ein verschlafenes Fischernest. Der Eisenbahnzubringer und die beginnende Dampfschifffahrt machten den Hafen dann aber zu einem der bedeutendsten Verkehrsknotenpunkte an der westschotti- schen Küste mit Fährverbindungen zu den Inneren wie Äußeren Hebriden. Wahr- zeichen der Stadt ist McCaig's Tower, eine 1887 begonnene Kopie des Kolosseums in Rom. Der Bau sollte einheimischen Arbeitern Beschäftigung und den McCaigs Unsterblichkeit verschaffen. Vollendet wurde er jedoch nie. Inmitten dieser vikto- rianisch geprägten Stadt liegt eine der ältesten noch produzierenden Alkoholbren- nereien der Welt: eine kleine, bis auf das Jahr 1794 zurückgehende Whiskydestille- rie, von Kennern gerühmt für ihren 43 Vol.-% starken, torfig-rauchigen Singlemalt.

Tor in die Highlands Vom Bahnhof Crianlarich aus haben Reisende die Wahl, den Norden oder den Westen Schottlands zu befahren.

Schottisches Brauchtum Traditioneller Volkstanz aus den Highlands, gezeigt auf den Highland Games in Glasgow. ≫

West Highland Line

Die 264,3 km lange Strecke führt hinein in unvergessliche Naturlandschaften.

Von Crianlarich nach Fort William am Fuße des Ben Nevis

▫ Der Zug Richtung Norden klettert zunächst hinauf nach Upper Tyndrum und rollt dann wieder hinab in Richtung Bridge of Orchy. Auf diesem Wegstück erwartet die Reisenden ein ganz besonderes Fahrerlebnis: Die Bahn beschreibt einen U-förmigen Bogen, die sogenannte Horseshoe Curve, und überquert dabei zwei Stahlgitterbrücken. Ein weiterer, völlig anders gearteter Reisehöhepunkt folgt dann hinter der Haltestelle Bridge of Orchy – es beginnt Niemandsland. Inmitten hoher Berge durchquert der Zug das rund 130 km² große Rannoch Moor, Lebensraum seltener Tiere und Pflanzen. Wurzeln, Unterholz sowie tausende aufgeschüttete

Loch Eilt

Der Jacobite Steam Train Black 5 No. 45407 passiert Loch Eilt. Bald danach eröffnen sich erste Blicke hinaus auf das offene Meer.

≫

Tonnen von Erde und Asche tragen hier die Gleise. Von nun an geht es wieder ständig bergauf, die Gipfel treten heran, die Haltestelle Corrour rückt näher, bekannt aus Danny Boyles Romanverfilmung „Trainspotting". Ist dieser mit 411 m über NN höchst gelegene Ort der Reise passiert, rollt die Bahn schließlich kontinuierlich bergab: vorbei an Loch Treig, durch die Glen Spean, über Tulloch hinaus – bis hinunter nach Fort William am Fuße des Ben Nevis, dem mit 1344 m höchsten Berg Großbritanniens.

Von Fort William nach Mallaig

▣ Von Fort William aus führt die Reise noch 135 km weiter Richtung Westen. Im Sommerhalbjahr besteht die Möglich-

Glennfinnan-Viadukt Das 1897–1898 errichtete, 380 m lange Pionierwerk des Stampfbetonbaus diente als Kulisse für Harry Potter's Hogwarts Express.

«

Harry Potter Buchillustration der deutschen Künstlerin Sabine Wilharm für Joanne K. Rowlings „Harry Potter und der Stein der Weisen".

keit, diesen letzten Fahrabschnitt mit einem dampfbetriebenen Museumszug zu unternehmen: dem „Jacobite Steam Train". Doch gleich, ob mit oder ohne diesen Zeitsprung: Die Fahrt begeistert! Vorbei an Neptun's Staicase, entlang an Loch Eilt, über einen kleinen Sattel und dann: ja, dann rollt der Zug auf den 380 m langen Gennfinnan Viadukt zu, bekannt als Kulisse für Harry Potter's Hogwarts Express. Doch damit nicht genug: Kurz vor Erreichen dieser Brücke eröffnet sich zur Linken ein Blick auf Loch Shiel und das Glenfinnan Monument, erbaut zum Gedenken an die Revolution von 1745. Sind Glenfinnan, Loch Eilt und Lochailort passiert, so folgt ein an Tunneln und Brücken reicher Streckenabschnitt mit Blicken hinaus auf das offene Meer. Bei Arisaig schließlich knickt der Schienenstrang nach Norden ab: zur Linken das Meer, zur Rechten Loch Morar: 375 m tief, so tief wie kein zweiter See Großbritanniens. Ein unterirdisches Gangsystem soll ihn mit den Gewässern der Great Glen, darunter Loch Ness, verbinden. Kurze Zeit später ist Mallaig, die Endstation der Bahnstrecke, erreicht: Weiterfahrt nur über das Wasser möglich.

Die Highlands

Das Hochland im Norden Schottlands reicht maximal bis auf 1344 m über NN (Ben Nevis). Dort jedoch eine alpine Almenkulisse zu erwarten wäre verfehlt. Denn wegeloses Gelände, überfallartige Wetterwechsel, plötzliche Sturmböen und grundsätzliche Zivilisationsferne vermögen selbst kleinere Gipfelwanderungen in ein großes Abenteuer zu verwandeln. Doch keine Angst: Auch für weniger Abenteuerlustige hat die Region noch ein nahezu unerschöpfliches Angebot an verwunschenen Seen, zerklüfteten Küsten, seltenen Pflanzen, rauchigen Whiskys zu bieten.

REGION

Urquart Castle Die um 1230 erbaute Anlage über den Ufern von Loch Ness ist ein zentraler Anlaufpunkt für alle Kultur-, Landschafts- und Nessie-Freunde.

Der Orient-Express

Er war das Synonym für Fernweh und Sehnsucht, für Luxus und Verruchtheit und wo anders als in Paris, der Hauptstadt der Belle Époque, hätte der Mythos auf Schienen zu seiner Jungfernfahrt starten können. Vor 126 Jahren nahm der König der Züge, der „Train Express d'Orient", Fahrt auf ...

Hauch von Nostalgie Bahnsteigszene des „Venedig-Simplon-Orient-Express" aus dem Jahr 1982.

Am Abend des 4. Oktober 1883 versammelte sich „Tout Paris" am Gare de Strasbourg. Damen in feinsten Roben und elegantesten Hüten, Herren im besten Anzug, wahlweise mit Fes und Zylinder „geschmückt", füllten den Bahnsteig 5. War doch ein außergewöhnliches Ereignis zu bestaunen: Ein Zug vom Feinsten stand bereit, sich auf eine 3000 km lange Reise quer durch den europäischen Kontinent zu begeben, deren Ziel auch Ende des 19. Jh. immer noch der Hauch morgenländischer Exotik umgab: Konstantinopel.

COMPAGNIE INTERNATIONALE

VOITURE-LITS

N° 3544

Die feine Gesellschaft auf Schienen

▣ Und wie exklusiv die Abteile ausgestattet waren, alles nach dem „cri dernier": Die mit Teakholz ausgekleideten Waggons führten unter anderem zwei Schlafwagen, einen Restaurantwagen mit zwei Speisesälen und einen gesonderten Verpflegungswagen mit. Der separate Küchenwagen führte Eisschränke, eine üppige Auswahl an Weinen und feinstes Porzellangeschirr mit sich.
Im Speisewagen versank man, umgeben von edler Gobelinverkleidung, in Genueser Samt und Cordobaleder, von der Decke strahlten vierarmige Gaskronleuchter. Und vor der Nachtruhe in bequemsten Federbetten aus reiner Seide und feinstem Damast konnte man sich im Nonplusultra des Komforts erfrischen – einer Duschkabine.

▣ Um 19.30 Uhr antwortete die Lokomotive auf den Pfiff des Stationsvorstehers mit einem tiefen Keuchen, stieß eine gewaltige Rauchwolke aus und dampfte langsam aus

Erkennungszeichen Das Wappen mit den zwei belgischen Lösen der CIWL durfte an keinem Waggon des Orient-Expresses fehlen.

Komfortabel schlafen Blick in das „gemachte" Abteil eines Pullman-Schlafwagens.

Der Orient-Express Von Paris bis Istanbul – 3000 km quer durch den europäischen Kontinent – führte die traditionelle Strecke des legendären Luxuszuges.

Speiseabteil Ein romantisches „Diner à deux" in einem der luxuriösen Speisewagen.

dem Bahnhof. Die Reise ging in ihrem ersten Teil über Straßburg, Stuttgart und München nach Wien, sodann über Budapest und Bukarest nach Warna. Schließlich erreichten die 40 geladenen Ehrengäste das Ziel ihrer Reisebegierde – mit dem Schiff. Hatten Sie doch in Warna den Dampfer „Espreso" zu besteigen, da der Landweg mangels fehlender Gleise und Genehmigungen noch nicht befahren werden konnte. So landeten denn die Reisenden nach bald viertägiger Fahrt auch nicht im Hauptbahnhof Sirkeci von Konstantinopel, sondern im Hafen der Bosporusmetropole. Unsere Reisenden kehren am 16. Oktober wieder aus der „terra incognita" zurück. Man empfängt sie mit einer Mischung aus Neugier und Erstaunen. Und alle Passagiere erzählen von ihrer langen Reise als „wachem Traum" an Bord jenes Zuges, den sie jetzt schon „Orient-Express" nennen.

Inspirationsquell für Kunstschaffende

Damals konnte noch niemand ahnen, dass der „Orient-Express" zu einem Mythos werden sollte. In ihm reisten alsbald Adlige und Abenteurer, Bankiers und Bankrotteure, Diplomaten und Hochstapler, Militärs und Lebedamen, Kaufleute und Spione. Ein österreichischer Reiseschriftsteller schrieb 1913: „ In den Zügen herrschte eine unvergleichliche

Im Bahnhof Ein Steward, bereit zum Einstieg in den „Venedig-Simplon-Orient-Express".

SLOWAKISCHE REP.

Slowakisches Erzgebirge

Bakonywald

Donau

Budapest

UNGARN

Balaton

Alföld

ROATIEN

Donau

BOSNIEN und RZEGOWINA

Save

Belgrad

RUMÄNIEN

Bukarest

Donau

Sarajevo

SERBIEN

Westbalkan

Warna

MONTENEGRO

Priština

KOSOVO

Nisch

BULGARIEN

Ostbalkan

Burgas

Podgorica

Skopje

Sofia

Hoher Balkan

MAZEDONIEN

Bosporus

Istanbul

Tirana

Marmarameer

ALBANIEN

TÜRKEI

GRIECHENLAND

Ägäisches Meer

Izmir

Miniapartement Querschnitt in ein Abteil des Orient-Expresses.

Atmosphäre. Sie waren ein rollendes Spiegelbild der besten europäischen Gesellschaft. Fast zu fad vor Distinguiertheit, wenn da nicht die belebende Würze in Form einiger unstandesgemäßer Reisegenossen gewesen wäre: Defraudanten, Joueurs und andere ‚Kavaliere' von schillerndster Couleur."

▫ Autoren, Regisseure und Musiker haben sich durch den Luxuszug zu mehr oder weniger künstlerisch wertvollen Arbeiten anregen lassen. So verdanken vor allem unzählige Geschichten und einige berühmte Filme ihre Entstehung dem magischen Glanz der Glamourbahn.

▫ Da schrieb etwa der englische Romancier Graham Greene (1904–1991) im Jahre 1932 seinen „Stamboul Train" („Orient-Express"), doch das bekannteste literarische Werk über den Zug der Züge stammt aus der Feder seiner Landsfrau Agatha Christie (1890–1976): „Murder on the Orient Express" („Mord im Orient-Express"). Nach diesem 1932 veröffentlichten Buch drehte Regisseur Sydney Lumet 1974 den gleichnamigen Filmklassiker. Die Hauptrollen spielten Albert Finley als Kommissar Hercule Poirot und Lauren Bacall als Mrs Hubbard; Ingrid Bergman erhielt 1975 für die Rolle der Greta Ohlsson einen Oscar als beste Nebendarstellerin.

Zugstrecke als Politikum

▫ Doch der Orient-Express „fuhr nicht einfach so los". Hierzu waren zwei Voraussetzungen nötig: die Schaffung der politischen Grundlage und – die Erfindung eines Möbels. Im Jahre 1878 vereinbarten die europäischen Großmächte auf

Durch die Alpen Im Jahr 1884 fährt der Orient-Express bei Pettneu über den österreichischen Arlbergpass.

Budapest Der Kopfbahnhof glänzt mit einer seinerzeit spektakulären Glas-Eisen-Konstrukion.

dem Berliner Kongress, gemeinsam Einfluss auf den Balkan zu nehmen, der durch den zunehmenden Zerfall des Osmanischen Reiches immer mehr zum Machtvakuum und zum Krisenherd geworden war.

Um den diplomatischen und kommerziellen Verkehr abzusichern, einigte man sich auf die Einführung eines Zuglaufs über eine nach damaligen Maßstäben atemberaubende Distanz: von Paris nach Konstantinopel. Doch noch lagen zu der Zeit keine durchgehenden Gleise bis zur Bosporus-Stadt, sodass die Reisenden Teile der Fahrt auf Donau- und Schwarzmeerdampfern zurücklegen mussten. Auf der zweimal pro Woche angebotenen Verbindung war man 80 Stunden unterwegs.

Durch die Schluchten des Balkans

▣ Erst ab 1888 konnte der Zug die Schienenverbindung über Wien–Budapest–Belgrad–Nisch–Sofia durchgehend über Land abwickeln. Aber die Reise durch die wilden Schluchten des Balkans hatte so seine Tücken: Im Winter blieben so manches Mal die Züge stunden-, ja tagelang in meterhohen Schneewehen stecken – und sind dabei gelegentlich von Räubern überfallen, Passagiere sind ausgeplündert und wertvolle Einrichtungsgegenstände gestohlen worden. Ein mitreisender Zeitzeuge, Baron Ernst von Schlichting, schrieb über einen solchen Überfall: „Wilde Horden schreiender Bergbanditen enterten den Zug, durchkämmten jedes Compartiment, rissen unter vorgehaltenen Waffen den Herren die Brieftaschen aus den Röcken und den Damen den Schmuck vom Leib. Meiner Frau raubten sie erst das Armband, rissen ihr dann die Kette vom Hals, worauf sie in Ohnmacht fiel." Doch auch in den friedlichen Zwangsaufenthalten entfaltete sich des Orient-Expresses Charme: Geschäftsleute schlossen Verträge, Hasardeure verspielten Vermögen, Gesandte führten diplomatische Verhandlungen. Aber es offenbarten sich auch ganz menschliche Züge im Zug: Von heftigen Eifersuchtsdramen bis zu tatsächlichen, nicht nur literarischen Morden – von den unzähligen Schlafzimmeraffären ganz zu schweigen.

Europas erste Schlafwagengesellschaft

▣ Womit wir bei der zweiten Voraussetzung wären: der Erfindung des Schlafwagens. Diesen hatte zwar bereits 1858 George Mortimer Pullman (1831–1897) in den USA erstmals gebaut, doch der belgische Reiseunternehmer

Georges Nagelmackers (1845–1905) brachte einige davon über den Atlantik und passte sie hier den europäischen Verhältnissen an. Denn das nur mit Vorhängen abgeschirmte Sechserabteil im Großraumwagen entsprach zwar dem einfachen Leben im „Wilden Westen", aber nicht den Wünschen der „besseren Kreise" hierzulande.

▣ Die von Nagelmackers 1872 in Lüttich gegründete und von Paris aus operierende „Compagnie Internationale des Wagon-Lits", kurz CIWL genannt, bewirtschaftete bereits 1876 mehr als 50 hochkomfortable Schlafwagen, die auf den langen internationalen Fernverbindungen unerlässlich waren. Und das Expressgeschäft expandierte unaufhaltsam. So erweiterte Nagelmackers den Namen seiner Firma denn auch anspruchsvoll zur „Compagnie Internationale des Wagon-Lits et des Grands-Express Européens" und gründete, geschäftstüchtig wie er war, ergänzend hierzu seine „Compagnie Internationale des Grands Hôtels". Die „Belle Époque" wurde so zur ersten und nie mehr erreichten Hochzeit der europäischen Glanzzüge, wobei der Orient-Express unangefochten an der Spitze rollte.

Allmählicher Niedergang

▣ Der Erste Weltkrieg (1914–1918) zerstörte nicht nur die „Schöne Epoche", sondern brachte auch den Niedergang des

Pullman-Wagen

Der amerikanische Unternehmer George Mortimer Pullman entwickelte ab 1858 komfortable Schlafwagen, die er 1863 zum Patent anmeldete. Sie kosteten das Fünffache der regulären Schlafwagen, weshalb das Geschäft zäh anlief, aber aufblühte, als 1865 der Leichnam des ermordeten US-Präsidenten Abraham Lincoln mit einem Pullman-Leichenwagen überführt wurde. Der Boom begann aber erst mit seiner Verwendung in den europäischen Luxuszügen. Als man den Fabrikanten im Herbst 1897 zu Grabe trug, senkte sich ein Pullman-Wagen mit dem teuren Toten zum ewigen Schlaf herab.

Orient-Expresses – wenn auch in Raten. In den Wilden Zwanzigern blühte mit der ersten „Simplon-Orient-Express" genannten Verbindung, die im Frühjahr 1919 die Fahrt aufnahm, noch einmal so etwas wie der Hauch vergangener Zeiten auf. Bis ins Jahr 1940 kamen noch mehrere Züge mit anderen Namen und unterschiedlichen Laufstrecken hinzu, sodass unter der Bezeichnung „Orient-Express" schließlich ein Sammelsurium von Eisenbahnverbindungen zwischen Westeuropa, dem Balkan, Griechenland und der Türkei firmierte.

Wiederbelebungsversuche einer Legende

▣ Der Zweite Weltkrieg (1939–1945) vernichtete endgültig Legende und Nimbus des Zuges. Es wurden seitdem nur noch Teilstrecken bedient, wenn sie auch immer wieder den magischen Begriff „Orient" in ihren Namen führten: „Arlberg-Orient-Express", „Simplon-Orient-Express" und zuletzt „Orient Direct".

Zugstrecke am Arlberg Der Simplon-Orient-Express auf seinem Weg durch die Alpen.

Simplon-Tunnel Erinnerungspostkarte zur Einweihung des Simplon-Tunnels 28 – 31. Mai 1906.

□ Bei der europäischen Bahnkonferenz von 1976 wurde wegen „mangelnder Wirtschaftlichkeit" das Ende der fahrplanmäßigen „regulären" Orientzüge beschlossen. Anlässlich der letzten Fahrt des „Orient Direct" am 19. Mai 1977 nahmen noch einmal Passagiere aus aller Welt in einen fahrplanmäßigen Orient-Express ihre Plätze ein, träumten noch einmal den Traum verklärter Verkehrszeiten.

□ Doch ganz starb der Mythos auf Schienen nicht. Seit Mitte der 1970er Jahre rollen, von enthusiastischen Einzelpersonen initiiert, immer wieder nostalgische Zuggarnituren auf ausgewählten ehemaligen Strecken des Orient-Expresses. Doch auch diese exklusiven Schienenkreuzfahrten mit den renovierten Pullman-Wagen können den verklärten Glanz vergangener Zeiten nicht mehr beleben, denn mit den beiden Weltkriegen verschwand neben all der technischen Nostalgie und dem Reiz der fremden Länder vor allem jene „feine Reisegesellschaft" aus Adel und Großbürgertum, die dem „Orient-Express" einst ihr unverwechselbares Ambiente voller Abenteuer und Eisenbahnromantik verliehen hatte.

TGV – der rasende Franzose

Drei Buchstaben stehen für eine temporeiche Formel: TGV – Train à Grande Vitesse, ein Zug für hohe Geschwindigkeit. Mit ihrer schnellen Eisenbahnflotte setzten die Franzosen neue Maßstäbe. Für die knapp 800 km von der Hauptstadt Paris bis zur Hafenstadt Marseille braucht ein TGV gerade einmal drei Stunden.

Geschwindigkeitsrekord Wenn der TGV in vollem Tempo vorbeirauscht, kann dem Betrachter leicht Hören und Sehen vergehen.

Dienstag, 3. April 2007, 13 Uhr 13 Minuten und 41 Sekunden. Ein Datum von historischer Bedeutung, denn genau zu diesem Zeitpunkt brach der TGV vom Typ V 150 den Weltrekord für Schienenfahrzeuge. Ort des Geschehens war der Ort Le Chemin im französischen Département Marne. Er liegt auf der Höchstgeschwindigkeitsstrecke, die den Osten Frankreichs mit der Hauptstadt Paris verbindet. 191,92 km nach dem Start war es so weit: Mit 574,79 km/h raste der Zug durch die Landschaft. Mit Ausnahme der japanischen Magnetbahn war noch nie ein Zug so schnell gewesen. Die Zuschauer, die sich an jenem denkwürdigen 3. April 2007 an der Versuchsstrecke postiert hatten, bekamen nicht viel zu sehen. Irgendwann hatten sie den Eindruck, dass ein Blitz an ihnen vorbeigesaust sein musste. Tatsächlich war dies der erfolgreiche Rekordjäger V 150 gewesen. Der Name stand für ein ehrgeiziges Programm der Macher. Das „V" war die Abkürzung für das französische Wort „Vitesse", also „Geschwindigkeit". Mit der Zahl 150 sollte das zunächst angepeilte Tempo von 150 m/s beschworen werden. Doch dann war der V 150 noch

GARE DE LYON

Gepflegtes Ambiente Im Bahnhof Gare de Lyon in Paris lässt es sich im Déco-Stil-Restaurant „Le Train Bleu" angenehm speisen.

schneller gewesen als vorgesehen. Bei 150 m/s hätte er 540 km/h erreicht, und diese Marke wurde sogar um knapp 35 km/h übertroffen.

▣ Mit der Testfahrt vom 3. April 2007 war der „Train à Grande Vitesse", wie der TGV ordnungsgemäß aufgelöst heißt, was wiederum nichts anderes bedeutet als „Zug für hohe Geschwindigkeit", in eine neue Dimension des Eisenbahnzeitalters vorgestoßen. Der V 150 setzte in Sachen Technik Maßstäbe. Monatelang hatten die Ingenieure vor dem Rekord an der Zugmaschine gebastelt, um ein Optimum an Tempo herauszuholen. Das Endprodukt konnte sich sehen lassen. Die erfolgreiche Rekordjagd wurde mit einer 106 m langen und 268 t schweren Maschine bestritten. Zwei Triebköpfe wurden durch drei Doppelstock-Mittelwagen ergänzt. Um dem Gegenwind keine Chance zu geben, waren die Seiten des Zuges mit Gummi verkleidet worden. Die Umdrehungsleistung der Räder wurde durch eine Vergrößerung von deren Radius von 92 cm auf 1,092 m erreicht. Gegenüber den serienmäßigen TGV hatten die Experten auch die Motorleistung um einiges erhöht. Bei seiner Rekordfahrt verfügte der V 150 über die stolze Kapazität von 26 650 PS.

▣ Natürlich war nach diesem Triumph ganz Frankreich aus dem Häuschen. An die Spitze der Eisenbahneuphoriker stellte sich Staatspräsident Jacques Chirac. Wohl wissend um die wirtschaftliche Bedeutung des TGV im Rahmen des internationalen Konkurrenzkampfs hatte die Regierung in den Jahren und Monaten zuvor viel Geld in den Vorzeigezug TGV und insbesondere das Prestigeobjekt V 150 gepumpt. Nun konnte der Präsident mit seiner Freude und seiner Genugtuung nicht mehr hinter dem Berg halten. Den Ingenieuren und Technikern gratulierte der oberste Franzose zu dieser „wunderbaren Demonstration der großartigen Kapazitäten Frankreichs auf dem Gebiet von Forschung und Entwicklung". Und was er den Reportern weiter in die Notizblöcke diktierte, durfte von der internationalen Öffentlichkeit getrost als eine Kampfansage interpretiert werden, im Eisenbahngeschäft künftig die unumstrittene Nummer eins bleiben zu wollen: „Mit seiner wirtschaftlichen Leistungskraft und Umweltfreundlichkeit ist der TGV ein wichtiges Faustpfand, um die Herausforderung einer nachhaltigen Entwicklung des Verkehrs anzunehmen."

Die ersten Hochgeschwindigkeitsrouten

◻ Tatsächlich haben die Franzosen bei der Konstruktion von Höchstgeschwindigkeitszügen schon seit geraumer Zeit die Nase vorn. Die Geburt des TGV war das Resultat intensiver Forschungs- und Entwicklungsarbeit gewesen. Chiracs Vorgänger François Mitterrand hatte es sich nicht nehmen lassen, am 22. September 1981 höchstpersönlich das erste Streckenteilstück für den damals noch ganz jungen TGV seiner Bestimmung zu übergeben. Die Jungfernlinie des TGV bediente die viel gefahrene Route Paris–Lyon. Das erste Teilstück wurde zwischen Saint-Florentin und Sathonay-Camp angelegt. 409 km beträgt die Entfernung zwischen der französischen Hauptstadt und der drittgrößten Stadt in Frankreich am Schnittpunkt der beiden Flüsse Rhone und Saône. Ganze zwei Stunden brauchte der TGV für diese Strecke, während seine bei weitem nicht so temporeichen Vorgänger

dafür fast vier Stunden benötigt hatten. Zeitsparend und damit auch nervenschonend wirkte sich die Anlage spezieller Hochgeschwindigkeitstrassen aus. So entstanden im Stadium der Planungen neue Schnellstrecken, von den Franzosen „Lignes à Grande Vitesse" (LGV) genannt. Die Premieren-LGV zwischen Paris und Lyon war um eine ganze Reihe von Kilometern kürzer als die alte Strecke.

Komfortabel und schnell ans Meer

▱ Für damalige Verhältnisse war das Tempo, das die erste Generation der TGV auf der LGV Sud-Est vorlegte, geradezu atemberaubend. Die erreichten 260 km/h gaben den Passagieren tatsächlich das Gefühl, einen Rausch der Geschwindigkeit zu erleben. Die ab 1989 im Einsatz befindliche zweite TGV-Generation konnte das Spitzentempo bereits auf 300 km/h steigern. Heute schaffen die französischen Flitzer

Marseille Seit ein paar Jahren ist die Hafenstadt an das TGV-Netz angeschlossen. Wahrzeichen ist die Kirche Notre Dame de la Garde.

Verbindendes Element Der TGV braust über einen Viadukt in Burgund.
«

Uhr an der Börse in Lyon Börsianer kennen diese Uhr. Der TGV bringt sie schnell und bequem ans Ziel.

im normalen Passagierverkehr gut 320 km/h. Dazu trug auch die kontiniuerliche Entwicklung von technisch immer leistungsfähigeren Triebzügen bei.

▱ Seit 2001 ist an die LGV Sud-Est auch die südfranzösische Hafenstadt Marseille angebunden. Wer vor der Frage steht, ob er eine Reise von Paris nach Marseille per Auto, per Flugzeug oder per Bahn absolvieren soll, verfügt seitdem über beste Argumente, wenn er den TGV wählt. Die 800 km schafft ein TGV der jüngeren Generation locker in drei Stunden. Die Flugzeit ist zwar kürzer, doch gilt es zu bedenken, dass die Abfertigung an den Flughäfen weitaus komplizierter ist als an den Bahnhöfen. Auch preislich ist der TGV einigermaßen erschwinglich und so ist es kein Wunder, dass

GROSSBRITANNIEN

London

Der Kanal

Straße von Dover

Calais

BELGIEN

Lille

Arras

Champagne-
Ardenne · Reims

Meuse TGV

Paris

Lorraine TGV

Le Mans

TGV-Streckennetz

Die Hauptstadt Paris
ist das Zentrum des
TGV-Streckennetzes,
das auch an das
europäische Schie-
nennetz ange-
schlossen ist.

St. Nazaire

Tours

Nantes

F R A N K R E I C H

Poitiers

Le Creusot
TGV

Mâcon
TGV · Mâcon

ATLANTISCHER OZEAN

Lyon
Saint Exupéry
TGV

Lyon

Bordeaux

Valence Ville · Valence TGV

Avignon-Centre

Avignon TGV

Irun · Biarritz

Arles

Aix-en-Provence
TGV
Marseille

N

20 km
www.kartographie.de

die Zahl der Fahrgäste in den letzten Jahren kontinuierlich gestiegen ist. Waren es im Startjahr 1981 erst 1,26 Millionen wagemutiger und experimentierfreudiger Franzosen, die auf die neue Eisenbahn setzten, so beförderte der TGV 25 Jahre später schon fast 100 Millionen zufriedener Kunden.

Frankreichs Schnellbahnnetz

- Im Laufe der Zeit wurde das TGV-kompatible Schienennetz immer mehr ausgeweitet. Zum Prototyp LGV Sud-Est trat eine Reihe neuer Hochgeschwindigkeitsstrecken. So gibt es im Norden Frankreichs inzwischen die LGV Atlantique. Sie ist 279 km lang und führt in die Bretagne mit einer Abzweigung Richtung Südwesten.

- Die LGV Nord Europe, 1993 eröffnet und 333 km lang, führt bis nach Calais und verbindet Frankreich mit dem Eurotunnel, der unter dem Ärmelkanal nach Großbritannien führt. Die Strecke ist technisch die einfachste von allen Höchstgeschwindigkeitsstrassen des TGV, da sie fast nur durch flache Landschaften führt. Seit Mai 1994 gibt es die LGV Interconnexion Est. Sie ist nur 57 km lang, erfüllt aber eine wichtige verkehrstechnische Funktion, indem sie den Großraum Paris umfährt und damit den TGV, die nicht Paris anlaufen, eine bequeme Möglichkeit, diesem Moloch auszuweichen, verschafft.

- Eine der jüngsten Strecken ist die LGV Est européenne. Sie wurde erst im März 2007 eröffnet und verschafft dem Osten Frankreichs das Privilg der Direktversorgung mit einer TGV-Linie. Unter Rekordaspekt ist diese Trasse die berühmteste, denn hier wurde im April die legendäre Weltbestleistung im Tempomachen erzielt. Der erste Zug, der diese Strecke befahren durfte, startete am frühen Morgen um 6.43 Uhr von Paris Est Richtung Straßburg. Dabei handelte es sich allerdings nicht um einen französischen TGV, sondern um einen deutschen ICE. Dieses Tatsache beweist, dass das Netz des französischen TGV inzwischen auch an das europäische Schienennetz angeschlossen ist. Seit der Inbetriebnahme der LGV Est européenne verkehren regelmäßig ICE und TGV auf den Strecken zwischen Paris und Frankfurt bzw. Stuttgart und neuerdings auch München. Und das Ganze funktioniert natürlich auch in der entgegengesetzten Richtung. Mit 320 km/h donnern die Züge über die Trasse und verkürzen damit auch ganz erheblich die Distanz zwischen Deutschland und Frankreich. Und so konnte die Deutsche Bahn ihre Kundschaft im Juni 2007 mit dem Angebot überraschen: In nur vier Stunden für 29 Euro von Frankfurt nach Paris.

TGV-Triebwagen im Wandel der Zeit

- Eine Entwicklung haben seit dem Pionierjahr 1983 natürlich auch die TGV selbst durchlaufen. Reichlich altmodisch mutet heute der Prototyp des TGV Sud-Est an, doch in seiner Einsatzzeit repräsentierte er das Nonplusultra eines Höchstgeschwindigkeitszugs. Zu erkennen an der original orangen Farbe der Anfangsjahre, bedienen seine moderneren Versionen heute passenderweise die erste LGV Paris–Lyon.

Eurotunnel Der Eurotunnel verbindet seit 1994 den Kontinent mit England. Die Fahrt zwischen Calais und Folkstone dauert gerade einmal 35 Minuten.

«

Vor dem Kanaltunnel Die KFZ-Verladestation auf französischer Seite.

Ein Triebwagen von 2001 Die Lokomotiven des TGV bestechen wie diese Version von 2001 durch ein schnittiges Styling.

□ Zwischen 1988 und 1992, in der ersten Boomphase des TGV, entwickelten die Konstrukteure das Modell des TGV Atlantique. Farblich hebt er sich von dem Vorgänger durch ein Mix aus Blau und Silber ab. Seinerseits fand der TGV Atlantique einen würdigen Nachfolger in dem TGV Réseau. Die Chancen, den ebenfalls silberblauen Pfeilen irgendwo in Frankreich zu begegnen, stehen ziemlich hoch. Denn im Gegensatz zu seinen Vorgängern wird der Réseau auf allen LGV-Strecken eingesetzt.

□ Der TGV Duplex trägt seinen Namen deswegen, weil er über zwei Stockwerke verfügt. Diesen Typus fügte das Management 1996 der TGV-Flotte hinzu, um auf viel frequentierten Strecken für Entlastung zu sorgen.

□ Jüngster Spross ist der TGV POS. Die Abkürzung steht für Paris–Ostfrankreich–Süddeutschland. Dieser Zug ist eine Produktion für den grenzüberschreitenden Verkehr zwischen Frankreich und Deutschland, der im Juni 2007 mit der Eröffnung der LVG Est européenne einsetzte. In harmonischem Wechsel mit dem deutschen ICE bedient dieser TGV die französischen Bahnhöfe mit den Stationen in Deutschland. Den Erfolg des TGV kann man auch daran ablesen, dass es auch außerhalb Frankreichs Schwesterzüge gibt wie etwa den bekannten Eurostar.

Immer gut für Schlagzeilen

Der TGV ist, was den Schienenverkehr angeht, der Franzosen liebstes Kind. Alles, was um das Vorzeigeobjekt herum passiert, stößt sofort auf ein großes mediales Echo. Besonders empfindlich reagieren die Franzosen auf negative Presse. So war die Empörung groß, als noch in der Bauphase Proteste von Umweltschützern kamen, die sich über die massiven Eingriffe in die Landschaft beschwerten. Gar nicht spaßig finden die Franzosen immer wieder vorkommende Sabotageakte. Manchmal finden sich auf den Schienen Betonplatten. Kinder vergnügten sich einmal damit, Schottersteine auf die Schienen zu streuen, um herauszufinden, ob der TGV in der Lage ist, sie zu zersplittern. Zur Erleichterung der Franzosen ist es allerdings noch nicht zu größeren Unfällen gekommen.

EREIGNIS

El Transcantábrico

Für Pilger auf dem Jakobsweg ist der feine Transcantábrico sicherlich nicht das Richtige. Doch Eisenbahnfreunden mit höchsten Ansprüchen bietet der Luxuszug fast alles, was das Herz begehrt. Und nebenbei fährt man durch eine der landschaftlich schönsten und kulturell bedeutsamsten Regionen Europas.

Logo des Zuges Wie das anspruchsvolle Logo beweist, setzt die Betreibergesellschaft FEVE (Ferrocarriles de Via Estrecha) auf vornehme Kundschaft.

◾ Auch wenn „El Transcantábrico" kein Zug wäre, könnte man es gut in ihm aushalten. Denn er bietet an sich schon jede Menge Luxus und Komfort. Dazu fährt er aber noch als rollende Luxusherberge dort durch die Landschaft, wo Spanien am wenigsten spanisch ist. Dieser Eindruck stellt sich jedenfalls ein, wenn man mit Spanien vor allem Mallorca, die Costa Brava oder Andalusien verbindet. Selbst im Sommer ist es hier nicht so heiß, es regnet öfter und demzufolge sieht die Landschaft viel grüner aus, manchmal fast wie in Irland.

◾ Und auch, was die Geschichte und die Kultur angeht, weicht das Revier des Transcantábrico von dem ab, was man sonst von Spanien gewöhnt ist. Da ist kaum eine Spur von den Römern, die im übrigen Spanien jahrhundertelang am Ruder waren. Und auch die Araber, die im 8. Jh. große Teile Spaniens dominierten und damit die „maurische" Herrschaft begründeten, hatten den Nordwesten ausgespart. Das aber hatte zur Folge, dass das Land, durch das später der Transcantábrico brausen sollte, zu einer Bastion des Christentums werden sollte. Nicht zufällig befindet sich in Santiago de Compostela eine der wichtigsten Pilgerstätten der Christenheit.

Europas längste Schmalspurstrecke

◾ Der Transcantábrico ist noch ein recht junger Zug. Erst 1983 machte er sich auf die Jungfernfahrt. Allerdings rumpelte bereits seit 1894 ein alter Kohlenzug mit dem Namen „La Robla" auf der Strecke zwischen León und Bilbao. Doch das war

Küstenstrecke Der Atlantik ist während der Reise mit dem Transcantábrico ein treuer Begleiter.

El Transcantábrico Über 1000 km durch den grünen Norden Spaniens führt die Strecke des Luxuszuges.

Üppiges Büfett Im Bordrestaurant wird beim Frühstück an nichts gespart.

Luxuriöses Bad In den üppig ausgestatteten Suiten erinnert manchmal nur das leise Rumpeln daran, dass man sich in einem Zug und nicht in einem Hotel befindet. »

natürlich kein Vergleich zu dem Luxusgefährt, das sich nun aufmachte, betuchte Kundschaft durch die schönen Landschaften im Nordwesten Spaniens zu kutschieren. Tempo wird den Reisenden im Transcantábrico nicht geboten, die meiste Zeit fährt der Zug nicht schneller als 50 km/h. Wer mit dem Transcantábrico reist, ist auch nicht von dem Wunsch beseelt, möglichst rasch von Punkt A zu Punkt B zu gelangen. Hier trifft voll und ganz die bekannte Devise zu: „Der Weg ist das Ziel."

☐ Über 1000 km geht es auf der längsten Schmalspurstrecke Europas von León in Kastilien zum Wallfahrtsort Santiago de Compostela in Galicien. Genauer gesagt fährt der Zug von León nach Ferrol. Santiago de Compostela hat zwar einen Bahnhof, doch wird der restliche Weg von El Ferrol in die berühmte Pilgerstadt per Bus zurückgelegt. Man kann natürlich auch in umgekehrter Richtung fahren, dann geht die Reise von El Ferrol nach Léon.

☐ Zwischen Frühling und Herbst verkehrt der Transcantàbrico, den es in zweifacher Ausfertigung gibt, auf dieser Strecke jeweils von Samstag bis Samstag. Reisende können diese Tour nur als Gesamtpaket buchen. Zwischendurch auszusteigen und damit die Reise abzubrechen kommt nicht in

Gute Unterhaltung Abends treffen sich die Passagiere zum Tanz in der Bar.

Frage. Wer nur von León nach Bilbao fahren will, kann einen normalen Zug nehmen.

Rollendes Fünfsternehotel

☐ Um sich eine Reise mit dem Transcantábrico leisten zu können, muss man schon etwas tiefer in die Tasche greifen. Der Preis hängt von dem Gesamtpaket ab, das man bucht. Aber mit mindestens 2600 Euro pro Person muss man schon rechnen. Dafür wird aber auch eine Menge geboten: Mit allen Rafinessen ausgestattete Kabinen mit Doppel- oder Etagenbetten, Klimaanlage, Heizung, Telefon, Minibar und Schreibtisch sind selbstverständlicher Bestandteil der gediegenen Ausstattung. Auch eigene Badezimmer sind vorhanden, natürlich mit Dusche und WC, aber auch versehen mit so nützlichen Dingen wie Hydrosauna, Turbomassage, Dampfbad und Haartrockner. In aller Bequemlichkeit kann man in diesen Kabinen durch das großzügige Panoramafenster die spanische Landschaft an sich vorbeiziehen lassen.

☐ Die betreibende Gesellschaft lockt Kunden aber auch mit der Aussicht auf ein außerordentlich kommunikatives Reise-

erlebnis. Schließlich wirbt sie mit dem Slogan „Un crucero en tren". Und zu einer „Kreuzfahrt im Zug" gehört nun einmal ein geselliges Leben und das Knüpfen von Kontakten dazu. Die Möglichkeit dazu bieten vier große Salonwagen, deren Ausstatter nach dem Motto „Nicht kleckern, sondern klotzen" vorgegangen sind. Den Vergnügungen und Zerstreuungen sind hier keine Grenzen gesetzt. Tanzen oder einfach nur der Livemusik lauschen ist ebenso möglich wie trinken, essen, spielen, lesen, fernsehen. Die Gastronomie in diesem Zug ist erstklassig.

◻ Vielen Zugfans, die auf großer Tour sind, wird der Spaß am Eisenbahnfahren häufig durch die unkomfortablen Nächte etwas getrübt. Tatsächlich sind das Rattern und das Schütteln des Zuges bei gleichzeitigen Schnarchattacken von Sei-

ten Mitreisender nicht die besten Einschlafhelfer. Gegen das Schnarchen haben auch die Macher des Transcantábrico noch kein Kraut gefunden – wohl aber gegen die lästigen Fahrgeräusche, die auch ein Luxuszug auf den Schienen nun einmal nicht vermeiden kann. Die Lösung des Problems ist verblüffend einfach: Der Zug fährt nachts nicht durch, sondern bleibt auf Extragleisen in einem Bahnhof stehen. Am frühen Morgen geht es dann weiter durch Nordspaniens Landschaften.

Landschaft, Kultur, Geschichte

◻ Acht Tage in einem Zug – kann man das aushalten? Oder bekommt man irgendwann einen Zugkoller? Um diese bangen Fragen, die manchen der potenziellen Kunden abschrecken könnten, gar nicht erst aufkommen zu lassen, organisiert die Betreibergesellschaft des Transcantábrico während der Reise einige attraktive Busausflüge in die schöne Landschaft von Nordspanien. Und neben dem Zug mit all seinen Annehmlichkeiten und den vielen dienstbaren Geistern und freundlichen Menschen an Bord ist diese Landschaft der eigentliche Star bei einer Fahrt mit „El Transcantábrico". Spanien entwickelt hier seinen rauen, aber herzlichen Charme. Nicht umsonst heißt der Norden bei den Spaniern „España Verde", das „Grüne Spanien". Hier, weit weg vom Mittelmeer, ist der Atlantik die Wetterküche und in dieser Küche werden das ganze Jahr über Regen und Wind gebraut. Die Vegetation dankt es mit saftigen grünen Wiesen und üppig bewachsenen Bergen und Höhenzügen. Aber auch die Anhänger von Sonne, Strand und Meer kommen nicht zu kurz: Ein Großteil der Route des Transcantábrico führt an Küste und Meer oder wenigstens in deren Nähe vorbei.

▣ Neben der Landschaft imponieren bei der Fahrt mit dem Transcantábrico Kultur und Geschichte Nordspaniens. Mit Kastilien, dem Baskenland, Kantabrien, Asturien und Galicien stehen Regionen auf dem Programm der Reise, die sich historisch sehen lassen können. Auf Schritt und Tritt begegnen sich hier monumentale geschichtliche Zeugnisse aus Mittelalter und früher Neuzeit, als Nordspanien sich als Bastion des Christentums gegen das arabisch geprägte Restspanien sah. Konsequenterweise gibt es in den Städten an der Strecke des Transcantábrico jede Menge großartige Kathedralen und Kirchen. Und es ist auch kein Zufall, dass mit dem Jakobsweg der berühmteste europäische Pilgerpfad gerade hier entlangführt.

Nachtstimmung ... Spanische Bahnhöfe sind nur nachts so einsam wie die Station in Asturien.

Üppige Vegetation Hier ist der Atlantik die Wetterküche und die Vegetation dankt es mit üppig bewachsenen Höhenzügen.

Durch grüne Landschaften In Nordspanien kommt Touristen die Landschaft gar nicht so spanisch vor. Vegetation und Natur erinnern hier mehr an Irland als an die Costa Brava.

Aus dramaturgischen Gründen ist es den Transcantábrico-Reisenden wärmstens zu empfehlen, in León einzusteigen, mit dem Endziel Santiago de Compostela (und nicht umgekehrt), obwohl der Zug auf dem Rückweg natürlich dieselbe Route nimmt. Aber Santiago ist das absolute Highlight auf der Strecke, dessen Reiz und Faszination man sich besser für zuletzt aufheben sollte. Also beginnt die Tour in Léon in Kastilien. Bevor es losgeht, ist die Besichtigung der Kathedrale Pflicht. Dann ab in den Zug und erst einmal Richtung Westen mit Nachtstopp in Cistierna. Die nächste Etappe: über Guardo und Fromista (direkt am Jakobsweg gelegen) nach Bilbao. Die Metropole des Baskenlands lädt die Reisenden zu einem Besuch des Guggenheim-Museums ein. Bilbao ist der östlichste Punkt auf der Reise. Jetzt fährt der Transcantábrico nur noch Richtung Westen. Das elegante Seebad Santander in Kantabrien ist danach der erste Stopp mit den Programmpunkten Stadtbesichtigung, Essen, Schlafen im Zug.

Auf dem weiten Weg nach Westen passiert der Transcantábrico dann an den folgenden Tagen der Reise eine historische Sehenswürdigkeit nach der anderen: das Museum von Altamira mit den berühmten Funden aus der Steinzeit, in Asturien die Städte Gijón mit der pittoresken Altstadt und Oviedo mit einer imposanten Kathedrale aus dem goldenen

Berge, Wasser, Brücken Der Reiz einer Fahrt mit dem Transcantábrico besteht auch in der wechselvollen Landschaft.

Traumziel aller Pilger Die Kathedrale von Santiago de Compostela aus dem 11. Jh.

Mittelalter Asturiens, die kulturellen Highlights von Galicien, der Landschaft im äußersten Nordwesten Spaniens, deren Traditionen bis in die Zeit der Kelten zurückreichen. Am Ende der Tour läuft der schließlich Zug in den Bahnhof von Ferrol ein.

▣ Hier heißt es nach 1000 km und acht Tagen anregender Geborgenheit Abschied nehmen von der rollenden Nobelherberge. Aber es wartet, wenn man in diese Richtung gereist ist, mit Santiago de Compostela noch der Höhepunkt – jedenfalls aus christlicher Sicht. Dorthin geht es von Ferrol per Bus. Millionen von Menschen pilgerten und pilgern seit dem 9. Jh. in diese galizische Stadt, wo einst der Legende nach der von Herodes Agrippa enthauptete heilige Jakobus in einem marmornen Sarg auf dem Rio Ulla angespült worden sein soll. Dann wies im 9. Jh. ein geheimes Licht den Weg zu seinem Grab und ab sofort stand Santiago de Compostela ganz oben auf der Liste der Wallfahrer. Der richtige Jakobspilger geht zu Fuß auf dem Jakobsweg, der Eisenbahnfan aber nimmt den Transcantábrico. Er kommt dann zwar nicht ganz so geläutert in der Wallfahrtskirche an, aber ohne Zweifel mit dem Bewusstsein, eine der schönsten Eisenbahntouren auf der ganzen Welt absolviert zu haben.

Der Jakobsweg

El Camino, wie die Spanier den Jakobsweg nach Santiago de Compostela nennen, ist für passionierte Pilger ein Muss. In Scharen strömen die Menschen seit Jahrhunderten in die Nordwestecke der Iberischen Halbinsel, versehen mit den vorgeschriebenen Utensilien wie Lederbeutel und Kürbisflasche, vor allem aber mit der Muschel, dem Erkennungszeichen aller Jakobspilger. Der – mit der Jakobsmuschel gekennzeichnete – Weg kann beschwerlich werden, denn allein in Spanien sind 800 km zurückzulegen. In früheren Zeiten engagierten Christen, die keine Lust zu der Pilgerreise hatten, Ersatzpilger, die für viel Geld an deren Stelle durch das nördliche Spanien nach Santiago de Compostela zogen.

Al Andalus Expreso

Auf Zeitreise in die spanische Vergangenheit konnte man bis 2008 mit dem eleganten Al Andalus Expreso gehen. Der Zug brachte seine Passagiere in die Ära der muslimischen Herrschaft auf der Iberischen Halbinsel, die von 711 bis 1492 währte und bis heute in der andalusischen Architektur präsent ist.

▣ Ausgangspunkt der fünftägigen Luxusreise war Sevilla mit der drittgrößten Kathedrale der Welt, Maria de la Sede. Die Kirche vereint die Geschichte Andalusiens in sich: Auf dem Grundstück eines römischen Tempels entstand eine westgotische Kirche, die wiederum einer großen Moschee weichen musste, auf den Überresten dieser wurde die Kathedrale gebaut. Am Grundriss und im Inneren des Kirchturms, der noch das Minarett der Moschee enthält, sind die maurischen Einflüsse sichtbar. Gegenüber der Kathedrale befindet sich der Alcázar, die Anlage des Königspalasts, der im 14. Jh. von König Peter dem Grausamen im Mudejarstil errichtet wurde, einer Mischung aus orientalischen und europäischen Elementen. Der Alcázar ist bis heute die offizielle Residenz des Königs, wenn er in Sevilla weilt.

Plaza de Espana Er ist einer der bekanntesten Plätze in Sevilla. Das halbkreisförmige Gebäude, das den Platz schmückt, wurde anlässlich der Iberoamerikanischen Ausstellung 1929 erbaut.

▣ Ebenfalls nicht weit entfernt liegt der Bahnhof Estación de Córdoba: Der imposante Backsteinbau mit großem Glasdach, Zinnen, Rundbogen und den typischen bunten Azulejoskacheln wurde 1901 eingeweiht. Als der „Al Andalus Expreso" 1985 seine Fahrt aufnahm, fuhr er hier ein. Das ist jedoch lange her, inzwischen wird der ehemalige Bahnhof als Kulturzentrum genutzt. Für die Weltausstellung Expo 1992 wollte sich Sevilla modern präsentieren und baute einen neuen Bahnhof etwas außerhalb: die Estación de Santa Justa. Dort begann und endete die Luxusreise mit dem Al Andalus Expreso bis zum Jahr 2008. Danach wurde der Zug Renovierungsarbeiten unterzogen. Wann er wieder fahren wird, steht noch nicht fest.

Eleganz auf Schienen

▣ Außen war der „Al Andalus Expreso" im geschmackvollen Beigebraun lackiert und mit kunstvollen Schriftzügen versehen – die Reisenden konnten schon auf dem Bahnsteig erahnen, dass sie drinnen das Besondere erwartete. Vor allem die vier historischen Waggons aus den 1920er Jahren, die als Speise-, Bar- und Salonwagen dienten, beeindruckten durch ihr Interieur: elegantes Mobiliar aus Leder, Messing und feine Intarsienarbeiten. Die beiden Speisewagen hießen „Alhambra" (Modell WR-3579 aus Frankreich, Bj. 1929) und „Gibralfaro" (Modell WR-3395 aus England, Bj. 1929), der Barwagen „Giralda" und der Salonwagen „Medina Azahara".

Zugemblem Eine beigefarbene Muschel ziert das Logo. ▸▸

Behaglichkeit auf Schienen Reisen im Luxuszug Al Andalus Expreso war auch abends in den gemütlich eingerichteten Abteilen ein Genuss.

Letzterer wurde 1930 in Bilbao (Nordspanien) gebaut und war ursprünglich ebenfalls ein Speisewagen. Die Schlafwagen für die Gäste waren zwar nicht ganz so historische Pullman-Wagen und stammten aus England, sie waren aber dennoch liebevoll und bequem eingerichtet. Hinzu kamen je ein Küchen-, ein Personal- und ein Generatorwaggon. Insgesamt bestand der Zug aus 14 Waggons. Betrieben wurde er von der Renfe, der spanischen Eisenbahngesellschaft.

Durchs maurische Spanien

▣ Mit einem Begrüßungstrunk und Tapas wurden die Gäste an Bord empfangen. Danach galt das Bonmot „Der Weg ist das Ziel", was angesichts dieser Umgebung sicher nicht schwer umzusetzen war. Ein schriller Pfiff des Schaffners gab die Abfahrt des Zuges bekannt. Während nun der „Al Andalus Expreso" gemächlich am fruchtbaren Ufer des Guadalquivirs entlangfuhr, verlor sich Sevilla langsam am Horizont. Der längste Fluss Andalusiens (657 km) führt durch ihre Kornkammer mit Getreide, Mais, Baumwolle, Reis und – soweit das Auge reicht – Olivenbäumen.

▣ Nach der Ankunft in Córdoba stand für die Reisenden die Erkundung eines der wichtigsten Zentren des maurischen Spaniens auf dem Programm. Heutzutage ist Córdoba zwar nicht einmal mehr Provinzhauptstadt, diesen Titel musste sie an Sevilla abgeben, aber während des Kalifats von Córdoba (929–1031) war sie die Hauptstadt von Al Andalus. Von hier aus regierten die Kalifen fast die ganze spanische Halbinsel und Gebiete in Nordafrika. Damals war Córdoba nach Konstantinopel die größte und modernste Metropole Europas. Ihre Universitäten und Bibliotheken waren Glanzlichter im europäischen Geistesleben. Die historische Bedeutung der Stadt lässt sich vor allem an der Mezquita Córdoba ablesen, die mit knapp 24 000 m² Grundfläche die drittgrößte und gleichzeitig eine der ältesten Moscheen der Welt ist. Nach der Rückeroberung Córdobas durch die Christen im Jahr 1236 wurde eine Kathedrale in die Moschee gebaut

Salonwaggon Medina Azahara 1930 wurde das Modell WR-3562 von der Marine in Bilbao als Restaurantwagen gebaut und jahrelang eingesetzt. Nach der Luxusrestaurierung 1985 diente er als Salonwaggon im Al Andalus Expreso.

Büfett Mit ausgesuchten Köstlichkeiten wurden die Reisenden verwöhnt.

Al Andalus Expreso Die Fahrt mit dem Luxuszug war eine Zeitreise in die spanische Vergangenheit durch grandiose Landschaften. Eine Verlängerungsvariante führte von Antequera nach Ronda, dem spektakulärsten der „weißen Dörfer".

Abendstimmung Der Al Andalus Expreso fährt in den Bahnhof von Granada ein.

Granada, Alhambra Vor der prächtigen Kulisse der schneebedeckten Sierra Nevada thront die Alhambra mit ihren Palästen, Brunnen und Gärten.

Granada, Bahnhof Mehrsprachige Stewardessen erwarten die Reisenden, um sie zu den wichtigsten Sehenswürdigkeiten zu begleiten.

und das Gotteshaus umgewidmet. Sehenswert in Córdoba ist auch die Judería, das historische Judenviertel, mit seiner schmucken Synagoge und seinen engen Gassen sowie die imposante römische Brücke mit ihren 16 Bogen über den Guadalquivir. Angesichts all dieser Sehenswürdigkeiten vergeht die Zeit wie im Flug und die Reisenden haben es abends sicherlich genossen, den Tag im Luxussalonwagen ausklingen zu lassen und die Eindrücke zu verdauen.

Rote Festung und weiße Dörfer

▨ Am nächsten Tag peilte der Al Andalus Expreso Granada an: Um dort hinzugelangen, verließ der Zug ab Linares die fruchtbare Guadalquivirebene. Hier wachsen neben den Gleisen Agaven, die an die mexikanische Wüste erinnern. Die Natur zeigt sich hier von ihrer schroffen Seite. Langsam wand sich die Dampflok durch enge Talkessel, kletterte die Berghänge hinauf und näherte sich ihrem Tagesziel – Granada. Mit seiner Festung vor der ewig schneebedeckten Sierra Nevada wirkt diese Stadt schon von weitem erhaben. Aber konnte die Alhambra (arab. die Rote), das Versprechen, das sie aus der Ferne gab, auch aus der Nähe einlösen? Die Geschmäcker sind bekanntlich verschieden, aber viele Besucher waren auch aus nächster Nähe vom Glanz der ehemaligen Sommerresidenz des Sultans beeindruckt. Dem letzten Sultan von Granada, Mohammad XII., genannt Boabdil, war es durch geschicktes Taktieren mit christlichen Herrschern und dem gelegentlichen Verrat an der eigenen Verwandtschaft, gelungen, Granada noch lange nach dem Fall der anderen maurischen Befestigungen zu halten. 1492 war dann aber auch für ihn die Zeit gekommen und er musste Granada an die Katholischen Könige Isabella und Ferdinand übergeben.

Weißes Dorf Von Granada aus führt eine Eisenbahnlinine nach Ronda. ⌃

▢ Hatte man die Verlängerungsvariante Malaga, Ronda und Jerez gebucht, fuhr der „Al Andalus Expreso" weiter Richtung Süden nach Malaga. Auf die Stadt mit ihrer berühmten Stierkampfarena hat man von der maurischen Festung Alcazaba und dem Castillo de Gibralfaro aus einen einzigartigen Blick. Dann fuhr der Zug einen Abstecher über Antequera nach Ronda, dem spektakulärsten Ort der „weißen Dörfer". Ronda ist durch eine 80 m tiefe Schlucht geteilt: Auf der einen Seite befindet sich die maurische Altstadt, auf der anderen die moderne Neustadt. Nach Jerez gelangte man über Granada und Sevilla. Dort empfängt die Bahnreisenden ein sehenswerter Bahnhof. Der rote Ziegelbau von 1929 ist mit einer Metallhaube und den typischen bunten Azulejos verziert. Ansonsten ist Jerez eine unauffällige moderne Stadt mit vielen Mietshäusern und Industrievierteln. Bekannt ist sie vor allem für ihren Jerez, also den Sherry, und für ihre königliche Hofreitschule. Beidem konnten die Reisenden des „Al Andalus Expreso" noch einen Besuch abstatten, bevor sie ihr Luxusliner in nur knapp einer Stunde Zugfahrt zurück zum Ausgangspunkt brachte, nach Sevilla.

Muslismisches Erbe

Al Andalus war der arabische Name für den zwischen 711 und 1492 muslimisch beherrschten südlichen Teil der Iberischen Halbinsel. Besonders zur Zeit des Kalifats von Córdoba (929–1031) erlebte Al Andalus eine kulturelle und literarische Blütezeit. Die verschiedenen Völker und Religionsgemeinschaften aus Berbern, Arabern, Christen und Juden lebten zwar halbwegs friedlich zusammen, trotzdem kam es immer wieder zu Aufständen gegen die Invasoren. 1085 begann in Toledo die sogenannte Reconquista, die christliche Rückeroberung, durch Alfons VI. Al Andalus endete mit der Übergabe Granadas 1492 an die Katholischen Könige Isabella und Ferdinand.

HISTORIE

Brücken, Viadukte, Tunnels

Gebirgige Regionen und Gewässer machen Hilfskonstruktionen in Form von Brücken, Viadukten oder Tunnels für die Streckenführung der Eisenbahn erforderlich. Neben unspektakulären Zweckbauten sind kunstvolle und kühne Zeugnisse der Ingenieurbaukunst entstanden, die landschaftsgestaltend wirken und zu Wahrzeichen geworden sind.

Stahlkonstruktion
Neubau der Nerbada-Brücke auf der 1853 eröffneten Bahnlinie zwischen Bombay und Thane, nachdem die erste Brücke von einer Flut zerstört wurde.

Brücken

Der Brückenbau ist fast so alt wie die Menschheit, doch erst im 18. Jh., dem Zeitalter der Vernunft, wurden altbewährte Konstruktionsmuster mathematisch-naturwissenschaftlich hinterfragt und weiterentwickelt. Eine neue Disziplin, die des Bauingenieurs, begann sich herauszubilden. Bald ließen die gewonnenen Einsichten in die Bereiche Material und Konstruktion ungeahnte bautechnische Möglichkeiten erkennen, Möglichkeiten, derer sich eine zunehmend industrialisierte Welt auch gern bediente. Denn die Entfernungen, die Brücken überspannen sollten, wurden größer und größer, die Lasten, die sie tragen sollten, schwerer und schwerer: Die Zeit der Dampfeisenbahn war gekommen.

Die größte Ziegelbrücke der Welt Die Brücke über das Göltzschtal in Sachsen.

◻ Die 574 m lange, 78 m hohe Eisenbahnbrücke über das Göltzschtal nahe der sächsisch-thüringischen Grenze ist die größte Ziegelbrücke der Welt. Sie entstand 1846–1851 beim Bau einer Zuglinie zwischen Leipzig und Nürnberg durch die Sächsisch-Bayerische Eisenbahn-Compagnie. Von 81 Vorschlägen eines Wettbewerbs hatte keiner seine tatsächliche Belastungstauglichkeit auch rechnerisch nachweisen können. Also stieg der Leiter der Prüfungskommission Professor Johann Andreas Schubert selbst in die Planung ein – unter Berücksichtigung statischer Berechnungsverfahren – und betrat damit im Brückenbau völliges Neuland.

Einfacher Zweckbau Vier Menschen auf einer schmalen Eisenbahnbrücke der Peking Syndicate Railway in China.

◻ Um die Grafschaften Fife und Tayside auf kurzem Wege miteinander zu verbinden, kam es 1871 zum Bau einer mehr als 3 km langen Eisenbahnbrücke über den Tay an der Nordsee. Damit betrat man auch hier technisches Neuland. Denn im Eisengussbau war eine solche Strecke bislang noch nie bewältigt worden. Auch durfte der Brückenlauf erst 30 m über der Hochwassermarke angesetzt werden, um auch den damals größten Mastschiffen noch die Durchfahrt zu ermöglichen. Im Laufe der Maßnahme stellte man dann schließlich noch fest, dass der ortsspezifische Meeresboden als Pfeilerbaugrund tückisch war und die Konstruktion vergleichsweise schwache Beine hatte. Trotzdem gab man die Strecke frei. Am 26. September 1877 rollte die erste Bahn. Als dann aber am 28. Dezember 1879 der Postzug von Burntisland nach Dundee die Brücke befuhr, geschah das zu erwartende Unglück: Unter gleichzeitiger starker Windeinwirkung sackte das Baumonument in sich zusammen. 75 Menschen kamen dabei zu Tode.

Viadukte

▦ Eine Zugfahrt über den „Landwasserviadukt" zwischen Tiefencastel und Filisur im Schweizer Kanton Graubünden gehört sicherlich zu den eindrücklichsten Reiseerlebnissen im alpinen Raum – gleich, ob im Bernina- oder im Glacier-Express. Denn die 136 m lange, 65 m über der Landwasser thronende Brückenbahn zwischen zwei Felsen beschreibt in ihrem Verlauf eine 45%ige Kurve, die – wie um das Szenario zu vervollkommnen – auf südöstlicher Seite unmittelbar in den 216 m langen Landwassertunnel mündet. Attraktiver lässt sich das Transportmittel Bahn der Welt wohl kaum prä-

sentieren. Im März 1901 begonnen, konnte das Monument bereits im Oktober 1902 für den Verkehr freigegeben werden. Zwischenzeitlich war provisorisch eine Feldbahn eingerichtet worden. Von der nahe gelegenen Autostraße lässt sich der Unterbau des Viadukts in nur zehn Minuten erwandern.

▦ Der zwischen Juli 1897 und Oktober 1898 erstellte „Glennfinnan-Viadukt" ist Teil der ab Glasgow Richtung Norden gezogenen West Highland Line, genauer gesagt: ihrer 1901 eröffneten Mallaig-Extension an die Hebriden-See. Diese 380 m lange, mit 21–30 m hohen Pfeilern bestückte Überführung ist das zweifellos einprägsamste Bahnmonument

Landwasserviadukt
Im Schweizer Kanton Graubünden. Attraktiver lässt sich das Transportmittel Bahn kaum präsentieren.
«

Eng am Felsen Mit dem Eastern & Oriental Express über den Tham-Kasae-Viadukt in Thailand .
»

◻ Neben Pearl Harbor ist die „Brücke am Kwai" wohl der einzige Ort, den man als „Bild im Kopf" von der japanischen Großoffensive während des Zweiten Weltkriegs hervorzurufen vermag. Im Jahr 1941 hatte der Inselstaat an fast allen Fronten den Krieg eröffnet. Unter anderem sollte über Thailand und Burma Indien erreicht werden. Weil aber der Seeweg durch alliierte Truppen blockiert war, blieb den Japanern nur der Vorstoß über Land – und zwar mit Hilfe der Eisenbahn. Nur fehlte für dieses Vorhaben eine Schienenverbindung zwischen Nong Pladuk/Thailand und Moulmein/Burma. So ließ man ab September 1942 Einheimische und alliierte Kriegsgefangene durch 400 km Dschungel eine Schneise graben. Mehr als 100 000 Menschen verloren dabei ihr Leben. Wer heute mit der Eastern & Oriental Railway diese Todesstrecke (Death Railway) befährt, im Schritttempo am Felsen entlang über den hölzernen Tham-Kasae-Viadukt kriecht, auf der legendären „Brücke am Kwai" zu einem kurzen Fotostopp haltmacht, der sollte sich dessen zumindest bewusst sein.

der Strecke, nicht zuletzt deshalb, weil es – fast nebenbei – noch einen Blick zurück in die Geschichte eröffnet: Denn im Verlaufe einer Überfahrt lässt sich Loch Shiel mit dem Glenfinnan-Monument entdecken, errichtet zum Gedenken an den Revolutionär von 1745: Bonnie Prince Charlie. Doch damit nicht genug. Der Bau hat Filmgeschichte geschrieben, war er doch diverse Male Bühne für Harry Potters Hogwarts Express. Was weniger bekannt ist: Baugeschichte hat er auch geschrieben – als eine der ersten großen (Stampf-)Betonbrücken überhaupt. Robert McAlpine, der Erbauer, wurde nach dieser Pionierleistung zum Ritter geschlagen. Auch erhielt er den Spitznamen Concrete-Bob (Beton-Kopf).

rücken oder gar ein Berg zu überwinden, so muss der Anstieg einigermaßen moderat gehalten, das heißt durch dementsprechend viele Kehren, gegebenenfalls auch Kehrtunnel, abgeschwächt werden. In der Höhe lässt sich dann unter Umständen einen Scheiteltunnel bohren. So durchsticht der 691 m lange Buschtunnel südlich von Aachen den Rücken etwa erst am Endpunkt einer 2 km langen Rampe. Als erster Alpentunnel wurde in den Jahren 1848–1854 der 1430 m lange Semmeringscheiteltunnel erbaut. Seit Anfang des 20. Jh. kann alternativ hierzu allerdings – wenn die Umstände es möglich machen – auch ein verhältnismäßig längerer Basistunnel auf Talebene gesetzt werden. Durch die geothermisch bedingten, teils gewaltigen Temperaturanstiege in Richtung Röhrenmitte allerdings lauern hierbei prinzipielle Gefahren für Mensch und Maschine, Gefahren, die nicht zu jeder Zeit voll beherrschbar waren.

▣ Der in den Jahren 1898–1905 und 1912–1921 erbaute, knapp 20 km lange Simplon-Tunnel verbindet die Schweiz und Italien, genauer, das Rhonetal und das Val Divedro in

British Columbia
Die historische Lok vor der Einfahrt in einen Tunnel bei Vancouver.
《

Tunnels

▣ Zur Überwindung topografischer Hindernisse benötigt die Eisenbahn aber natürlich nicht nur Brücken und Viadukte, sondern auch Tunnels – wie jedes andere Verkehrsmittel auch. Im Gegensatz zu Straßenfahrzeugen aber können Eisenbahnen, genauer: die im allgemeinen Verkehrsbetrieb üblichen Adhäsionsbahnen, jedoch keine allzu großen Steigungen bewältigen. Deshalb werden sie gerne an Flusstälern entlang geführt. Bei allzu starken Flussschlingen allerdings können dort Streckenbegradigungen via Sporn- oder Kopftunnel notwendig werden. Ist aber ein Hügel, ein Höhen-

der Ossola-Region. Die nordseitig als Basis-, südseitig als Scheiteltunnel zu bezeichnende Doppelröhrenanlage ist nicht zuletzt durch den Simplon-Orient-Express bekannt, der bis 1977 diesen bis dahin längsten Gebirgsdurchstich der Erde befuhr. Beim Bau von Tunnel I kam erstmals ein neuartiges Konstruktionsverfahren zum Einsatz. Da nämlich aufgrund einer Gebirgsüberlagerung von bis zu 2135 m die Temperaturen in Richtung Bergmitte auf über 40 °C zu klettern drohten, wurde neben dem Haupt- auch noch ein Parallelstollen mit Zuwegen erstellt. So war es möglich, durch Pressluftrohre kontinuierlich frischen Sauerstoff ins Innere des BergEs einzuführen. Am 19. Mai 1906 schließlich konnte Tunnel I dem Betrieb übergeben werden. Beim Durchschlag des Richtstollens im Vorjahr hatte die Abweichung nur sagenhaft geringe 20,2 cm horizontal und 8,7 cm vertikal betragen. Während des Zweiten Weltkriegs schließlich wurden aus militärstrategischen Gründen von beiden Grenzländern Pläne zur Tunnelsprengung erarbeitet, auf Schweizer Seite Sprengsätze sogar bereits prophylaktisch angebracht. Entfernen jedoch ließ man sie erst wieder 2001.

Tunnelbohrmaschine im Eurotunnel Bauarbeiten an der 1995 eröffneten Röhre des Eurotunnels unter dem Ärmelkanal.

Mitten durch die „Zweitausender" Der Simplon-Tunnel zwischen der Schweiz und Italien.

Eisenbahnen in Asien

Asien kann sich mit der „Transsibirischen Eisenbahn" der längsten Eisenbahnlinie der Welt rühmen. Ebenso wie „Bagdadbahn" und „Hedschasbahn" diente
sie ursprünglich vor allem strategischen Zwecken. Der schnellste und zugleich
sicherste Zug Asiens, der „Shinkansen", rast durch Japan. „Deccan Odyssey" und
„Eastern & Oriental Express" sind die Traumzüge eines jeden Luxusreisenden.

R U S S

Transsibirische Eisenbahn | *130–139*

Perm

Kirow

Jekaterinburg

Omsk

Nowosibi

WEISS-
RUSSLAND

Moskau

UKRAINE

K A S A C H S T A N

Aralsee

Schwarzes Meer

Kaspisches Meer

T Ü R K E I

Konya

Aleppo

SYRIEN

Bagdad-Bahn | *148–157*

Mittelmeer

Damaskus

I R A N

Amman

Bagdad

JORDANIEN

I R A K

Naab

Akaba

Tebuk

PAKISTAN

Hedschasbahn | *158–163*

Medina

Rotes Meer

SAUDI-
ARABIEN

Arabisches

Nasik

Jalgaon

INDIE

Mumbai

Meer

Pune

Deccan Odyssey | *164–17*

Victoriasee

I N D I S C H E R

O Z E A N

Asien

Tokaido-Sanyo-Shinkansen-Linie | *140–147*

Eastern & Oriental Express | *172–177*

Länder und Regionen:
asnojarsk
Irkutsk
Ulan-Ude
Blagoweschtschensk
Chabarwsk
MONGOLEI
Wladiwostok
CHINA
NORD-KOREA
SÜDKOREA
Japanisches Meer
JAPAN
Tokyo
Kyoto
Yokohama
Hiroshima
Nagoya
Fukuoka
BANGLA-DESCH
MYANMAR
LAOS
THAILAND
Bangkok
VIETNAM
KAMBODSCHA
PHILIPPINEN
Südchinesisches Meer
Golf von Bengalen
Ipoh
Kuala Lumpur
MALAYSIA
Singapur

N

250 km
kartographie.de

Die Transsibirische Eisenbahn

Mit der Verwirklichung der Idee einer Eisenbahnverbindung vom Ural bis nach Sibirien wurde ab 1891 durch einen gewaltigen Aufwand an Kosten, Material und dem Einsatz tausender Arbeiter begonnen. Erst 25 Jahre später war die Strecke endgültig fertiggestellt und bis heute bildet diese legendäre Bahnstrecke von Moskau an den Pazifischen Ozean die Hauptverkehrsader Sibiriens.

Lokomotiven der Transsib Sie tragen immer noch den roten Stern aus der Sowjetzeit. »

Zugschild Die Strecke Moskau–Wladiwostok ist in kyrillischer Schrift angegeben.

Uniformiertes Personal Mongolische Schaffnerinnen am Bahnhof von Ulan-Bator, der Hauptstadt der Mongolei. Über die von der Transsibirischen Eisenbahn abzweigende, durch die Mongolei führende Strecke gelangt man nach China.

◻ Durch eine Fahrt mit der von zahlreichen Geschichten, Anekdoten und Legenden umwobenen Transsibirischen Eisenbahn erschließen sich dem durch unterschiedliche Zeit- und Klimazonen Reisenden die landschaftlichen Schönheiten entlang der Strecke auf eine ganz besondere Weise. Gerade die relativ langsame Geschwindigkeit des Zuges vermittelt ein tiefes Gefühl für den Wechsel der verschiedenartigen Landschaften, die die Bahn im Laufe ihrer fast 9300 km langen Wegstrecke zwischen Moskau und Wladiwostok durchquert. Damit ist die Transsibirische Eisenbahn die längste Zugstrecke der Welt; genau genommen beginnt die eigentliche Transsibirische Eisenbahn erst ab dem Ural, doch selbst dann beträgt die Entfernung von Tscheljabinsk bis nach Wladiwostok immer noch 7500 km. Bei der Fahrt erblickt man entlang der Strecke, vorbei an den unendlich scheinenden sibirischen Wald- und Steppenlandschaften, auch immer wieder die typisch russischen Holzhäuser. Hier scheint die Zeit stehen geblieben zu sein und man kann sich mit etwas Fantasie gut zurückversetzen in das Jahr 1891, als man mit dem Bau der etwa 7500 km langen Strecke begann, die an das bereits bestehende Eisenbahnnetz des europäischen Russland angeschlossen werden sollte. Die 1065 km lange Strecke Samara–Ufa–Tscheljabinsk wurde bereits 1892 fertiggestellt und damit war der Ural der Ausgangspunkt für den Bau der Transsibirischen Eisenbahn.

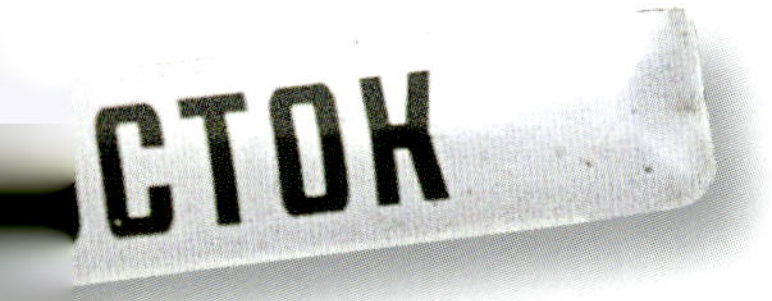

Die Erschließung des Ostens

▣ Einer der wichtigsten Befürworter einer quer durch Sibirien bis an den Pazifischen Ozean führenden Eisenbahnlinie war damals der russische Verkehrs- und Finanzminister Sergei Witte. Das Ziel dieses gigantischen Unternehmens bildete die verkehrstechnische Anbindung des riesigen Sibirien an den europäischen Teil Russlands. Zum einen sollte damit die wirtschaftliche und industrielle Erschließung Sibiriens mit seinen Bodenschätzen und Rohstoffen vorangetrieben werden sowie der Überbevölkerung des europäischen Russland durch Ansiedlung von Kolonisten in Westsibirien begegnet werden. Tatsächlich sollte die Eröffnung der westlichen

Moskau Die Basilius-Kathedrale in Moskau ist eines der Wahrzeichen der russischen Hauptstadt. In Moskau nimmt die legendäre Zugstrecke nach Sibirien ihren Anfang.

Abschnitte der Transsibirischen Eisenbahn zu einer gewaltigen Einwanderungswelle russischer Bauern nach Sibirien führen. Eine ähnlich große Auswanderungsbewegung gab es damals nur im amerikanischen Westen. Der andere, mindestens ebenso wichtige Grund lag in militärischen und strategischen Erwägungen. Durch eine durchgehende Eisenbahnlinie konnten Truppen leicht und schnell in den östlichen Teil des Zarenreichs verlegt werden, um diesen vor Aufständen oder den Angriffen fremder Mächte zu schützen. Gleichzeitig war es Russland so möglich, seinen Einfluss auf China und die Mandschurei auszudehnen. Bei diesem Vorhaben handelte es sich um eines der schwierigsten Bauprojekte der damaligen Zeit und viele der Hindernisse schienen auf den ersten Blick nahezu unüberwindlich: Stahl, Schienen

und Holz für die Schwellen mussten umständlich aus dem europäischen Teil Russlands herangeschafft werden, der Dauerfrostboden, die sprichwörtliche sibirische Kälte sowie zahlreiche sonstige klimatische und geografische Widerstände galt es zu bewältigen. In der westsibirischen Barabasteppe musste man sogar eigens Brunnen ausheben, da das Wasser der dortigen Seen mit so vielen Mineralien durchsetzt war, dass es nicht einmal für die Kessel der Lokomotiven taugte. Obwohl

Zugemblem Hammer und Schublehre zieren das Schild aus der Sowjetära.

der Spatenstich am östlichsten Ende der Strecke, nämlich in Wladiwostok, erfolgte, wurde mit den Bauarbeiten am Fuße des Ural begonnen – bis zur endgültigen Fertigstellung der Eisenbahnlinie sollten 25 Jahre vergehen. Die meisten der insgesamt etwa 70 000 Arbeitskräfte setzten sich aus den in Sibirien angesiedelten Russen zusammen, daneben wurden mehr als 14 000 Häftlinge, Arbeitsabteilungen des Heeres sowie tausende von japanischen, koreanischen und chinesischen Wanderarbeitern zum Bau der Eisenbahnstrecke eingesetzt. Italienische Steinmetze bauten die Brückenpfeiler. Dies war auch dringend nötig, denn entlang der Streckenführung mussten 16 große Flüsse überquert werden, wobei allein am Fluss Irtysch eine 640 m lange Brücke gebaut werden musste. Trotz widriger Umstände waren bis zum Herbst

Transsibirische Eisenbahn im Ural Hier wurde 1891 mit den Bauarbeiten an der Strecke begonnen.

Russische Bahnhofsatmosphäre

Der in den russischen Landesfarben gehaltene Eisenbahnwaggon ist mit dem zaristischen Doppeladler geschmückt.

«

des Jahres 1900 etwa 3600 km Gleise verlegt worden. Damit bestand nun eine Verbindung zwischen dem in den östlichen Ausläufern des Ural gelegenen Tscheljabinsk mit dem kleinen Hafenort Listwenitschnoje am Westufer des Baikalsees.

Frühere Reisestrapazen

▢ Dennoch war die bisher verlegte Strecke alles andere als sicher: Aus finanziellen Gründen hatte man leichtere Schienen verwendet und auch bei der baulichen Ausführung der Strecken insgesamt gespart, was zu etlichen Entgleisungen

Arbeitsbedingungen

Zum Bau der Eisenbahnstrecke warb man mangels geeigneter russischer Facharbeiter in Italien zahlreiche Steinmetze für den Bau der Brückenpfeiler an. Alle diese Männer sahen sich den furchtbarsten Strapazen ausgesetzt, die durch schlechte Verpflegung, die erbarmungslosen Witterungsverhältnisse und zahlreiche Krankheiten aller Art, darunter Cholera, Typhus, Ruhr, Skorbut und sogar die Beulenpest, verstärkt wurden. Dies alles zusammengenommen führte zu einer extrem hohen Sterblichkeitsrate unter den Arbeitern.

HISTORIE

Tunnelkette

An der 70 km langen Strecke um das Südufer des Baikalsees sind 35 Tunnels aneinandergereiht. »

von Lokomotiven und dementsprechenden Unfällen samt zahlreichen Toten und Verletzten führte. Die Weiterführung der Strecke um das Südufer des Baikalsees erforderte auf einer Länge von nicht ganz 70 km den Bau von nicht weniger als 37 Tunneln. 1901 erreichte die Eisenbahnlinie Sretensk, von dort aus mussten die Güter und Reisenden per Schiff über die Flüsse Schilka und Amur weitertransportiert werden, bevor sie in Chabarowsk in die von bis nach Wladiwostok führende, bereits fertiggestellte Ussuribahn umsteigen konnten. Die damaligen Reisenden mussten hart im Nehmen sein, in zahlreichen Berichten aus dieser Zeit

chinesisches Staatsgebiet und es bedurfte umfangreicher diplomatischer Vorbereitungen, bevor mit dem Bau begonnen werden konnte. Der Ausbruch der Beulenpest und der chinesische Boxeraufstand im Jahr 1900, in dessen Verlauf mehr als 700 km der eben verlegten Schienen zerstört wurden, behinderten die Fertigstellung in großem Ausmaß, doch 1903 wurde die Chinesische Ostbahn für den Zugverkehr freigegeben. Dies geschah gerade noch rechtzeitig, um die relativ schnelle Verlegung von russischen Truppen an den Kriegsschauplatz in der Mandschurei zu gewährleisten, wo sich Russland ab 1904 mit Japan im Krieg befand. Lediglich das noch nicht fertiggestellte Nadelöhr am Baikalsee bildete eine erhebliche Behinderung. Vor der Eröffnung der Chinesischen Ostbahn benötigte man von Moskau bis Wladiwostok 38 Tage und ein Reisender vermerkte: „Es ist unmöglich, die Reisedauer genau zu berechnen, man kann sie nicht einmal auf 14 Tage genau bestimmen ... Ich kann mir sehr gut vorstellen, dass die Fahrt statt vieler Wochen auch durchaus drei oder vier Monate dauern könnte." Der moderne Reisende muss weit weniger Zeit einplanen, denn für die Strecke Moskau–Wladiwostok beträgt die Fahrzeit

Sibirische Landschaft Die Weite dieser Landschaft stellt für den Reisenden ein besonderes Erlebnis dar.

Häuser an der Strecke Entlang der Strecke erscheinen immer wieder alte russische Bauernhäuser, deren Erscheinungsbild sich seit der Zarenzeit kaum verändert hat.

werden vor allem die katastrophalen hygienischen Bedingungen an Bord der Schiffe hervorgehoben. So schrieb ein britischer Reisender: „Ich habe Ställe gesehen, die sauberer waren als diese Kabine. Nachts konnte ich fühlen, wie etwas auf meinen Nacken fiel, auf meiner Wange herumkrabbelte und einen Abstecher auf meinen Arm machte."

▣ Erst ab 1903 existierte entlang der südlichen Route, der sogenannten Chinesischen Ostbahn, über Harbin in der Mandschurei eine direkte Bahnverbindung nach Wladiwostok. Obwohl die Linie russisches Eigentum war, verlief sie durch

Unendlichkeit Weite Streckenabschnitte führen durch die nach wie vor von dichten Wäldern geprägten Gebiete Sibiriens.

nur gut sechs Tage. Doch mit der Chinesischen Ostbahn gab man sich nicht zufrieden und verfolgte weiterhin die Planung einer nördlichen Route entlang des Amur. Trotz großer Widerstände konnte man 1906 mit den Bauarbeiten beginnen, die erst 1916 ihren endgültigen Abschluss fanden.

Da man die gesamte Bahn so billig und schnell wie möglich gebaut hatte, legte man auf solche Faktoren wie allgemeine Sicherheit und Leistungsfähigkeit weniger Wert als im Westen, wo es galt, mit maximalem Gewinn Waren und Passagiere so schnell wie möglich zu befördern. Dagegen schafften viele der sibirischen Züge gerade noch 20 km/h. Die russische Mentalität hinsichtlich von Geschwindigkeit wird durch folgende Anekdote gut beleuchtet: Auf die Vorhaltung, dass europäische Züge bis zu viermal schneller fuhren als russische, antwortete ein Russe: „Wenn es jemand so eilig hat, kann er dann nicht einen früheren Zug nehmen?" Diese Einstellung sollte sich auch der heutige Reisende bei einer Fahrt mit der Transsibirischen Eisenbahn zu eigen machen. Natürlich sind die modernen Züge weit schneller und pünktlicher als die vor fast 100 Jahren, dennoch sollte man kleinere

Unregelmäßigkeiten und Verspätungen nicht allzu ernst nehmen, sondern sich stattdessen ganz auf das Eintauchen in eine völlig andere Welt konzentrieren.

Bequemes Reisen heute

Die gesamte Strecke war ursprünglich eingleisig gebaut, bis 1938 hatte man sie weitgehend zweigleisig ausgebaut, doch die dazu nötigen Arbeiten wurde erst endgültig nach dem Zweiten Weltkrieg beendet. Später erfolgte auch die Elektrifizierung eines Großteils der Bahnlinie. All die Mühen und Strapazen, die mit dem Bau dieser gewaltigen Eisenbahnlinie verbunden waren, sind heute vergessen. Der heutige Reisende kann bequem seine in Moskau beginnende Fahrt in einem Zug genießen, dem trotz aller Modernität immer noch der Geruch des Abenteuerlichen anhaftet. Wenn der Zug in Moskau den Jaroslawler Bahnhof verlässt, nimmt der Reisende den Weg in Richtung Osten und er folgt damit auch auf den Spuren der Eroberung Sibiriens durch die Russen, die vor etwa 500 Jahren ihren Anfang nahm und mit dem Bau der Transsibirischen Eisenbahn ihren endgültigen Abschluss fand. Viele der fast 90 Städte entlang der Zugstrecke waren ursprünglich Festungen, die die neu gewonnenen Territorien zu sichern hatten. So auch das im Ural gelegene Tscheljabinsk, das sozusagen das „Tor nach Sibirien" bildet. Die nächste wichtige Station bildet Omsk, ebenfalls ein alter militärischer Stützpunkt und früherer Verbannungsort, an dem sich auch der berühmte Schriftsteller Fjodor Michailo-

Die Station „Baikal" Das in typisch russischem Stil gehaltenen Bahnhofsgebäude ist aus Holz.

Der Streckenverlauf der Transsibirischen Eisenbahn Die Bahnstrecke von Moskau an den Pazifischen Ozean bildet die Hauptverkehrsader Sibiriens.

Robuste Lok Die wuchtigen elektrischen Lokomotiven haben mit dem Abschluss der Elektrifizierung der Strecke im Jahr 2002 die Dampf- und Diesellokomotiven weitgehend ersetzt.

witsch Dostojewski gezwungenermaßen aufhielt. Omsk ist ein wichtiges kulturelles Zentrum und zu seinen Sehenswürdigkeiten gehört die erhaltene Altstadt, in deren Fassaden sich die Jahrhunderte russisch-sibirischer Geschichte spiegeln. Dann gelangt man zuerst nach Krasnojarsk, der dritt-

Tschita, Baikal Auf der historischen Fotografie aus dem Jahr 1909 sind noch deutlich die Spuren der kürzlich erst beendeten Arbeiten an der Strecke nahe Tschita zu erkennen.

Grenzschild Das Schild in der mongolischen Grenzstadt Suchbaatar markiert den Beginn des durch die Mongolei führenden Streckenabschnitts.

größten Stadt Sibiriens. Hier überquert die Bahn den mächtigen Jenissej und durch die unendlich scheinende sibirische Landschaft erreicht die Bahn die nahe des Baikalsees gelegene sibirische Stadt Irkutsk. Heute hat man es natürlich leichter als der Kurier Michael Strogoff, der sich in Jules Vernes weltberühmtem Roman „Der Kurier des Zaren" durch zahlreiche Gefahren und Horden wilder Tatarenkrieger durch ganz Sibirien bis nach Irkutsk durchkämpfen musste. Tatarenkrieger sucht man heute in Irkutsk vergeblich, dennoch merkt man nicht zuletzt an der Zusammensetzung der Bevölkerung, dass man sich in einer sibirischen Stadt befindet. Auch die Anfänge Irkutsks wurzeln in einer 1661 von Kosaken errichteten hölzernen Befestigungsanlage. Aufgrund der günstigen Lage entwickelte sich hier bald ein

bedeutender Handelsplatz, an dem die Reichtümer Sibiriens und exotische Waren aus China umgeschlagen und nach Russland transportiert wurden. Mit dem Anschluss an die Eisenbahnstrecke nahm die Bedeutung Irkutsks noch weiter zu. Ein weiterer bedeutender Halt befindet sich in dem erst 1858 an der Mündung des Ussuri in den Amur gelegenen, nach einem russischen Kaufmann des 17. Jh. benannten Chabarowsk. Von hier aus sind es noch etwa 700 km zum Endhaltepunkt in Wladiwostok. Der Name der 1860 gegründeten Stadt lautet übersetzt „Beherrsche den Osten" und spiegelt die Bedeutung wider, die man dieser Stadt als dem bedeutendsten Hafen im Fernen Osten und Hauptstützpunkt der russischen Pazifikflotte beimaß. Hier endet die Reise mit der Transsibirischen Eisenbahn, die bis heute nichts von ihrer Attraktivität eingebüßt hat. Dies zeigt sich auch in der wirtschaftlichen Rentabilität dieser Bahnlinie, die nach wie vor eines der wichtigsten Verkehrsmittel Russlands darstellt.

Markierungsstein in Wladiwostok
Er trägt die Inschrift „Hier endet die Große Transsibirische Eisenbahn." „Entfernung von Moskau 9288 km".

Die Shinkansen-Linien

Die Zeichenfolge Shinkansen benennt im Japanischen die Hochgeschwindigkeits-trassen zwischen den Großstädten: die Schlagadern des insularen Schienen-verkehrs (shin = neue, kan = Haupt-, sen = Linie). Erst mit der Zeit ging der Name dann auch auf das mit bis zu 300 km/h darüberrollende Schienenverkehrsmittel über – den Shinkansen eben.

◫ Der Zug kann als sicherstes Fahrzeug dieser Erde gelten – hat er doch bis auf den heutigen Tag nicht einen Unfall mit Todesfolge zu verbuchen. Nur ein einziges Mal, nämlich am 23. Oktober 2004 um 17.56 Uhr Ortszeit, kippte ein Shinkansen, genauer: der „Toki 325" nach Niigata aus den Schienen – bei einem Erdbeben der Stärke 6,8 auf der Richterskala. Doch selbst dabei blieben alle 155 Bordinsassen unversehrt. Das Erdbebenfrühwarnsystem der Maschine hatte eine automatische Schnellbremsung eingeleitet. Nur lag das Epizentrum hier einfach zu nah, um vorab einen vollständigen Halt des Zuges zu ermöglichen.

Shinkansen vor Fuji Japans schnellster Zug passiert Japans höchsten Berg.

Die Vorgeschichte

▢ Zu Beginn des japanischen Eisenbahnbaus in der Meiji-Periode (1868–1912) fiel eine folgenschwere Entscheidung: Da nämlich die gebirgige Insel eine kurvenreiche Streckenführung erzwang, wurden Schmalspur-, nicht Normalspurstrecken (Spurweite 1067 mm anstatt 1435 mm) angelegt, einfach, weil dies die situationsbedingt unproblematischere und kostengünstigere Lösung war. Damit aber war eine Vorgabe geschaffen worden, die – wie auf der Hand liegt – aus bahnbetrieblichen Gründen bei nachfolgenden Netzerweiterungen nicht so einfach wieder über Bord geworfen werden konnte. Also geschah dies auch nicht. Und somit hatte man: vergleichsweise schlankere Gleisanlagen – vergleichsweise kleinere Zugmaschinen – vergleichsweise geringere Antriebsleistungen – vergleichsweise niedrigere Höchstgeschwindigkeiten, was bedeutete: Im weltweiten Wettbewerb fuhren japanische Züge klar hinterher. So war in Deutschland z.B. bereits in den 1930er Jahren ein Bahnverkehr mit bis zu 160 km/h gang und gäbe, wohingegen in Japan noch bis in die 1950er Jahre hinein eine Höchstgeschwindigkeit von 100 km/h nicht überschritten werden konnte.

東北・山形・秋田新幹線				Tōhoku・Yamagata・Akita Shinkansen	
時刻 Time	列車名 Train	番号 Train No.	行先 Destination	番線 Track	記事 Remarks
14:20	やまびこ	211号	仙台	23番線	10両編成
14:40	やまびこ	57号	盛岡	23番線	10両編成
14:56	はやて・こまち	23号	八戸・秋田	22番線	16両編成
15:08	Max やまびこ・つばさ	121号	仙台・山形	21番線	15両編成

Bahnhof Tokio Anzeigetafel für den Shinkansen-Superexpress. Der Zug ist für seine Pünktlichkeit berühmt.

Die Shinkansen-Idee

▣ Waren sämtliche Bestrebungen, die Strecken vollumfänglich oder teilweise auf Normalweite umzuspuren, lange Jahre immer wieder an finanziellen und/oder betriebslogistischen Gründen gescheitert, so löste die Shinkansen-Idee von 1940 die vorhandenen Probleme auf ebenso einfache wie bestechende Weise. Wohlgemerkt: Die Idee zu einer rasanten Großstadtverbindung über eine separierte Normalspurstrecke bei gleichzeitigem Beibehalt der bestehenden Schmal-

spurstrecke für den Nah- und den Güterverkehr. Diese erste Shinkansen-Trasse sollte zur Entlastung der Tokaido-Linie zwischen Tokio und Osaka entstehen, die damals unter dem starken Verkehrsaufkommen zusammenzubrechen drohte. Nur mussten die Arbeiten daran aufgrund der Verwicklungen des Landes in den Zweiten Weltkrieg ab 1941 bald wieder eingestellt werden. So begnügte man sich vorerst damit, den fraglichen Streckenabschnitt mit Triebwagenzügen, die kurven- und steigungsreiche Verhältnisse idealstmöglich bewältigen, zu betreiben. Mit Hilfe dieser Technik erreichte

Tokio, Yurakucho Station Das Luxusviertel der Stadt, Ginza, liegt den Zugreisenden zu Füßen.

«

Japan Rail Pass Die kostengünstigste Art, das Land auf dem Bahnweg zu erkunden.

西 № 6558

JAPAN RAIL PASS

ORDINARY

Valid for unlimited travel on all lines of the
JAPAN RAILWAYS GROUP(JR)

旅客鉄道会社線全線（普通車用）

FIRST DATE
（有効開始日）

18 年 4 月 16 日
JAPAN YEAR MONTH DAY

---

der „Kodama-Express" zwischen Tokio und Osaka dann im Jahr 1959 auch Tempo 163 km/h – damals für Schmalspurzüge ein Geschwindigkeitsrekord. Doch es dauerte nicht lange und das Verkehrschaos war zurück.

Der Shinkansen-Bau

▣ So kam es, dass die alte Shinkansen-Idee erneut aufgegriffen wurde, bereichert nun um den Plan, zur Betriebsoptimierung gleich eine echte Hochgeschwindigkeitsbahn mitzuent-

wickeln. Dass dieses Vorhaben nun aber auch tatsächlich umgesetzt wurde, zu Zeiten als alle anderen Industrienationen der Erde auf den Ausbau des Flug- und des Autoverkehrs setzten, ist insbesondere den Herren Shima Hideo und Sogo Shinji zu verdanken – den „Vätern des Shinkansens". Unter Verwendung der bereits zum selben Zwecke geschaffenen Strukturen der 1940er Jahre begannen am 20. April 1959 die Bauarbeiten. Am 1. Mai 1961 gewährte der Staat dem Shinkansen-Projekt schließlich noch einen Kredit in Höhe von 80 Millionen Dollar mit der Auflage, es müsse

Die Tokaido-Shinkansen Die älteste Hochge-
schwindigkeitsbahnlinie der Welt im Überblick.

Blick in die Schaltzentrale Mensch und Maschine
in trauter Eintracht.

Osaka Brücken für
Eisenbahn und Kraft-
fahrzeuge über den
Yodo-Gawa-Fluss.
«

Abwechslungsreiche japanische Landschaft Ein Superexpress auf der Yamagata-Shinkansen zwischen blühenden Wiesen und kahlen Bergen.

jedenfalls pünktlich zu den Olympischen Sommerspielen in Tokio 1964 abgeschlossen sein. Die Auflage wurde erfüllt: Am 1. Oktober des fraglichen Jahres ging eine 515,4 km lange Shinkansen-Linie zwischen Tokio und Osaka mit einem Shinkansen der Baureihe 0 in Betrieb. Die erste Hochgeschwindigkeitsbahn der Welt war geschaffen worden.

Der Shinkansen-Betrieb

▣ Hatte der seit 1958 auf der Schmalspurstrecke betriebene Eilzug von Tokio und Osaka noch insgesamt sechseinhalb Stunden benötigt, so drückte der Shinkansen-Superexpress „Hikari" die Fahrzeit zwischen den Ballungszentren nun um

mehr als ein Drittel auf vier Stunden. Da Hochgeschwindigkeitsfahrten im Regelverkehr jedoch ein völlig neues Terrain darstellten, ließ man die Züge im ersten Betriebsjahr mit nur maximal 200 anstelle der möglichen 210 km/h laufen. So konnte ab 1. Oktober 1965 die Fahrzeit dann noch einmal um eine weitere halbe Stunde verkürzt werden. Alle 30 Minuten gingen von beiden Streckenenden solche, mit jeweils zwölf Waggons bestückten Shinkansen ab. Und: Sowie sich das Angebot verbessert hatte, erhöhte sich auch noch einmal sprunghaft die Nachfrage, nicht nur – wie ursprünglich angenommen – im Geschäfts-, sondern auch im Privatreiseverkehr. Seit Eröffnung der Weltausstellung in Osaka 1970 konnte das Verkehrsaufkommen schließlich nur

Altes Japan in neuem Gewand Die 1583 fertiggestellte, diverse Male zerstörte Burg Osaka nach ihrem
Wiederaufbau 1997. Osaka wird vom Shinkansen angefahren.

Ein Superexpress auf der Nagano-Shinkansen
Das aerodynamische Zugdesign wirkt dem
im Hochgeschwindigkeitsverkehr drohenden
Tunnelknall entgegen. »

der verantwortliche Pilot dies schriftlich zu begründen.
Doch dazu kommt es kaum. Shinkansen sind für ihre
Pünktlichkeit berühmt: Auf ihren mittlerweile rund
3000 km quer durch ganz Japan führenden Trassen verspäten
sich alle Züge zusammen pro Tag weniger als fünf Minuten.
Der volkswirtschaftliche Gesamtnutzen des Systems
geht in die Milliarden. Kein Wunder, dass sich nach und
nach auch andere Nationen – Frankreich, Deutschland, Italien –
veranlasst sahen, eigene Pläne zur Modernisierung
ihrer Schienenverkehrsmittel zu fassen und/oder zu verwirklichen.
Die Ergebnisse sind bekannt: Sie lauten „TGV", „ICE"
und „Pendolino".

noch mit 16 Waggon langen Zügen bewältigt werden: 1976
waren bereits eine Milliarde Passagiere auf der Tokaido-
Shinkansen befördert worden. Der heutige Superexpress
„Nozomi" bewältigt die Strecke Tokio–Osaka mit durchschnittlich 206 km/h in nur 2 Stunden und 30 Minuten.

Das Shinkansen-Prinzip

Es sind auch weniger die hohen Spitzengeschwindigkeiten
als vielmehr die sagenhaft hohen Durchschnittsgeschwindig-
keiten, die den Shinkansen-Erfolg ausmachen. Grundlagen
hierfür sind: ein möglichst geradliniger Streckenverlauf ohne
Übergänge, erkauft durch die Anlage zahlloser Brücken und
Tunnels, sowie eine möglichst geringe Zahl an Zwischen-
stopps, erkauft durch die Komplettabspaltung des Nah- und
des Güterverkehrs. Hinzu kommt eine gegenüber herkömm-
lichen Zugtechnologien veränderte Antriebsmaschinerie:
Shinkansen besitzen nämlich keine separaten Triebköpfe,
sondern Antriebswagen, die sich über den ganzen Zug ver-
teilen. Der Ausfall einer solchen Einheit bleibt somit nahezu
konsequenzfrei für den Zugbetrieb. Wirklich entscheidend
aber ist, dass dieses System sich durch ein optimales
Beschleunigungs- und Bremsverhalten auszeichnet, was insbesondere kurven- und hügelreiche Strecken schnellstmög-
lich zu befahren hilft. So fällt es leicht, die Zielvorgaben ein-
zuhalten. Fährt trotz alledem ein Zug dem Fahrplan hinterher, und sei es auch nur um lächerliche 15 Sekunden, so hat

Erdbeben-gefahr

Naturkatastrophen als Teil des Lebens zu
begreifen, hat die Bevölkerung Japans über
Jahrhunderte gelernt. Denn der Inselstaat im
Reibungsfeld von vier tektonischen Platten
gehört zu den erdbebenreichsten der Welt.
Kurzfristige Vorhersagen von Erschütterungen
sind mittlerweile immerhin möglich, denn tief in
der Erde vergrabene Beschleunigungsmesser
geben ihre Erkenntnisse schneller an Zentral-
computer weiter, als sich die Schwingungen
selbst ausbreiten können. So erhält man
wenigstens Sekunden, um z. B. Kraftwerke still-
zulegen, Gasleitungen abzusperren oder Shinkansen notzubremsen. Seit Einführung des Systems vor 20 Jahren geschah dies über 100-mal.

TECHNIK

Die Bagdadbahn

Planung und Bau der als Bagdadbahn bezeichneten Eisenbahnstrecke gehörten zu den ehrgeizigsten Bahnbauprojekten des beginnenden 20. Jh. Der Erste Weltkrieg und seine Folgen verhinderten die endgültige Fertigstellung der Strecke und als dies erst schließlich 1940 gelang, näherte sich das goldene Zeitalter der Zugreisen bereits seinem Ende.

Historische Dampflok Vor dem Haidarpascha-Bahnhof in Istanbul.

»

Istanbul, Hauptbahnhof Von hier bringen Züge die Reisenden nach Konya, um in die Bagdadbahn umzusteigen.

Konzession zum Bau der Bagdadbahn In französischer (lateinische Schrift) und türkischer Sprache (arabische Schrift).

☐ Wenn die von Istanbul kommenden Züge das im Herzen Anatoliens gelegene Konya erreichen, befindet sich der Reisende am Anfangspunkt einer der legendärsten Bahnlinien der Eisenbahngeschichte – der Bagdadbahn. Allein die Bezeichnung lässt Träume von 1001 Nacht und der Magie des Orients wach werden. Die heutige Realität sieht allerdings etwas anders aus, nicht zuletzt deshalb, da die bis nach Bagdad führende Strecke ab der irakischen Grenze nach wie vor gesperrt ist. Doch als die 1600 km lange, von Konya nach Bagdad führende Gesamtstrecke noch befahrbar war, erschloss sich dem Reisenden auf relativ schnelle und bequeme Art die Welt des Orients, die man vorher nur durch beschwerliche Reisen auf Pferde- und Kamelrücken bzw. später mit dem Auto auf oftmals unvollkommenen Straßen und Pisten erkunden konnte. Wegen dieser verkehrstechnisch ungünstigen Verhältnisse

im damaligen Osmanischen Reich entstand die Idee einer Bahnlinie, die Konstantinopel mit Bagdad verbinden sollte.

Unter deutscher Beteiligung gebaut

Bis 1896 war das türkische Schienennetz unter deutscher Beteiligung bereits bis Konya ausgebaut worden. Der Blick richtete sich aber aus wirtschaftlichen und strategischen Gründen bald weiter in Richtung des weit entfernten Bagdad. Durch die Rivalität mit den beiden großen Kolonial-

mächten Großbritannien und Frankreich versuchte Deutschland seinen politischen Einfluss im Osmanischen Reich und damit im gesamten Nahen Osten auszudehnen. Eines der Mittel dazu stellte eine Bahnverbindung dar, die bis nach Bagdad und von dort aus zum Persischen Golf reichen sollte, um dieses Gebiet einerseits wirtschaftlich für die deutsche Industrie erschließen zu können, aber auch um andererseits rasch Truppen und militärisches Material in die weit enfernten Gebiete am strategisch wichtigen Persischen Golf verlegen zu können. Kaiser Wilhelm II. nahm an dem

Bauabschnitt Die gesamte Strecke der Bagdadbahn wurde unter zum Teil schwierigsten Bedingungen durch den Einsatz zahlreicher Arbeitskräfte angelegt. »

Konya Die anatolische Stadt Konya bildet den Ausgangspunkt der Bagdadbahn. In Konya finden sich seltene Bauzeugnisse aus der Anfangsphase der türkischen Eroberung Kleinasiens. «

geplanten Bahnprojekt persönlich großen Anteil und 1899 wurde unter Beteiligung der Deutschen Bank eine Vorausvereinbarung mit dem Osmanischen Reich getroffen, die 1903 in einen endgültigen Vertrag mündete. Die benötigten Schienen lieferten die Krupp-Werke und die Lokomotiven wurden unter anderem von Henschel, Borsig und Maffei gebaut, damit stellte der Bahnbau für Teile der deutschen Industrie ein gutes Geschäft dar. Im Windschatten der damaligen britisch-russischen Rivalität in Zentralasien hoffte man, „dass wir bald mit einer Verbeugung vor dem britischen Löwen, bald mit einem Knicks vor dem russischen Bären unsere Bahn bis Kuwait am Persischen Golf hindurchschlängeln", wie der deutsche Unterstaatssekretär von Mühlberg schrieb. Die ersten Geländeprospektionen waren von deutschen Ingenieuren bereits ab 1899 durchgeführt worden, doch die weiten Entfernungen in diesen kaum erschlossenen Gebieten und geografische Hindernisse stellten die Erbauer der Bahn vor schwer zu überwindende Hindernisse. Allein die Streckenführung durch das Taurusge-

Eröffnung Stolz auf das geleistete Werk präsentieren sich deutsche Ingenieure bei der offiziellen Eröffnung der Bagdadbahn. Die endgültige Fertigstellung der Strecke erfolgte jedoch erst viele Jahre später; dieses Ereignis blieb von der Welt praktisch unbeachtet. »

Camp Ingenieure und Arbeiter lebten während der Bauarbeiten unter einfachsten Bedingungen in solchen Zeltlagern. »

Moderne Stahlkonstruktion Die über den Euphrat führende Brücke versinnbildlicht das neue Zeitalter, das im Orient mit dem Bau der Bahn Einzug hielt.
«

birge erwies sich als ein äußerst aufwändiges Unternehmen, die Gleisführung erfolgte bis auf eine Höhe von 1478 m, dazu mussten zahlreiche Tunnel in den Fels getrieben werden. Südlich des Taurus vermied man es, die Strecke entlang der Küste in Richtung Aleppo zu verlegen, um sie nicht der Gefahr eines möglichen Artilleriebeschusses von See her auszusetzen. Daher wurde das an der Küste gelegene Iskenderun (Alexandrette) nur durch eine Stichbahn mit der Hauptlinie verbunden. Diese führte über das Amanusgebirge in Richtung Aleppo, wobei zur Überwindung des Amanus ein 8 km langer Tunnel gegraben werden musste. Trotz der etwa 35 000 Arbeiter die unter schwierigsten und gefährlichsten Bedingungen beim Streckenbau beschäftigt waren, fehlten bis zum Jahr 1914 an der Strecke Konya–Bagdad noch mehr als 700 km. Der berühmte deutsche Ingenieur Heinrich August Meißner, der auch als „Meißner Pascha" bekannt ist, übernahm ab 1909 die Leitung der Bauabteilung Bagdad und hoffte von dort aus in drei Jahren Mossul und Aleppo in vier Jahren zu erreichen, doch diese Prognose erwies sich als viel zu optimistisch.

▣ Als Türken und Deutsche während des Ersten Weltkriegs die Bagdadbahn zur Verschiebung und Versorgung von Truppen nutzten, waren die Verbindungen längst nicht fertiggestellt, doch für einen zügigen Ausbau in großem Stil fehlte es an Arbeitern, Material und der nötigen Bereitschaft.

Agatha Christie Die weltberühmte Kriminalschriftstellerin nutzte auf ihren Orientreisen auch die Bagdadbahn. Neben ihr steht ihr Ehemann, der Archäologe Max Mallowan.

Mossul Die Stadt am Tigris ist die erste wichtige Station der Bagdadbahn auf irakischem Staatsgebiet. »

Durch beeindruckende Landschaften

◼ Die Strecke durch den Taurus war erst 1918 voll befahrbar, vorher musste man bei den noch nicht fertiggestellten Streckenabschnitten auf Kamele oder Autos umsteigen - später behalf man sich zunächst mit Feldbahnen, die über eine Spurbreite von 60 cm verfügten. Noch 1930 war es für die Reisenden nötig, an der türkisch-syrischen Grenze den Zug in Nusaybin zu verlassen, um in den Autobus umzusteigen. Dieser brachte sie über Mossul nach Kirkuk, wo man erneut den von da an durchgehend nach Bagdad führenden Zug

besteigen konnte. Auch die weltberühmte Autorin Agatha Christie begleitete ihren Mann, den Archäologen Max Mallowan, des Öfteren auf seinen Orientreisen und benutzte dabei auch die Bagdadbahn. Viele ihrer dabei gewonnenen Reiseeindrücke ließ sie dann auch in ihre Romane einfließen. Einen besonderen Eindruck hinterließ bei ihr die Fahrt durch die Kilikische Pforte, zu der auch der hier vorgenommene Halt gehörte, von dem sie schrieb: „Es war ein Augenblick erhabener Schönheit und ich habe ihn nie vergessen … Langsam versank die Sonne hinter den Bergen und ich war glücklich, dass ich gekommen war – von Dankbarkeit und Entzücken erfüllt. Ich bestig wieder den Zug … und wir begannen die lange Fahrt durch die Schlucht, bis wir unten am Fluss die Ebene erreichten." Ähnliche Gefühle finden sich bereits in den Erlebnisschilderungen deutscher Soldaten, die während des Ersten Weltkriegs an der Orientfront dienten. Auch sie schwärmten von den landschaftlichen Schönheiten und der historischen Bedeutung der Kilikischen Pforte, die längst vor ihnen von zahlreichen Heeren, angefangen von Alexander dem Großen bis hin zu den Kreuzfahrern, durchquert worden war.

Fahrkarte der Bagdadbahn Mit kunstvoller arabischer Beschriftung.

Vorbei an archäo-logischen Stätten

▣ Agatha Christie wählte allerdings bei ihren ersten Reisen – dann von Damaskus aus – die Überlandroute mit dem Autobus nach Bagdad. Erst 1940 wurde schließlich die noch offenstehende Verbindung im türkisch-syrisch-irakischen Grenzgebiet geschlossen, doch dieses Ereignis blieb damals weitgehend unbemerkt, da die Welt damals andere, weit größere Sorgen hatte. Die gesamte Strecke der Bagdadbahn führt von Anfang bis zum Ende durch die historisch mit am bedeutsamsten Regionen der gesamten Welt. Hier ist praktisch an jedem Ort die 10 000-jährige Geschichte des Orients direkt fühl- und erfahrbar. Hier wurde der Mensch zum ersten Mal vom Jäger und Sammler zum Ackerbauern, an den Ufern des

Euphrat und Tigris entstanden die Großreiche der Assyrer und Babylonier, auf den alten Verbindungswegen, denen die Strecke folgt, marschierten bereits die Heere Alexanders des Großen und die nicht minder berühmten „Zehntausend" des Xenophon und einst erhob sich am Tigris auch das prachtvolle Bagdad der Kalifen. Obwohl heute viel vom alten Glanz des Orients erloschen ist und die Zeit der großen Reisen der Vergangenheit angehört, lassen sich entlang der Bagdadbahn noch zahlreiche Zeugnisse einer ruhmreichen Vergangenheit entdecken. Von der alten Seldschukenhauptstadt Konya mit ihren seltenen, aus den Anfängen der türkischen Herrschaft über Kleinasien stammenden und kunsthistorisch wertvollen Moscheen und Medresen führt die Bahn in Richtung des majestätischen Taurusgebirges, das durch Tunnel und Viadukte durchquert wird. Von der Kilikischen Pforte aus erreicht man das in der fruchtbaren Kilikischen Ebene gelegene Adana. Obwohl im

Die Bagdadbahn Die Bahnlinie verbindet Konya im Herzen Anatoliens mit Bagdad.

Bahnhof von Homs, Syrien Die neue Eisenbahn erleichterte im Orient auch das Reisen der einheimischen Bevölkerung erheblich. «

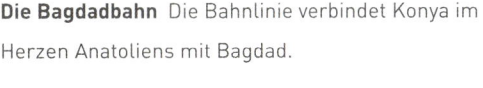

Aleppo Die Stadt mit der mittelalterlichen Zitadelle ist eine bedeutende Haltestelle auf dem Weg nach Bagdad und gleichzeitig Anknüpfungspunkt zur Hedschasbahn. »

Baustil einiger der größeren Bahnhöfe der Bagdadbahn wie z. B. dem Bahnhofsgebäude von Adana, durchaus auch türkisch-orientalische Stilelemente zu erkennen sind, so ist vor allem bei den Gebäuden der kleineren Bahnhöfe das deutsche Vorbild unverkennbar. Nachdem man das Amanusgebirge passiert hat, gelangt man in die syrische Ebene, wo die uralte Handelsstadt Aleppo mit ihren Moscheen und der die gesamte Stadt überragenden mächtigen Zitadelle die nächste wichtige Station bildet. Nordwestlich von Aleppo nahe der Stelle, an der die Bahn den Euphrat überquert, liegt eine der berühmtesten Ausgrabungsstätten der altorientalischen Archäologie. Dort befindet sich auf syrischem Gebiet, nicht weit entfernt von der Streckenführung der Bagdadbahn, der direkt an der heutigen syrisch-türkischen Grenze gelegene Ruinenhügel der altorientalischen Stadt Karkemisch. Diesem Fundort kommt nicht nur vom archäologischen Standpunkt große Bedeutung zu. Hier arbeitete zwischen 1911 und 1914 auch T. E. Lawrence, der später als „Lawrence von Arabien"

weltberühmt werden sollte. Dabei ist vor allem die Tatsache interessant, dass der Grabungsort nicht zufällig ausgewählt wurde, sondern das ganze Unternehmen auch der Tarnung von britischen Geheimdienstaktivitäten diente, deren Ziel die Auskundschaftung der Bagdadbahn sowie der damit zusammenhängenden deutschen Aktivitäten in diesem Gebiet bildete. Und eben dabei spielten T. E. Lawrence und der Ausgrabungsleiter David Hogarth, als Gegenspieler von Meißner Pascha sozusagen, eine nicht ganz unwichtige Rolle. Bezeichnenderweise war später während des Ersten Weltkriegs auch ein weiteres Mitglied des Grabungsteams an der Entzifferung kodierter deutsch-türkischer Nachrichten beteiligt. Vom Euphrat an durchquert die Bahn die weiten Ebenen des nordmesopotamischen Raumes bis mit dem im Irak gelegenen Mossul am Tigris die nächste wichtige Station erreicht wird. Die alte Festungsstadt bildet eines der wichtigsten Zentren des nördlichen Irak. Auf der gegenüberliegenden Seite des Tigris liegen die Ruinenhügel der assyrischen Hauptstadt Ninive, die von dem britischen Archäologen Max Mallowan, dem Ehemann von Agatha Christie, erforscht wurden. Von da an folgt die Bahn dem Lauf des Tigris in Richtung Süden, vorbei an den Überresten von Assur, der zweiten assyrischen Hauptstadt. Gut 50 km vor Samarra bildet die Stadt Tikrit eine nennenswerte Station. Zum einen stellte sie früher ein wichtiges Zentrum der orientalischen Christen dar und zum anderen ist sie der Geburtsort des berühmten Sultans Saladin, der 1187 Jerusalem den Christen entriss. Mit Samarra erreicht die Bagdadbahn eine der bedeutendsten Städte des

Bagdad Vom alten Bagdad hat sich wenig erhalten. Dennoch ist der Name der Stadt immer noch mit Vorstellungen vom Glanz der Kalifenzeit verbunden.

Borsig-Lokomotive Modelle wie dieses um 1900
mit der Aufschrift „Bagdad" bildeten einen Teil des
Lokomotivbestands der Bagdadbahn.

Irak. Hier befinden sich die Ruinen der aus dem 9. Jh. stammenden Residenz der Kalifen aus der Abbasidendynastie sowie das spiralförmig errichtete Minarett der Großen Moschee, das durch seine ungewöhnliche Form die Tradition der alten mesopotamischen Stufentempel fortsetzt.

◘ Mit der Einfahrt des Zuges nach Bagdad hat der Reisende schließlich sein Ziel erreicht. Obwohl der Name der Stadt vor allem heute mit den unglücklichen Ereignissen der jüngsten Gegenwart in Verbindung gebracht wird, so ist der Glanz der alten Kalifenstadt ohnehin seit langem verschwunden, was selbst schon von den frühen Reisenden des 19. Jh. negativ vermerkt wurde. Auch bei Reisenden, die in den noch abenteuerlichen Zeiten der 1920er und 1930er Jahre mit der Bahn schließlich das „goldene" Bagdad erreichten, dürfte sich schnell Ernüchterung breitgemacht haben. Allerdings verfügte die damalige Altstadt mit ihrem engen Gassengewirr und dem pulsierenden Basar noch über das typisch orientalische Flair. Die zahlreichen Zerstörungen, denen Bagdad im Lauf der Geschichte ausgesetzt war, haben ihre Spuren hinterlassen, von der Vergänglichkeit der Macht künden nicht zuletzt die Ruinen des sogenannten „Abbasidenpalasts". Zur Zeit der britischen Herrschaft wurde von Bagdad aus im Jahr 1920 eine Meterspurstrecke (die Spurbreite der Bagdadbahn betrug 1435 mm) nach Basra gebaut. Damit war die in den Märchen aus 1001 Nacht berühmte Stadt Sindbad des Seefahrers schließlich zusammen mit dem Persischen Golf an die den gesamten Orient durchziehende Schienenstrecke angebunden.

Meißner Pascha

Ein deutscher Eisenbahningenieur im Orient
Der 1862 in Leipzig geborene Ingenieur Heinrich August Meißner machte sich wie kein anderer um das türkische Eisenbahnwesen verdient. Bereits ab 1887 war er im türkischen Eisenbahnwesen tätig und wurde 1896 zum wissenschaftlichen Leiter für Eisenbahnbauwesen in Konstantinopel ernannt. 1900 übertrug man ihm das Amt des leitenden Ingenieurs für den Bau der Hedschasbahn. Nach deren Fertigstellung trat Meißner 1909 in die Anatolische Bahnbaugesellschaft ein, die den Bau der Bagdadbahn durchführte. Während des Ersten Weltkrieges wurde Meißner zum Bauleiter der syrisch-ägyptischen Bahn, einer Nebenlinie der Hedschasbahn, die bis 1916 die ägyptische Grenze erreichte.

BIOGRAFIE

159

Die Hedschasbahn

Die als Pilgerbahn zu den heiligen Städten Arabiens geplante Bahnstrecke zwischen Damaskus und Medina wurde vor allem durch die von Lawrence von Arabien während des Ersten Weltkriegs auf sie durchgeführten Guerillaangriffe berühmt.

Sultan Abdul Hamid II. Herrscher des Osmanischen Reiches und Initiator der Hedschasbahn.

Ebenso wie die Bagdadbahn wurde auch die Hedschasbahn vom schnellen Lauf der Geschichte und dem ebenso rasanten technischen Fortschritt überholt und heute erinnern nur noch weitgehend unbefahrene Schienenstrecken sowie halb zerstörte, vor sich hin rostende Lokomotiven an die kurze Phase während der der Hedschasbahn vor allem eine wichtige politisch-militärische Bedeutung zukam. Im Jahr 1900 nahm sich der türkische Sultan Abdul Hamid II. persönlich des Projekts einer Eisenbahnverbindung zwischen

Damaskus und den beiden heiligen Städten des Islam, Medina und Mekka, an. Nach außen hin hob man vor allem die Bedeutung der Bahn als neues, schnelles Verkehrsmittel für Mekkapilger hervor.

Fromme und strategische Absichten

▣ Man rief den gesamten Bau der Hedschasbahn als eigenständiges türkisch-islamisches Vorhaben ins Leben, das durch Steuermittel und Spenden aus der gesamten islamischen Welt finanziert wurde. Tatsächlich folgte die geplante Strecke der alten Karawanen- und Pilgerroute, die von Damaskus aus über Dara, Amman und Maan nach Medina und Mekka führte. Jedoch spielten auch politisch-militärische Überlegungen eine Rolle, denn die Bahn ermöglichte schnelle Truppenbewegungen in das von unruhigen Beduinenstämmen besiedelte Arabien und konnte dort zusätzlich einen wirtschaftlichen Aufschwung bewirken. Der für die Durch-

Omaijadenmoschee in Damaskus Ab 706 von Kalif Walid I. über einer abgetragenen Kirche errichtet, die sich selbst wiederum auf einem römischen Jupitertempel erhob.

Auf dem Abstellgleis Außer Betrieb gestellte Lokomotiven der Hedschasbahn.

Staatswappen von Syrien Die Plakette mit arabischer Inschrift befindet sich auf dem Kessel der historischen Lokomotive (rechts).

Wadi Rum Die malerische Kulisse des Wadi Rum, durch das die Strecke der Hedschasbahn führt.

«

Historische Lokomotive Auf dem Hedschasbahnhof in Damaskus.

führung dieses schwierigen Projekts vorgesehene Mann war der deutsche Ingenieur Heinrich August Meißner, der seine Aufgabe auch mit Bravour löste und dafür vom Sultan in den Rang eines Paschas erhoben wurde. Die Schwierigkeiten, denen sich Meißner anfänglich gegenübersah, waren gewaltig: Die geplante Strecke sollte über eine Länge von 1700 km verlaufen und führte zu einem Großteil durch Wüsten und wasserlose Gebiete. Trotz aller negativen Vorhersagen ging der Bau der Bahn erstaunlich zügig voran, weder Hitze, Wassermangel noch aufständische Beduinen konnten das ehrgeizige Vorhaben bremsen. Auch nachdem die Bahn fertiggestellt war, sahen sich Reparaturtrupps nach wie vor den Angriffen von Beduinen ausgesetzt, wie ein zeitgenössischer Beobachter schrieb: „Zur Arbeit begeben sie sich in Trupps von zwanzig bis fünfzig Mann, selbstverständlich alle bewaffnet …" Eine zusätzliche Sicherung gegen Angriffe bildeten die in der Wüste festungsartig ausgebauten Bahnstationen.

▫ Das Osmanische Reich stellte 9500 Soldaten als Arbeitskräfte zur Verfügung, die Infanteristen verrichteten die Erdarbeiten, spezielle Eisenbahntruppen verlegten die Schienen und die Pioniere waren für den Bau der Telegrafenleitung zustän-

Die Akaba-Krise

Das Osmanische Reich plante eine Zweiglinie der Hedschasbahn, die von Maan zum Hafen von Akaba am Roten Meer verlaufen sollte. Damit hätte es über einen eigenen, direkten Zugang zum Roten Meer verfügt und den britisch beherrschten Sueskanal umgehen können. Großbritannien fürchtete um seine strategische Position in diesem Raum und erhob 1906 scharfen Protest. Dieser war von einer Machtdemonstration britischer Kriegsschiffe vor Konstantinopel begleitet. Das Osmanische Reich beugte sich schließlich dem gestellten Ultimatum und die Bahnline wurde nicht verwirklicht. Erst 1975 wurde die etwa 60 km südlich von Maan gelegene Zweigbahn Richtung Akaba in Betrieb genommen.

Zerstört und geplündert Ein ähnliches Bild boten die von den arabischen Beduinen während des Ersten Weltkriegs zerstörten Züge.

Flagge Jordaniens
Durch dessen Staatsgebiet
verläuft die Hedschasbahn.

dig. Ausländische Zivilarbeiter errichteten Brücken und Stationsgebäude. Meißner hatte sich aus finanziellen und bautechnischen Überlegungen für eine Spurbreite von 1050 mm entschieden, obwohl die der Bagdadbahn 1435 mm betrug. Bereits 1904 war die Strecke Damaskus–Maan fertiggestellt und bis 1908 war die eingleisige Hedschasbahn bis Medina befahrbar. An der Hauptstrecke waren 1532 Brücken und Durchlässe errichtet worden und über diese rollten im Jahr 1913 fast 100 Lokomotiven und 103 Passagierwagen, die 230 000 Fahrgäste beförderten. Während auf der Strecke Damaskus–Maan–Medina normalerweise wöchentlich nur drei Personenzüge in jeder Richtung verkehrten, so fuhren während der Pilgersaison täglich drei bis fünf Züge mit durchschnittlich 20 km/h von Damaskus aus in Richtung Medina. Eine Nebenlinie führte von Dara in die Hafenstadt Haifa, wodurch ein Zugang zum Mittelmeer erschlossen wurde. Für diese nur 161 km lange Strecke benötigte man 443 Brücken und Durchlässe, sechs Viadukte und acht Tunnels. Die geplante Verbindung Maan–Akaba kam wegen heftiger britischer Proteste nicht zustande.

Unruhiges Terrain

▣ Einige der entlang der Hedschasbahn eingesetzten Lokomotiven kamen zunächst aus Belgien, sie erwiesen sich aber als nicht tauglich und wurden durch deutsche Loks ersetzt, die unter anderem von Krauss, Henschel und Jung geliefert wurden; die Personenwagen stammten von der Maschinenbauanstalt Nürnberg, während die Güterwagen von belgischen Werken hergestellt wurden. In den Jahren des Ersten Weltkriegs ging man mangels Kohle zur Holzfeuerung über, welche – wegen des gewaltigen Bedarfs von 150 000 t jährlich – der gesamte Baumbestand, auch die wertvollen Olivenbäume, entlang der Hedschasbahn zum Opfer fiel. Aus Mangel an Schmiermaterial ging man

zur Verwendung von Oliven-, Sesam- und Rizinusöl über, was einen erheblichen Verschleiß bei den Lokomotiven zur Folge hatte. Die Hedschasbahn sollte jedoch ihr geplantes Ziel Mekka nie erreichen, sie endete bereits in Medina und ist damit etwa um 400 km kürzer als ursprünglich vorgesehen. Während des Ersten Weltkriegs stellte vor allem der durch Arabien führende südliche Streckenabschnitt ab 1917 das Ziel der aufständischen Beduinen dar. Angeführt vom berühmten „Lawrence von Arabien" verübten die Araber immer wieder Anschläge auf die Züge und Gleisanlagen, etwa indem sie Brücken sprengten und die Wagen plünderten.

▫ Die politischen Umstände nach dem Ersten Weltkrieg und die kriegsbedingte Zerstörung der Bahnlinie ab Maan in Richtung Süden verhinderten eine vollständige und dauerhafte Wiederinbetriebnahme des Zugverkehrs. Lediglich die Hauptstrecke Damaskus–Dara–Amman wurde bis in die jüngste Gegenwart regelmäßig befahren, doch stellen auch hier wie überall in der Welt Auto und Flugzeug eine ernsthafte Konkurrenz für die Bahn dar. Dies gilt insbesondere für die Hedschasbahn, deren länderübergreifende Schienenstrecke sich über Staaten ausdehnt, deren politische Beziehungen von Spannungen geprägt sind. Damit ist das Schicksal der Hedschasbahn mehr als ungewiss und es ist gut möglich, dass in Zukunft nur noch wenige, auch touristisch interessante Teilstrecken befahren werden.

Die Hedschasbahn Die Strecke zwischen Damaskus und Medina wurde ursprünglich als Pilgerbahn geplant.

Geländehindernisse überwinden Dieser Viadukt fügt sich nahtlos in die arabische Wüstenlandschaft ein.

Der Deccan Odyssey

Obwohl noch nicht lange unterwegs, hat sich der indische „Deccan Odyssey" unter Eisenbahnbegeisterten zu einer Topadresse gemausert. Jede Tour des blauen Luxuszugs dauert eine Woche und führt die Passagiere zu Sehenswürdigkeiten und Attraktionen im Südwesten Indiens. Start- und Endpunkt der Rundreise ist einer der größten Bahnhöfe der Welt.

Buntes Treiben am Bahnsteig Eine Folkloregruppe begrüßt den Deccan Odyssey.

▣ Indien ist ein Land der Gegensätze. Das gilt auch für seine Eisenbahnen. Auf vielen Strecken dümpeln noch vorsintflutlich anmutende Züge durch die Gegend. Dann wieder gibt es eine Reihe von Zügen im Repertoire des Marktführers „Indian Railways", die sich in Sachen Tempo und Komfort durchaus sehen lassen können. Und dann gibt es noch ein Luxusgeschöpf, das den Vergleich mit den komfortabelsten Zügen der Welt nicht zu scheuen braucht. Indien ist eben auch ein Hightechland, und das Aushängeschild der Eisenbahnen ist, neben den prachtvollen Schienenflaggschiffen „Palace on Wheels" und „Heritage on Wheels", der „Deccan Odyssey". Der Name dieses jüngsten Produkts anspruchsvollen Eisenbahnbaus in Indien verrät schon ein wenig, was es mit diesem Wunderzug auf sich hat. „Deccan" ist der einheimische Name für eine Hochebene, die den größten Teil des mittleren und südlichen Indien einnimmt. „Odyssey" ist eine Anleihe bei Odysseus, dem berühmten griechischen Helden der Antike, der vom Schicksal dazu ausersehen war, nach dem Trojanischen Krieg mit dem Schiff zehn Jahre lang auf dem Meer herumzuirren, bevor er wieder in die Heimat zurückkehren durfte.

▣ Eine Irrfahrt müssen die Fahrgäste der „Deccan Odyssey" nicht befürchten. Die Tour ist genau geplant und bestens organisiert. Zwischen Oktober und April macht sich das rollende Luxushotel jeden Mittwoch für acht Tage auf eine Reise in den Bundesstaat Maharashtra im Westen des indischen Subkontinents – mit einem Abstecher nach Süden in den Bundesstaat Goa.

Herzlich willkommen In den Abteilen erwartet die Gäste ein Willkommenstrunk. ❯❯

दि डेक्कन ओडिसी
THE DECCAN ODYSSEY

Zugschild Der Luxuszug leistet sich ein schlichtes Schriftlogo.

A
R
A
B
I
S
C
H
E
S

M
E
E
R

Jalgaon

Purna

Ajanta-Höhlen

Ajanta

Satmala Hills

Manmad

A j a n t a
R a n g e

Nasik

Godavari

Ellora-Höhlen

▲ 1646

Aurangabad

M a h a r a s h t r a

Ahmadnagar

Mumbai

Elephanta-Höhlen

Pune

Bhima

Sina

Daund

W
e
s
t
e

I N D I E N

▲ 1038

Bhoke

Ratnagiri

Miraj

Rajapur

Kolhapur

Mahalakshmi
Tempel

K a r n a t a k a
P l a t e a u

Krishna

Malvan

G

Savantvadi

Belgaum

Malprabha

Alt-Goa

K a r n a t a k a

N

Goa

a
t
s

20 km

www.kartographie.de

Bahnhofsschild
Das Schild weist auf
die Station Karmali
im Bundesstaat Goa
hin.

करमली

करमली

KARMALI

Exquisiter Speisewagen Während die
exotische indische Landschaft vorüber-
zieht, werden die Reisenden mit kulinarischen Köstlichkeiten verwöhnt.

Der Deccan Odyssey Die Tour des Luxuszuges
dauert eine Woche und führt die Passagiere zu den
Sehenswürdigkeiten Südindiens.

Der blaue Zug

Unverwechselbares Markenzeichen des Deccan Odyssee ist die tiefblaue Farbe.

Antiquierter Luxus mit Hightech

- Die betreibende Gesellschaft, die Maharashtra Tourism Development Corporation, wirbt für den Zug mit einem Angebot, das sich vor allem an eine zahlungskräftige Kundschaft wendet. Für eine Standarddoppelkabine muss pro Person der stolze Preis von 2250 Euro berappt werden.

Alleinreisende zahlten in der Einzelkabine 3120 Euro. Vergleichsweise günstig ist da die Dreibettkabine mit 1850 Euro pro Person. Bei der Ausstattung der Kabinen wurden keine Kosten und Mühen gescheut. Dusche und WC, Einbauschrank, Telefon und Musikanlage sind selbstverständlich. Die Krönung unter den 21 Wagen des Luxuszugs sind die Präsidentensuiten. Für 4050 Euro pro Person in der Doppelsuite und 5490 Euro in der Einzelsuite dürfen sich Reisende hier wie Präsidenten fühlen: Schlafzimmer, Wohnzimmer und zwei Badezimmer sollten ausreichen, um den Gästen ein Maximum an Wohlbefinden zu verschaffen. Bei Bedarf steht ein persönlicher Bediensteter bereit, um den Präsidentendoubles alle Wünsche zu erfüllen.

- Von außen fällt der Zug durch seine tiefblaue, mit Goldstreifen verzierte Farbe auf. Das Innere soll die Reisenden in das 18. Jh. zurückversetzen, als die einheimische Dynastie der Peshwa von ihrer Residenzstadt Pune aus eine glanzvolle Herrschaft entfaltete. Später wurden die Peshwa, wie ganz Indien, Teil des britischen Kolonialreichs. Der „Deccan Odyssey" ist so gewissermaßen auch ein rollendes Museum und eine Reminiszenz an die letzte strahlende Epoche der Unabhängigkeit. So sind die Möbel, die gepolsterten Wände, Dekorationen und alle weiteren Ausstattungsgegenstände des Zuges von einer reizvoll antiquierten Eleganz. Sie stehen in frappierendem Kontrast zum hochmodernen „Business-Center" mit Telefon, Internet, Faxgerät und Drucker.

- Müssen Saunafreunde in einem Zug auf ihr Vergnügen verzichten? Die Manager der Deccan Odyssey haben diese Frage

Mumbai, Victoria Terminus Das grandiose Bahnhofsgebäude von Mumbai entstand zwischen 1878
und 1888. Es verbindet den kolonialen Baustil der
Engländer mit Elementen indischer Baukuns.

Reges Treiben Die Bahnsteige im Victoria
Terminus sind bis zu 400 m lang.

mit einem klaren „Nein" beantwortet und verpassten dem
Zug ein Wellness- und Fitnesscenter. Die Abteilung Gastronomie serviert den Reisenden alle Köstlichkeiten, die die
indische und die internationale Küche zu bieten haben.

Eine Woche touristischer Highlights

▫ Der Zug ist aber nicht der einzige Star bei einer Reise mit
dem „Deccan Odyssey". Die Betreiber setzen auch voll und
ganz auf den Zauber der indischen Landschaft und der indischen Kultur. Die Achttagetour ist gespickt mit touristischen
Höhepunkten. Start- und Endpunkt der Rundreise ist die
pulsierende Millionenmetropole Mumbai, noch immer besser bekannt unter ihrem früheren Namen Bombay. In dem
riesigen Bahnhof – er gehört zu den größten der Welt – kann
man leicht die Übersicht verlieren. 1100 Züge verkehren von
hier aus täglich. Sage und schreibe 3,5 Millionen Menschen

eilen pro Tag durch die imposante Anlage des Bahnhofs von
Mumbai. Eine der größten Gefahren bei einer Bahnreise mit
dem Deccan Odyssey besteht definitiv darin, dass man den
Zug im Bahnhof nicht findet. Eingeweiht wurde die Station
1888 nach zehnjähriger Bauzeit. Damals regierten noch die
Briten in Indien, so bekam er auch mit „Victoria Terminus"
den Namen der Queen Victoria, die ab 1876 den Titel einer
Kaiserin von Indien trug. Heute heißt der Bahnhof indisch
„Chataprati Shivaji Terminus".

▫ Nach dem Start in Mumbai steuert der Deccan Odyssey auf
seiner einwöchigen Tour historisch und kulturell bedeut-
same Stätten in der Maharashtra-Region, wie etwa den
Ajanta-Höhlen an. Die Route ist bisher immer dieselbe,
doch gibt es beim Management konkrete Überlegungen, das
Programm auch auf andere Orte auszuweiten. Von Mumbai
aus läuft der blaue Pfeil am Morgen des zweiten Tages in

Richtung Süden den Bahnhof Bhoke an. Hier heißt es zum ersten Mal „Bitte aussteigen!". Die Sehenswürdigkeiten erweisen den Reisenden leider nicht den Gefallen, direkt an der Bahnlinie zu liegen, also werden Busse gechartert. Geboten wird den Reisenden erst eine Bootsfahrt, dann der Ort Ganapatipule mit einem berühmten Heiligtum der Hindus, schließlich Ratnagiri, Heimat bekannter indischer Freiheitskämpfer. Nach diesem erfüllten Tag geht es zurück an Bord des Zuges, wo bereits ein opulentes Abendessen wartet.

☐ Am dritten Tag ist der Zug kaum unterwegs, da gibt es bereits den nächsten Stopp. Vor dem Bahnhof Sindhudurg wartet wieder ein Bus, der die Gäste zu weiteren Attraktio-

Buddhistische Heiligtümer Ein Besuch in den Ajanta-Höhlen am sechsten Tag zählt zu den Höhepunkten des Besichtigungsprogramms.

Strecke Mumbai–Pune Die unwegsame Bhor-Ghat-Strecke stellte für die Ingenieure in den 1930er Jahren eine besondere Herausforderung dar.

nen an der Küste kutschiert. Mit dem Schiff geht es auf das Meer zu der monströsen Festung Sindhudurg von 1664. Dann dürfen die Deccan-Reisenden wieder per Boot die glitzernden Gewässer der Bucht von Tarkali bestaunen.

▣ Am vierten Tag erreicht der blaue Zug Goa. Der kleinste indische Bundesstaat stand lange unter portugiesischer Herrschaft. Für die Hippiegeneration der 1960er Jahre war die lang gestreckte Küstenregion mit seinen traumhaften Stränden das Ziel aller Wünsche. In der Hauptstadt Panjim dürfen die Gäste des Deccan Odyssey auf eigene Faust Erkundigungen anstellen.

▣ Mit Goa ist der südlichste Punkt der Reise erreicht. Am fünften Tag geht es wieder in Richtung Norden. Der Zug erreicht zunächst Kolhapur, wo kundige Führer etwaige Zweifel an der Tauglichkeit eines Besuchs zerstreuen, indem sie die teils vorkolonialen Paläste präsentieren. Höhepunkt dieses Tages aber ist die Besichtigung der kulturhistorischen Schätze der Millionenstadt Pune. Noch ist einiges zu spüren vom Glanz, den die Peshwa-Herrscher hier einst verbreiteten.

▣ Schon neigt sich die Fahrt des Deccan Odyssey allmählich dem Ende zu. Doch haben auch der sechste und der siebte Tag noch eine Menge zu bieten. Am sechsten Tag hält der

das ganz und gar durch den Zug bestimmt wird. Zunächst aber gibt es noch einmal einen Stopp im Bahnhof von Jalgaon, von wo aus das Felsental von Jagora mit seinen alten kultischen Zeichnungen besucht wird. Anschließend bringt der Bus die Passagiere zurück zum Zug, der sich nun in Richtung Westen in Bewegung setzt. Nasik ist der letzte Anlaufpunkt des „Deccan Odyssey" vor der Ankunft in Mumbai. Nasik wird geprägt vom Godavari, einem der heiligsten Flüsse Indiens. In Scharen strömen die Pilger herbei, um in seinen Fluten ihre rituellen Waschungen zu vollziehen.

◻ Ein letztes Mal steigen die Reisenden danach in den Traumzug, der in einer Nachtfahrt nun unweigerlich Kurs auf Mumbai nimmt. Wenn der Fahrplan eingehalten wird – was meistens der Fall ist –, läuft der Zug am frühen Morgen in den Chataprati Shivaji Terminus ein. Noch ein letztes Frühstück an Bord und das Abenteuer „Deccan Odyssey" ist für die Passagiere zu Ende. Die meisten zehren aber noch lange von dem Erlebnis, einen Teil des indischen Subkontinents mit allem Komfort in einem indischen Luxuszug erkundet zu haben.

Palace on Wheels

Eine Luxusalternative zum „Deccan Odyssey" ist der „Palace on Wheels". Die Fahrt ist etwas für Nostalgiker, denn die edlen Waggons sind ganz im Stil der Maharadschazeit des 19. Jh. gehalten. Sein Revier ist die indische Provinz Rajasthan. Auf einem Mehrtagestrip erleben die Reisenden die faszinierenden Landschaften von Neu Delhi bis zum berühmten Taj Mahal. Bahnprofis, die sich in der Gastronomie von Luxuszügen auskennen, schwören Stein und Bein, dass der Service und die kulinarischen Spezialitäten des „Palace on Wheels" unschlagbar sind. Und auch die Schlafwagen gehören zum Besten, was die internationale Eisenbahnwelt an Annehmlichkeiten zu bieten hat. Wer sich zu einer Traumreise in dem begehrten rollenden Palast entschließt, sollte diese frühzeitig buchen.

Zug im Bahnhof von Aurangabad. Sofort geht es wieder in den Bus zu den berühmten Höhlen von Ajanta mit den viel bewunderten uralten Malereien. 30 buddhistische Heiligtümer wurden hier in der Zeit zwischen dem 2. Jh. v. Chr. und dem 7. Jh. n. Chr. in den Fels gehauen. Viel Zeit zum Staunen bleibt nicht, denn es steht noch die Rückkehr in die historische Stadt Aurangabad mit Mahlzeiten und Besichtigungen auf dem Programm.

◻ Am siebten Tag beginnt sich sowohl bei den Passagieren der Präsidentensuiten als auch bei denen in den einfacheren Kabinen Wehmut und Abschiedsstimmung auszubreiten. Die Endstation Mumbai ist zumindest zeitlich nicht mehr fern. Man hat sich inzwischen perfekt an ein Leben gewöhnt,

Der Eastern & Oriental Express

Wer es schnell liebt, ist im Eastern & Oriental Express falsch aufgehoben. Der Luxusliner, geschaffen von einem amerikanischen Geschäftsmann, mag es eher gemächlich. Eile ist auch nicht geboten, denn die Fahrt von Singapur nach Bangkok liefert traumhafte Impressionen.

Salonwagen Er ist die Visitenkarte des Luxuszugs. Stilecht werden die Gäste hier mit dezenter Pianomusik verwöhnt. «

Der Eastern & Oriental Express Gepflegte Eleganz ist auch bei dem äußeren Styling der Waggons oberster Grundsatz. »

Stolze Eigentümer James B. Sherwood und seine Gattin.

⊡ Gute Ideen haben viele Menschen, nur fehlt es meistens am nötigen Kleingeld, um diese Pläne in die Wirklichkeit umzusetzen. James B. Sherwood gehört zu den Glücklichen, bei denen Geld, Einfallsreichtum und natürlich auch ein ausgeprägter Geschäftssinn eine glückliche Verbindung eingegangen sind. Der 1933 in Pennsylvania geborene Amerikaner mischte munter im Containergeschäft mit und baute eine erfolgreiche Hotelkette auf. Dergestalt finanziell bestens gebettet, realisierte er seinen Traum von rollenden Luxushotels auf Schienen. Sein erstes Projekt war der Venice-Simplon Orient Express, eine Reminiszenz an den legendären Orient-Express. Kaum war dieser auf die Reise geschickt, hatte der umtriebige Geschäftsmann einen weiteren guten Einfall. Der Orient endete ja nicht in Istanbul und auch nicht in Bagdad. „Entdeckung des Fernen Ostens" lautete die Zauberformel, mit der Sherwood das Fernweh betuchter Europäer zu stillen gedachte. Nach intensiven Vorarbeiten ging das neue Aushängeschild des Eisenbahnfans Sherwood unter dem Namen „Eastern & Oriental Express" 1993 auf seine erste Tour. Ganz neu war der

Zug nicht. Bei dem Urzug, aus dem Sherwood seinen Luxusexpress machte, war ein japanisches Modell, das dann in Neuseeland zum Einsatz gekommen war. Designer und Techniker nahmen sich diesen Zug vor und unterzogen ihn einer Radikalkur. Das Ergebnis war der neue „Eastern Oriental" mit seiner typischen dunkelgrün-goldenen Färbung.

Traumzug mit viel Zeit

Als Revier hatte sich der Amerikaner Singapur, Thailand und Malaysia ausgesucht. Neben den landschaftlichen Schönheiten Ostasiens sollen die Reisenden auch die Langsamkeit entdecken. Luxus wird groß- und Tempo kleingeschrieben. Mit maximal 65 km/h bewegt sich der Zug gemächlich durch die exotischen Landschaften des Fernen Ostens. 22 Waggons bieten Platz für 132 Passagiere, eine Relation, die Raumnot zu einem Fremdwort werden lässt. Auch an Servicepersonal herrscht kein Mangel. 47 dienstbare Geister kümmern sich pausenlos um das Wohlergehen der Mitreisenden. Innen sind die Wagen ganz im traditionellen ostasiatischen Stil gehalten. Wer mit dem „Eastern Oriental" durch Ostasien fährt, soll voll und ganz das originale Feeling genießen dürfen. Auf Komfort müssen die Fahrgäste dabei nicht verzichten. Im Gegenteil: WC und Dusche gehören zur selbstverständlichen

Der Gründer von Singapur Thomas Stamford Raffles gründete 1819 Singapur als britische Handelsniederlassung. Heute steht dort, wo er vermutlich gelandet ist, seine Statue.

Standardausrüstung der 66 voll klimatisierten Abteile. Und die Bordküche serviert exquisite Gaumenfreuden für jeden Geschmack.

▣ Die Macher des „Eastern Oriental" bieten verschiedene Touren an. Der Klassiker aber ist die Fahrt von Singapur nach Bangkok. Für die 1943-km-Strecke lässt sich der Zug ganz im Sinne des Erfinders Sherwood alle Zeit der Welt. Am späten Nachmittag geht es los, am frühen Morgen des übernächsten Tages ist das Ziel erreicht. Genauer gesagt ist das Ziel die Fahrt selbst, das Ankommen ist natürlich wichtig, aber nicht die Hauptsache. Ab 1680 Euro aufwärts haben sich die Fahrgäste den Spaß kosten lassen. Nun warten sie gespannt auf die Abfahrt vom ehrwürdigen, über 70 Jahre alten Bahnhof Keppel Road Station. Endlich setzt sich der Zug in Bewegung. Langsam verschwindet Singapur aus den Augen. Es geht Richtung Norden über die Straße von Johor, bald die Grenze zu Malaysia erreicht. Ein offener Aussichtswagen, gestaltet als Veranda im Kolonialstil, bietet die Gelegenheit, die Landschaft an sich vorbeiziehen zu lassen. Doch für dieses Vergnügen ist an diesem Abend nicht mehr viel Zeit, denn die Dunkelheit bricht schnell herein.
Etwa eine Stunde vor Mitternacht rollt der Zug in den Bahnhof der Hauptstadt Kuala Lumpur ein – ein komplett renovierter Kolonialbau. Die Nacht verbringen die Gäste in ihren exquisiten Abteilen, die fürsorgliche Stewards, während sie dinierten, in komfortable Schlafzimmer verwandelt haben.

Asien wie aus dem Bilderbuch

▣ Am nächsten Morgen lockt der Anblick des Urwalds die Reisenden auf die Aussichtsterrasse, auf der drangvolle Enge

Aufregendes Landschaftserlebnis Ein besonders schönes Stück Natur bietet der Streckenabschnitt zwischen Butterworth und Singapur.

Kuala Lumpur, Bahnhof Die Hauptstadt von Malaysia ist eines der Highlights auf der Tour. Nach umfangreichen Renovierungsarbeiten erstrahlt der Bahnhof in neuem Glanz.

Der Eastern & Oriental Express Die Fahrt von Singapur nach Bangkok liefert traumhafte Impressionen.

MYANMAR

THAILAND

Kanchanaburi
Wang-Po-Viadukt
Nakhon Pathom
Bangkok
Ratchaburi
2073
Phetchaburi
Hua Hin
Prachuap Khiri Khan
Bang Saphan
Chumphon
Lang Suan
Ko Samui
Surat Thani
Ban Na Sam
Nakhon Si Thammarat
Thung Song
Phuket
Phatthalung
Hat Yai
Kota Baharu
Alor Setar
Butterworth
George Town
Penang
Kuala Terengganu
2171
Taiping
Ipoh
2187
Kampar
MALAYSIA
Kuantan
2107
Pahang
Medan
Kuala Lumpur
Seremban
Segamat
Danau
Keluang
Malakka
Toba
Johor Baharu
Straße von Johor
Singapur
SINGAPUR

Bucht von Bangkok

Golf von Thailand

Südchinesisches Meer

Andamanisches Meer

Kelantan

Straße von Malakka

Sumatra

INDONESIEN

N

50 km
www.kartographie.de

herrscht. Doch hier, auf dem Weg nach Thailand, präsentiert sich Asien so, wie man es aus Büchern und Filmen zu kennen glaubt. Aber die Realität ist natürlich noch ungleich faszinierender. Zwischen dem Indischen Ozean auf der linken und dem Pazifischen Ozean auf der rechten Seite geht die Reise durch den tropischen Regenwald. Dazwischen sind immer wieder Dörfer zu sehen und Bauern, die auf ihren Reisfeldern arbeiten. Vom malaysischen Butterworth aus etwa bietet sich ein kurzer Trip auf die Insel Penang an. Die Insel ist durch eine über 13 km lange Brücke mit dem Festland verbunden. Neben den lang gezogenen Stränden ist die alte Kolonial-

Emblem Die beiden Initialen der Gesellschaft zieren das Logo des „Eastern & Oriental Express".

stadt George Town eine von den Reisenden viel und gern besuchte Attraktion. 1786 war hier einer der frühesten Stützpunkte der Briten in Asien entstanden.

▫ Nicht links liegen gelassen wird auf der Fahrt des „Eastern Oriental" auch die berühmte Brücke am Kwai. Der berühmte gleichnamige Roman und der ebenso bekannte Spielfilm von 1957 mit Alec Guiness und William Holden in den Hauptrollen können leicht darüber hinwegtäuschen, dass es den Kwai und die Brücke tatsächlich gibt. Bei einer Fahrt mit dem asiatischen Luxuszug kann man sich davon höchstpersönlich überzeugen. Dazu muss aber zunächst die Grenze zwischen Malaysia und Thailand überquert werden. Während der Reise durch Thailand gibt es

einen Punkt, der für Romantiker das absolute Highlight darstellt. Es gilt als schwere Unterlassungssünde, wenn man während der Fahrt über den fast komplett aus Holz gebauten Viadukt bei Wang Po etwas anderes unternimmt, als von der Aussichtsterrasse aus staunend und ehrfürchtig zu verfolgen, wie sich der Zug mit extrem geringer Geschwindigkeit, fast im Schritttempo, über dieses 500 m lange technische Meisterwerk windet.

☐ Geschieht nichts Unvorhergesehenes, so trifft der „Eastern & Oriental Express" am frühen Morgen des dritten Reisetags an seinem Zielort Bangkok ein. Den meisten Reisenden fällt es schwer, sich von der faszinierenden Atmosphäre der Reise zu lösen und sich in das Gewühl der thailändischen Millionenmetropole zu stürzen. Aber dafür gibt es eine einfache Therapie: Am besten löst man gleich ein Ticket zurück.

Legendäre Brücke Der Zug überquert die durch Roman und Film berühmte Brücke am Kwai.

Tha-Chompu-Brücke An diesem Streckenabschnitt erleben die Reisenden Thailand wie aus dem Bilderbuch.

Bahnhöfe

Bahnhöfe sind die vielleicht markantesten Bauzeichen der industriellen Revolution. Natürlich war ihre Errichtung schon aus logistischen Gründen ein Akt der Notwendigkeit. Denn irgendwo mussten die Bahnfahrzeuge ja abgestellt, rangiert und verkuppelt, die Güter und Reisenden in den Zug geschleust werden – am „Bahn-Hof" eben.

Paddington Station,
Turntable 1953
Drehscheibe zum
Gleiswechsel.

Kathedralen der Moderne

Bahnhöfe waren schon bald weit mehr als nur reine Zweckbauten: Wo immer man diese Kathedralen der neuen Menschheit als Garanten der modernen Mobilität auch errichtete: Sie trugen zur Veränderung von Land und Leuten bei. Der Beitrag der Bahnhöfe zur gesamtgesellschaftlichen Akzeptanz der Bahn, ja, zur Urbanisierung der Städte und Globalisierung der Welt ist kaum zu überschätzen. So wichtig der Bau auch von Anbeginn war, so wenig Vorwissen bestand hinsichtlich der Bauaufgabe. Orientierungshilfe leisteten zweckverwandte Anlagen der vorindustriellen Zeit, Posthöfe etwa, von denen das Element des Empfangsgebäudes übernommen werden konnte. Bauhistorisch völlig unbelastet hingegen, ein echter Neuraum also, war die Bahnsteighalle. Als prinzipiell gefahrenträchtig eingestuft, durfte sie zunächst auch erst nach Einrollen der Bahn betreten werden. Immerhin: Vom Abschließen der Waggons während der Fahrt sah man nach dem 8. Mai 1842 wieder ab, als in Versailles 50 eingeschlossene Menschen bei einem Zugbrand umgekommen waren.

Der Urbahnhof: Liverpool, Crown Street Station, 1830

Im Jahr 1830 wurde in Liverpool der Urbahnhof Crown Street Station eröffnet. Er bediente die älteste Dampfeisenbahnstrecke für den Personenverkehr, die rund 40 km weit ins benachbarte Manchester führte. Räumlichkeiten für die Verwaltung und Passagierabfertigung sowie Lagerhallen für Kohle waren hier unterzubringen. Mit der Anlage wurde ein Bauschema geschaffen, das – wie viele Bauten in aller Welt zeigen – bis zum heutigen Tag lebendig geblieben ist: die sogenannte Durchgangsstation. Das Empfangsgebäude mit der Abfertigungs- und Wartezone verläuft danach parallel zum Schienenstrang. Die Hauptaufgabe des Baues, vom

Neapel, Hauptbahnhof Der Bahnhof von 1866 als Verkehrsknotenpunkt mit Pferdebahn und Kutschen.

Liverpool, Crown Street Station In diesem ersten Bahnhof überhaupt waren Büros, Läden, Kohledepots und Wartehallen untergebracht.

schienenlosen Verkehrsweg auf der einen, zum schienenge-
führten Verkehrsweg auf der anderen Seite zu vermitteln, ist
hier besonders augenfällig. Bereits bei diesem ersten Beispiel
sind die Bahnsteige (Perrons) mit einem Dachwerk über-
deckt, einer Konstruktion, die auf spätere Bahnsteighallen
vorausweist. Offensichtlich ist dabei das Bemühen, den Verkehrsbetrieb durch nur minimale Abstützung des Wetter-
schutzes nicht mehr als irgend nötig zu beeinträchtigen.
Diese per se bautechnische Herausforderung machte die
Bahnsteighalle später zur idealen Spielwiese für die
Ingenieurbaukunst.

Bristol, Temple Meads Station

Bristol Temple Meads Station (1840 und 1871–1878) im
Südosten des Stadtzentrums ist der älteste erhaltene Hauptbahnhof der Welt. Sein Name nimmt Bezug auf eine im
Zweiten Weltkrieg zerbombte Kirche des Templerordens, die
in unmittelbarer Nachbarschaft gelegen war. Den Urbau entwarf Isambard Kingdom Brunel für die Great Western Railway: einen Tudor-gotischen Kopfbahnhof, bestehend aus
einer holzgedeckten Bahnsteighalle, einer Abstellzone sowie
einer Büroanlage. Am 31. August 1840 konnte der Fahrver-

kehr aufgenommen werden – anfangs ausschließlich in Richtung Bath, bald jedoch auch in Richtung London Paddington. Nach der offiziellen Schließung 1965 war dieses bauhistorisch wertvolle Denkmal jahrzehntelang dem Verfall preisgegeben. Heute beherbergt es das British Empire and Commonwealth Museum. Der Zugverkehr wird in einem gleichfalls denkmalgeschützten Erweiterungsbau abgewickelt, den Brundels ehemaliger Büropartner Matthew Digby Wyatt 1871–1878 als Durchgangsstation hochführen ließ. Der damals mitentwickelte Verbindungstrakt zwischen den Bahnhöfen dient heute als Parkhaus.

New York, Grand Central Terminal

Grand Central Terminal in New York (Manhattan, Grand Central Station, 1903–1913) ist der größte Kopfbahnhof der Welt: Verteilt auf zwei Etagen, bedienen insgesamt 44 Bahnsteige 67 Gleise. Der heutige Komplex besitzt zwei Vorgängerbauten: 1871 wurde an derselben Stelle das Grand Central Depot fertiggestellt, ausgestattet mit einer völligen Neuheit für den US-amerikanischen Raum: nämlich komplett überdachten, auf Waggoneinstiegshöhe angehobenen Bahnsteigen. 1899–1900 wurde das Hauptgebäude dann noch einmal tief greifend umgestaltet: Grand Central Station war geboren, eine Anlage, die ihrerseits ab 1903 in Abschnitten einem Jugendstilbau der Architekten Warren & Wetmore und Reed & Stern weichen musste: Grand Central Terminal. Am 2. Februar 1913 um 0.00 Uhr konnte die Anlage feierlich dem Betrieb übergeben werden. Und es dauerte auch nicht lange, da gehörte der Bahnhof mit dem dunkelblauen

Isambard Kingdom Brunel Architekt und Bauingeneur. Photographie von Robert Howlett (1857).

Ältester erhaltener Hauptbahnhof Die Bristol Temple Meads Station auf einer Fotografie von 1926.

Grand Central Station, New York Der Stich von 1876 zeigt den Blick in die Bahnsteighalle mit ihren angehobenen Bahnsteigen. »

Sternenhimmel über der Haupthalle zu den meistfrequentierten Orten der Stadt: Mehr als 500 000 Menschen besuchten ihn täglich. Spätere langjährige Bestrebungen, den Komplex zugunsten von Hochhausbauten abzureißen, wurden endgültig 1978 durch das oberste US-Gericht gestoppt. Das Denkmal blieb erhalten – seine bahnbetriebliche Bedeutung nicht. Denn Grand Central Terminal wird heute nur mehr von Zügen des Nah- und Regionalverkehrs angesteuert.

Southern Cross Station Melbourne Ein Bahnhof in modernem Design.

Gare d'Avignon TGV, 2001

▣ Der französische Hochgeschwindigkeitszug Train à grande vitesse (TGV) ist der schnellste Zug der Welt. Ist er auf Rekordjagd, so übertrifft er mittlerweile die 500 km/h-Marke spielend. Doch auch im Regelbetrieb erreicht seine Geschwindigkeit noch immerhin beträchtliche 320 km/h – vorausgesetzt, er befindet sich auf einer seiner ureigenen Schnellbahnstrecken, den „lignes à grande vitesse" (LGV).

Aber es ist eben genau diese Fähigkeit, auch auf bereits bestehende Schieneninfrastruktur zurückzugreifen, die den eigentlichen Wettbewerbsvorteil der TGV-Technologie gegenüber Konkurrenzprodukten ausmacht. Im Gegensatz etwa zu Magnetschwebebahnen ist es TGV-Zügen so z. B. problemlos möglich, die Endbahnhöfe großer Städte anzusteuern, also altbewährte Strukturen zu bedienen. Zur Erschließung mittelgroßer Städte hingegen errichtete man, um Fahrzeit einzusparen, in aller Regel eigene TGV-Bahnhöfe an den mehr oder weniger entfernt gelegenen Schnellbahnstrecken. Oft waren dies nur reine Zweckbauten. So z. B. der inmitten von Rübenfeldern gelegene, daher von Kritikern abfällig „la gare des betteraves" (Bahnhof der Roten Rüben) getaufte Bahnhof Haute Picardie an der LGV Nord zwischen Amiens und Saint-Quentin. Jüngere TGV-Bahnhöfe hingegen sind teils herausragende Werke der Gegenwartsarchitektur, wie z. B. der 2001 in Betrieb genommene Gare d'Avignon TGV: eine spitztonnige, 340 m lange Glaskathedrale.

Berlin, Hauptbahnhof, 2006

▢ Der am 18. Mai 2006 eröffnete Berliner Hauptbahnhof in Berlin Mitte (Moabit), der Nachfolger der früheren Lehrter

Gare d'Avignon
Eine spitzbogige Glaskathedrale für den TGV. »

Berlin, Hauptbahnhof Bahnsteighalle mit Umklammerung.
 «

Bahnhöfe, ist einer der größten und modernsten Kreuzungsbahnhöfe (Turmbahnhöfe) Europas. Architekur und Funktion oder – anders formuliert – Ästhetik und Nutzen verbinden sich hier in vielerlei Hinsicht zu einer der globalisierten Lebenswelt des 21. Jh. entsprechenden Mobilitätsfabrik. So wurde der unter Federführung Meinhard von Gerkans vom Hamburger Architekturbüro Gerkan, Marg & Partner (gmp) geschaffene Entwurf auch mehrfach ausgezeichnet: 2008 etwa im Rahmen des Brunel-Awards, einer Preisverleihung für Eisenbahndesign. Die Gesamtbaukosten betrugen laut Medieninformationen rund eine Milliarde Euro. Das Bahnhofsgebäude selbst besitzt zwei Haupt- und drei Nebenebenen: Erstere bedienen den Zug-, letztere den Betriebs- und den Gewerbeverkehr – konkreter: rund 80 Einzelhandelsgeschäfte, verteilt auf insgesamt 15 000 m² Nutzfläche. Bauprägend ist das Motiv der umklammerten Bahnsteighalle, bestehend aus einem 321 m langen, glasüberwölbten (oberen) Terminal und zwei quer darübergesetzten, 42 000 m² Bürofläche fassenden „Bügelbauten".

Züge in Amerika

Kanadas Langstreckenwunder „Canadian" lädt zu einer Reise durch beeindru-
ckende Naturlandschaften ein. Der einzige Transkontinentalzug der USA, der
„Sunset Limited", befördert seine Fahrgäste von Küste zu Küste. Mexikos
Naturschönheiten befährt man mit dem „Chepe". Die Andenbahnen sind
abenteuerliche Gipfelstürmer auf den Spuren der Inkakultur.

The Canadian | *188–193*

The Ocean | *194–199*

Sunset Limited | *200–209*

Chihuahua-Pacifico | *210–215*

K A N A D A

Edmonton

Saskatoon

Vancouver

Winnipeg

Winnipeg-see

Hudson-bai

Oberer See

Sankt Lorenz-t

Québec

Montreal

Huron-see

Michigansee

Toronto

Ontariosee

Eriesee

Halifax

VEREINIGTE STAATEN

VON AMERIKA

(U S A)

Los Angeles

Phoenix

Mississippi

New Orleans

San Antonio

Chihuahua

Los Mochis

M E X I K O

Golf von

Mexiko

ATLANTISCHER

OZEAN

N

250 km

www.kartographie.de

Karibisches Meer

Nord- Mittel- und Südamerika

ECUADOR

PERU

BRASILIEN

Amazonas

Ferrocaril
Chihuahua al Pacífico
| *210–215*

Huan-
cayo
Machu-Picchu
Lima

Hiram Bingham und Andenbahnen | *216–229*

Cuzco

Puno

Titicacasee
La Paz

BOLIVIEN

PAZIFISCHER

OZEAN

ARGENTINIEN

Paraná

ATLANTISCHER

OZEAN

The Canadian

„Einmal nach Vancouver, bitte!" Mit dieser Order an einem Schalter im Bahnhof von Toronto oder in einem Reisebüro bucht der Bahnfan das Ticket für eine der spannendsten Strecken, die sich in der großen, weiten Welt der Eisenbahnen finden lassen. Von Toronto bis ins ferne Vancouver sind es genau 4467 Bahnkilometer. Der erstklassige „Canadian" braucht dafür 73 Stunden. Um den Erlebnischarakter zu steigern, kann die Fahrt aber auch auf fünf Tage ausgedehnt werden.

Von Toronto nach Vancouver
Kanadas Berge und Seen bilden eine großartige Kulisse für den „Canadian".

Der Name ist schlicht und anspruchsvoll zugleich. Kanadas Luxuszug heißt einfach „The Canadian", also „Der Kanadier". Weitere Zusätze sind nicht notwendig. Die Macher des Zuges sind selbstbewusst genug, diesen Namen für sich selbst sprechen zu lassen. Im Einsatz ist der kanadische Nobelzug genau seit dem 24. April 1955. Damals lief er noch unter dem Emblem der „Canadian Pacific Railway" (CPR). Im Oktober 1978 wechselte der Zug den Besitzer. Seitdem fährt der „Canadian" unter der Regie der „VIA Rail Canada".

Der „Canadian" startet mit seinen starken Dieselloks und den Hochglanzedelstahl-waggons ganz im Osten von Kanada. Ausgangspunkt ist die Union Station in Toronto. Klienten des „Canadian", die vor der Abfahrt noch etwas Zeit mitbringen, nutzen die Gelegenheit, dem berühmten CN Tower, gleich neben dem Hauptbahn-

Am Fluss entlang
Traumhafte Land-
schaften erwarten
die Fahrgäste in den
kanadischen
Rockies.

Hirsch trifft Zug
Bei einer Fahrt mit
dem „Canadian"
sind direkte Begeg-
nungen mit der ein-
heimischen Tierwelt
im Preis inbegriffen.

hof, einen Besuch abzustatten. Der Turm ist mit 553 m der höchste Fernsehturm der Welt. Mit etwas Glück kann man bei klarem Wetter sogar die Niagarafälle entdecken.

Komfortabel Kanada durchqueren

▣ Der „Canadian" kann die Strecke Toronto–Vancouver, wenn er sich beeilt, in drei Tagen bewältigen. Aber Eile ist nicht immer geboten, zumal wenn der Zug überwiegend von Touristen gebucht wird, die nicht schnell ans Ziel kommen,

Winterszene
Schneebedeckte Berge säumen den Weg des „Canadian". ▶▶

Salonwagen, „Park Car" Der Salonwagen bietet Gelegenheit zur Zerstreuung und Entspannung. ◀◀

„The Canadian" Quer durch Kanada von Toronto bis ins ferne Vancouver fährt man in drei Tagen genau 4467 Bahnkilometer.

sondern die hier besonders reizvollen landschaftlichen Schönheiten Kanadas bestaunen wollen. Hierfür gibt es auch ein praktisches Fünftagepaket, bei dem den Reisenden die Gelegenheit geboten wird, mit Stopps für kleinere Exkursionen die Attraktionen längs der Strecke etwas genauer in Augenschein zu nehmen. Beim „Canadian" hat das Management nicht zu viel an Komfort versprochen. Die Einrichtung ist in einem nicht zu nostalgischen Art-déco-Stil gestaltet. Eine besondere Attraktion ist für den erstklassig „Canadian"-Reisenden das „Park Car" ganz am Ende des Zuges. Hier kann man im komfortablen Ambiente die kanadische Landschaft live an sich vorbeirauschen lassen. Und groß wird in dem Zug auch das Wort „Service" geschrieben. Jedenfalls bemühen sich die an Bord befindlichen dienstbaren Geister nach Kräften, den Reisenden in Sachen Gastronomie alle Wünsche zu erfüllen.

▣ Wenn der „Canadian" am Dienstag abend um 22.00 Uhr Toronto verlassen hat, steuert er bei dem Fünftagetrip als nächstes Ziel die Stadt Winnipeg an. Vorbei geht es zunächst an dem prächtigen Seengebiet des Ontario.

„Canadian"-Lok um 1936 Wo heute moderne Dieselloks verkehren, schnauften früher Dampfloks durch die kanadischen Lande.

S. 194/195 Berge und Seen Der „Canadian" fährt durch großartige Landschaften.

⌃ Panoramaabteil
Große Fenster
garantieren einen
fantastischen Blick
auf die vorbeizie-
hende Landschaft.

Herbstlandschaft
Auch aus der Luft
macht der „Cana-
dian" eine gute
Figur.

Bald wird die Gegend immer einsamer. Schier unendliche Wälder prägen das Bild der Landschaft. Winnipeg wird am übernächsten Tag erreicht. Da hat der „Canadian" schon 1943 km hinter sich gebracht. Fahrplanmäßig erreicht der Zug die Union Station von Winnipeg morgens um 8.01 Uhr. Die Weiterfahrt ist für genau 12.00 Uhr geplant.

▣ Über Saskatoon, das schon 780 km nordwestlich von Winnipeg liegt, läuft der „Canadian" am vierten Tag, also am frühen Freitagmorgen, um 6.37 Uhr in den Bahnhof von Edmonton, der Metropole der Provinz Alberta, ein. Für die meisten Reisenden beginnt nun der schönste Teil der Fahrt im „Canadian". Denn Edmonton ist bei dieser Tour so etwas wie das Eingangstor zu den kanadischen Rocky Mountains. Nur eine Stunde Aufenthalt sieht der Fahrplan in Edmonton vor.

▣ Als sich der Zug wieder in Bewegung setzt, wird es spannend. Alle Aussichtsplätze sind besetzt. Bis zum Jasper Nationalpark vollzieht der „Canadian" eine Schleife in Richtung Südwesten, um dann direkt in die Rockies zu fahren. Ankunft in Jasper ist, wenn alles glattgeht, exakt um 13.00 Uhr. 90 Minuten haben die Gäste Zeit, draußen die würzige Gebirgsluft zu schnuppern und das atemberaubende Gebirgspanorama zu genießen. 2464 m hoch ist der Mount Whistler, sogar auf 2763 m bringt es der Pyramid Mountain. Die Hauptattraktion aber ist der Nationalpark von Jasper, dem die UNESCO den Rang eines Weltkulturerbes zuerkannt hat. Um diesen Park zu würdigen, reichen die 90 Minuten Aufenthalt natürlich nicht aus. Doch bleibt immer noch die Möglichkeit, den Aufenthalt in Jasper zu verlängern und mit einem späteren Zug weiterzufahren. Die Betreibergesellschaft hat sich inzwischen auch darauf eingestellt, dass vor allem Touristen den Kanadatrip mit dem „Canadian" unternehmen. So bietet sie auf einzelnen

Abschnitten der Strecke die Möglichkeit zu individuellen Exkursionen an – auch dort, wo eigentlich gar keine Stopps eingeplant sind. Die Kehrseite der Medaille: Der „Canadian" hat zwar einen Fahrplan, der nach außen hin sehr minutiös wirkt. Doch wegen der Unterbrechungen und der langen Strecke kommt es immer wieder zu Verspätungen.

▣ Auch nach Jasper ist die Route des Zuges zunächst noch hochalpin. Vorbei geht es am Mount Robson – mit einer Höhe von knapp 4000 m der Spitzenreiter der kanadischen Rocky Mountains. Inzwischen hat der Zug die Grenze zwischen Alberta und British Columbia überquert. Um 23.09 Uhr – wenn die Fahrt bis hierhin überraschenderweise pünktlich verlaufen sein sollte – ist der „Canadian" an dem wichtigen Verkehrsknotenpunkt Kamloops, von dem aus verschiedene Eisenbahnlinien abzweigen. Jetzt sind es noch 428 km bis zum Ziel Vancouver. Zum vierten und letzten Mal wird an Bord übernachtet. Die Bahnlinie folgt auf der letzten Etappe dem Lauf des Thompson River. Am Samstagvormittag läuft der Zug um 9.42 Uhr in die Pacific Central Station von Vancouver, einen Kopfbahnhof, ein.

VIA Rail Canada

Der Eisenbahngigant VIA Rail Canada, zu dessen Wagenpark „The Canadian" gehört, hat seinen Firmensitz in Montreal. Fast vier Millionen Passagiere pro Jahr werden in Zügen der VIA Rail Canada transportiert. Die schwarzen Zahlen, die man in den letzten Jahren in den Bilanzen verzeichnen durfte, haben ihre Ursache auch in einer engen Kooperation mit der kanadischen Regierung. Seit 1978 hat der Staat die direkte Kontrolle über die VIA Rail. Im Gegenzug kann es sich das Unternehmen leisten, seine Züge und die Lokomotiven ständig modernen Standards entsprechend aufzurüsten. Davon profitieren auch die Gäste, die mit dem „Canadian" durch die Lande reisen. Ein weiterer Vorzeigezug der Gesellschaft ist der „Ocean" zwischen Montreal und Halifax.

HISTORIE

The Ocean

„The Ocean": Das ist ein kanadischer, von VIA Rail betriebener Passagierzug zwischen Montreal in Quebec und Halifax auf der Halbinsel Neuschottland, umringt von Wassern des Atlantiks. Somit ist fast überflüssig zu erwähnen: Der klangvolle Name der Bahn huldigt dem Meer, welches weite Teile dieser insgesamt sehr aquaphilen Reise begleitet. Übrigens: einer Reise mit dem „ältesten getauften Zug Nordamerikas im Einsatz".

◻ „The Ocean" bewältigt die 1350 km lange, mehr als 20 Stunden dauernde Fahrt nun schon seit mittlerweile mehr als 100 Jahren. Seine Passagiere schaffen dies nicht ohne Schlafwagen: Wer in Montreal zusteigt, reist abends ab und findet sich morgens bei Chaleur Bay wieder; wer in Halifax zusteigt, reist nachmittags ab und findet sich morgens in Montreal wieder. Der Zug durchläuft englisch- und französischsprachige Landschaften voll von amerikanischer Gründungsgeschichte, voll von beeindruckender Natur: die Island of Montreal, das Tal des Sankt-Lorenz-Stromes, das Tal des Matapedia River, die Chaleur Bay, die Neubraunschweig-Wälder,

Jacques Cartier (1491–1557) Der französische Entdecker Quebecs.

Montreal, Quebec
Charakteristische Straße im Stadtteil The Plateau-Mont-Royal.
«

Der älteste getaufte Zug Nordamerikas „The Ocean" auf seinem Weg von Montreal nach Halifax.

die Tantramar-Marschen, das Tal des Wentworth River, die Cobequid Bay – sechsmal die Woche in jede Richtung. Wir reisen ab Montreal.

Montreal & Island of Montreal

▣ Das 1,6 Millionen Einwohner starke Montreal in Quebec ist die zweitgrößte Stadt des Landes nach Toronto. Rechnet man ihr Einzugsbebiet hinzu, ist sie überdies die zweitgrößte französischsprachige Stadt der Welt nach Paris und dies, obwohl der englischsprachige Bevölkerungsanteil bei gut 20% liegt. Das Stadtgebiet befindet sich zur Gänze auf der Island of Montreal, einer 499 km² großen Binneninsel im St. Lawrence River, der weltweit einwohnerstärksten ihrer Art: 1 850 000 Menschen leben hier – oder 25 % der Bevölkerung Quebecs. Als im Jahr 1535 der erste Europäer die Gegend aufsuchte, der vom Goldfieber gepackte Franzose Jacques Cartier, siedelten dort nur einige Indianer in einem Dorf namens Hochelaga. Den kleinen, 233 m hohen Hügel daneben taufte er Mont Royal – das war alles. Was er eigentlich suchte, fand er nicht, was er aber gefunden hatte, hatte er gar nicht gesucht: den Namen der späteren Millionenstadt – Montreal eben. Und dort beginnt nun die Fahrt: entweder in einem Großabteil mit komfortabel ausgestatteten Schlafsitzen (Comfort Class) oder – noch komfortabler – in einem Privatabteil mit zu Betten umbaubaren Reisesesseln (Easterly Class). Wer höchsten Komfort bezahlt, kann zwischenzeitlich sogar noch eine heiße Dusche nehmen.

„The Ocean" Die Bahnstrecke von Halifax
nach Toronto ist umringt von den Wassern des
Atlantiks.

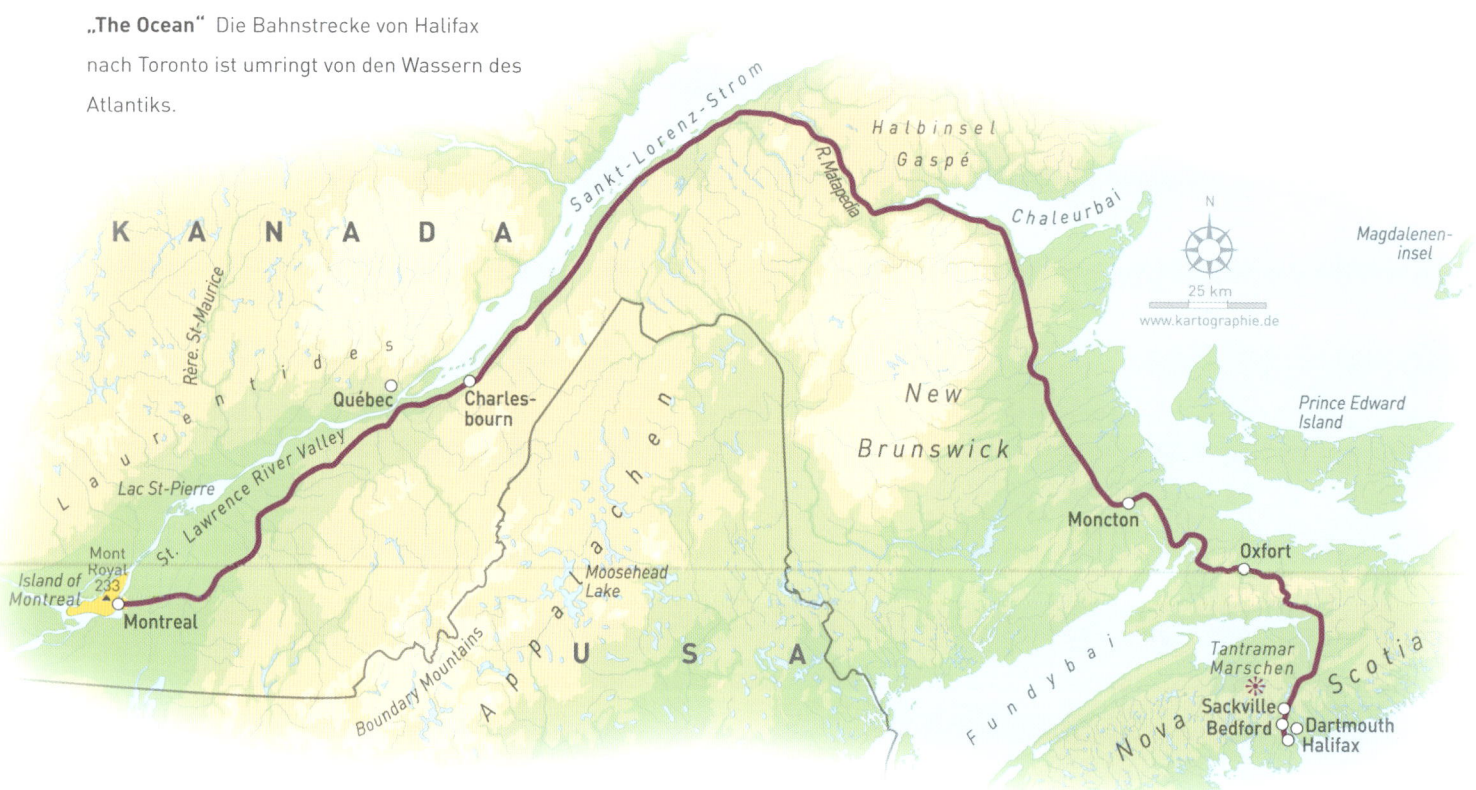

Der Sankt-Lorenz-Strom

Ab Bahnhof Montmagny ist für rund 300 km Sankt-Lorenz-Strom „the train's best friend". Eng an seiner Seite passiert die Bahn die Stationen La Pocatière, Rivière-du-Loup, Trois-Pistoles, Rimouski und Mont-Joli. Dass der Fluss eine gewaltige Länge besitzt, steht fest – nur: Wie lang er tatsächlich ist, weiß keiner so genau. Anfangs- und Endpunkt des Flusses sind nämlich strittig. Will man ihn kurz halten, so beginnt er am Ostende des Ontariosees und verliert sich schon nach rund 560 km in der Nähe von Quebec-Stadt, sobald Salz im Wasser nachgewiesen werden kann. Sieht man dadurch aber kein wesentliches Kriterium verletzt, so reicht er noch 637 km weiter bis zur Insel Anticosti in der Sankt-Lorenz-Bay. Damit ist er schon 1197 km lang. Verschiebt man dann überdies noch seinen Ausgangspunkt aus guten Gründen

Mont Joli, Quebec Figurative Skulpturen.

Komfort pur Reisende der Easterly Class im Panoramawagen.

Das Matapedia-Tal Ehemals bekannt als „The Fishing Capital of the World", noch immer berühmt für seine Naturschönheiten.

◄◄

nach hinten durch den Ontariosee hindurch, durch weitere Gewässer und Flüsse bis nach Gehtnichtmehr in Minnesota (USA), dann, ja dann ist der Sankt-Lorenz-Strom stolze 3058 km lang. Wieder war es Jacques Cartier, der dem Fluss am Tag des Hl. Laurentius 1535 seinen heutigen Namen gab. Im Jahr zuvor, auf seiner ersten Reise in die Gegend, hatte er den Strom noch wegen schlechten Wetters übersehen.

Durch das Matapedia-Tal

Bei Mont Joli schließlich verlässt die Bahn den Sankt-Lorenz-Strom wieder. Jetzt geht es hindurch durch das Flusstal des Matapedia in den Notre Dame Mountains, einer an Naturschönheiten überreichen Region. Bis Mitte des 20. Jh. galt der Matapedia als „The Fishing Capital of the World", schlug britischen Adel, amerikanische Präsidenten und zahllose Hollywoodstars in seinen Bann: Doch haben starke Überfischung und diverse Umweltskandale an seinem einst makellosen Ruf gekratzt. Nach etwa 100 km erreicht die Bahn dann die 70 000 km² große Provinz Neubraunschweig: 56 000 km² davon sind Wald – d.h. 14 000 km² bleiben Feldern, Äckern und 730 000 Einwohnern. Kaum ist die Grenze passiert, da erscheint auch schon zur Linken Chaleur Bay, die „warme und trockene Bucht". Sie ist ein weiteres Taufkind Jacques Cartiers. Doch diesmal war er wohl nicht der Erste, der sie entdeckte. Denn glaubt man der Saga von Erik dem Roten, so landeten bereits 1010 Normannen unter Thorfinn Karlsefni mit drei Schiffen in der Bucht und gründeten dort eine Siedlung namens Hóp. Die Skraelinger der Erzählung wären dann wohl keine anderen als die Mi'kmaq gewesen, die Ureinwohner der Ostküste.

Halifax, Neuschottland Denkmalgeschütztes Rathaus aus der Zeit um 1890. Die permanent 9.04 Uhr anzeigende Norduhr erinnert an die verheerende Explosion des Munitionsfrachters Mont Blanc im Jahr 1917. »

Typisches Fischerdorf in Neuschottland Neil's Harbour auf Cape Breton Island.

Neuschottland

Die Kleinstadt Sackville auf der schmalen Landbrücke zwischen Neubraunschweig und Neuschottland, die der Zug bald darauf ansteuert, ist vor allem bei Vogelfreunden beliebt. Dienen doch die angrenzenden Tantramar-Marschen, ein nationales Naturschutzgebiet, als Nistplatz für zahlreiche seltene Wasservögel. Nur einen Moment später – und die Bahn ist auch schon im wasserumspülten Neuschottland angekommen. Atlantik und Golfstrom prägen hier das Klima, machen die Provinz zur wärmsten ganz Kanadas. Im Winter liegen die Temperaturen bei durchschnittlich 0 °C bis –10 °C, im Frühjahr bei 15 bis 18 °C, im Sommer bei 14 °C bis 25 °C und im Herbst, ja im Herbst, da verwandeln rund 20 °C Wärme bis Ende Oktober die Landschaft in ein einzigartiges Farbparadies: Dann ist Indian Summer. Durch das Wander- und Wintersportmekka Wentworth River Valley geht die Fahrt schließlich weiter zur Cobequid Bay, Schauplatz der weltweit spektakulärsten Gezeitenspiele. So beträgt der Tidenhub bei Burntcoat Head sage und schreibe durchschnittliche 12,4 m. Kilometerweit zieht sich bei Ebbe das Wasser zurück – und lädt ein zu ausgedehnten Wattwanderungen. Auf ihrer letzten Etappe fährt die Bahn dann an Farmland vorbei über Land in südliche Richtung mit dem Ziel Halifax.

The Ocean in Neuschottland Mit voller Kraft durch das Wintersportparadies Wentworth Valley.

Halifax

◫ Halifax ist die Hauptstadt von Neuschottland. 370 000 Menschen leben in ihr, fast so viel, wie im ganzen Restgebiet der Provinz. Damit stellt die Stadt den größten Ballungsraum

östlich von Québec dar –ja das wirtschaftliche und kulturelle Zentrum der ganzen kanadischen Atlantikregion. Aufgrund ihrer strategisch günstigen Lage war sie immer wieder Stützpunkt für militärische Operationen zu Wasser und zu Lande. Die Engländer erkannten dies bereits 1749, als sie dort eine kleine Siedlung für ihr Militär errichteten: Halifax eben, benannt nach Lord Halifax, dem damaligen Präsidenten der britischen Handelskammer. Gegenwärtig dient der Ort nun als Basis der kanadischen Atlantikflotte. Doch wer völlig entspannt nach gut 20-stündiger Fahrt mit „The Ocean" in Halifax eintrifft, der sollte den nachfolgenden Stadtrundgang bloß nicht allzu strategisch planen. Er sollte sich vielmehr einfach von der allgegenwärtigen Meeresbrise nach hier und nach dort treiben lassen.

Sunset Limited

„Go West" lautet eine alte amerikanische Devise aus jenen Pioniertagen, als verwegene Abenteurer sich in die Weiten des Westens aufmachten. Heute erfüllt der „Sunset Limited" solche Sehnsüchte. Der Traditionalist unter den amerkanischen Fernzügen bedient als einziger Transkontinentalzug für Passagiere die Verbindung zwischen New Orleans und Los Angeles.

▣ Der „Sunset Limited" ist ein Amtrak-Reisezug, der eine der ältesten amerikanischen Eisenbahnlinien befährt. Kein anderer Zug in den USA läuft länger unter dem gleichen Namen als er. Seit dem Jahr 1893 kennen die Amerikaner ihren „Sunset Limited". Genauer gesagt: Es sind wohl vor allem die betuchteren Amerikaner gewesen, für die seit dieser Zeit der „Sunset Limited" ein fester Begriff gewesen ist.

Denn der Eigentümer, die renommierte „Southern Pacific Railroad", wollte mit dem Zug viel Geld verdienen. So präsentierten sie ihn im wahrsten Sinne des Wortes als erstklassige Luxusausgabe. Im alten „Sunset Limited" gab es nämlich nur eine erste Klasse, und dies auch nur in Form von Schlafwagen. Normale Waggons oder Abteile suchte man vergeblich. „Limited" bedeutete in der Eisenbahnersprache, dass der Zug nicht an jeder Station hielt. Tatsächlich bewegte sich der Zug in Richtung der untergehenden Sonne, also nach Westen, wenn er sich auf den langen Weg vom Start in New Orleans bis zum Zielpunkt in Los Angeles machte. In umgekehrter Richtung strebte der Zug dann dem Sonnenaufgang entgegen. Aber das war kein Grund, den Namen, der rasch zu einem Gütesiegel wurde, zu ändern.

Fette und magere Zeiten

▣ Der alte „Sunset Limited" bot aus heutiger Sicht Eisenbahnnostalgie pur. Bis 1924 bedeutete Luxus, zwar in komfortablen Wagen zu reisen, die aber überwiegend aus Holz gebaut waren. Und angetrieben wurde der Zug von einer guten alten Dampflok. Danach passte man sich dem Trend der Zeit an, und die Gesellschaft schickte

New Orleans Die Häuser im French Quarter von New Orleans haben ihr ganz eigenes Flair.

Auf nach Kalifornien Angetrieben von einer Amtrak-Lok, läuft der Sunset Limited in den kalifornischen Bahnhof Fullerton ein.

moderne Waggons aus Stahl auf die lange Reise. Erkennungs-
merkmal des Zuges war bis 1950 die charakteristische Farb-
gebung mit grünen Wagen und schwarzen Dächern. Danach
präsentierte sich das Aushängeschild der Southern Pacific in
schicker, stromlinienförmiger Gestalt. Zur selben Zeit landeten die alten Dampfloks auf dem Abstellgleis. An ihre Stelle
traten leistungsfähige Dieselloks, unschwer zu identifizieren
an der roten Nase, der sprichwörtlichen „Bloody Nose".

▣ Der Eigentümer der „Sunset Limited" gehörte lange Zeit zur
Spitzengruppe der amerikanischen Eisenbahngesellschaften.
Aber dann kam gegen Ende der 1960er Jahre bei der Sou-
thern Pacific der große Einbruch. Auch der traditionsreiche
„Sunset Limited" blieb von der Krise nicht verschont. Das
Management versuchte zu retten, was zu retten war und ver-
ordnete dem Luxuszug eine radikale Abmagerungskur. Statt
der täglichen Tour von New Orleans nach Los Angeles
machte sich der Zug nun nur noch dreimal in der Woche auf
die Reise. Auch der bis dahin selbstverständliche Komfort an
Bord wurde kräftig zurückgefahren. Aus dem einst so stolzen
„Sunset Limited" war ein ganz normaler Zug geworden, der
nun überall auf der Strecke hielt.

▣ Der wirtschaftliche Erfolg dieser Maßnahmen hielt sich
indes in bescheidenen Grenzen. Die Southern Pacific veräu-
ßerte im Mai 1971 den Zug, der seitdem unter dem Dach
von „Amtrak" fährt. „Amtrak" ging zurück auf eine Initia-
tive der US-Regierung, die sich von dieser Organisation
einen Aufschwung für die maroden Eisenbahnen erhoffte.

Unter der Protektion der Regierung wurde die Kontrolle
über 20 Eisenbahngesellschaften an private Unternehmer
übereignet. Im April 1993 bekam der Zug eine neue Endstation im Osten. Über New Orleans hinaus brauste der
„Amtrak"-Veteran weiter bis nach Florida. Hier war
zunächst die ganz an der Südspitze Floridas gelegene Metropole Miami der Zielpunkt. Später wurde er nach Orlando
zurückverlegt. Von da waren es immer noch stolze 4422 km
bis zur sonnigen Küste Kaliforniens.

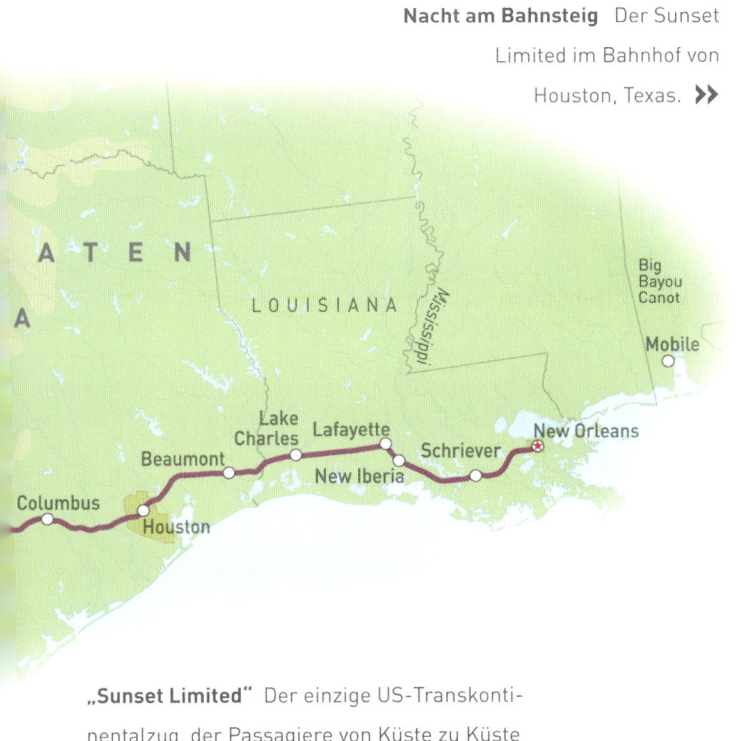

Nacht am Bahnsteig Der Sunset Limited im Bahnhof von Houston, Texas. ▶▶

„Sunset Limited" Der einzige US-Transkontinentalzug, der Passagiere von Küste zu Küste befördert.

El Paso Die Großstadt El Paso liegt direkt an der Grenze zu Mexiko. ▶▶

Beste Aussicht Wer im Panoramaabteil sitzt, kann die Landschaft an sich vorbeifliegen lassen. ◀◀

▣ Schwer in Mitleidenschaft gezogen wurden die Gleise des „Sunset Limited" durch den verheerenden Wirbelsturm Katrina, der im August 2005 den Süden und den Osten der Vereinigten Staaten heimsuchte. Seitdem verkehrt der Zug wieder auf seiner alten Strecke New Orleans–Los Angeles. Ein schwarzer Tag war für den „Sunset Limited" der 22. September 1993. Bekannt und berüchtigt ist es bis heute als das Unglück am Flüsschen Big Bayou Canot. In dichtem Nebel rammte ein Schiff die Eisenbahnbrücke, der genau zu jenem Zeitpunkt der „Sunset Limited" entgegenraste. Die drei Lokomotiven, ein Gepäckwagen, ein Schlafwagen und zwei Passagierwagen stürzten in die Tiefe. Auslaufender Dieselkraftstoff verwandelte die Oberfläche des Flusses in ein flammendes Inferno. 42 der 200 Passagiere kamen ums Leben, dazu fünf Mitglieder der Besatzung.

Zwei Jahre später, am 9. Oktober 1995, entgleiste der „Sunset Limited" durch einen Anschlag rechtsextremer Terroristen bei Hyder im US-Bundesstaat Arizona auf einer Brücke. Ein Mensch kam ums Leben, 83 Personen wurden zum Teil schwer verletzt.

Doch wäre der Eindruck, die Geschichte des „Sunset Limited" bestehe aus einer Kette von Unfällen und Katastrophen, völlig verfehlt. Meistens leistet er ganz geräusch- und gefahrlos seine Dienste. Wenn etwas passiert, ist die mediale Resonanz größer als bei anderen Zügen.

Schild bei Nacht
Das Logo des „Sunset Limited" leuchtet nachts in prächtigem Rot.

Reise durch die Geschichte Amerikas

▣ Der Zug kann dabei auch von dem Umstand profitieren, dass die Fernverbindung zwischen dem Osten und dem Westen außerordentlich viele landschaftliche Reize bietet. Und eine Fahrt mit dem „Sunset Limited" ist auf einer Distanz von 3211 km auch immer eine Reise durch die Geschichte Amerikas. Sie führt durch insgesamt fünf US-Bundesstaaten: Louisiana, Texas, New Mexico, Arizona und Kalifornien.

▣ Schon der Startpunkt New Orleans in Louisiana ist eine Legende. Die berühmte alte Kolonialstadt mit dem ganz eigenartigen Flair, die Wiege des Jazz, leidet allerdings noch immer unter den Folgen der Schäden, die der Hurrikan Katrina 2005 angerichtet hat. Die nächsten vier Stationen auf der Tour nach Kalifornien liegen allesamt noch im Staat Louisiana. Schriever, New Iberia, Lafayette und Lake Charles sind typische Südstaatenstädte, wobei Lafayette den größten touristischen Anstrich aufweist.

▣ Wenn der Zug Lake Charles verlassen hat, ist es nicht mehr weit bis zur texanischen Grenze. Erster Bahnhof in Texas ist Beaumont, das unter den Industriestädten der Region eine führende Position einnimmt. In Texas hält der „Sunset Limited" noch sechs weitere Male. Die bekanntesten Stationen sind dabei ohne Frage Houston, San Antonio und El Paso.

Pionierzeit der Eisenbahn

Die Eisenbahn kann in den Vereinigten Staaten von Amerika auf eine lange Geschichte zurückblicken. Die erste Strecke wurde bereits im Jahr 1826 – im Staat Massachussets – eröffnet. Hilfestellung leisteten die Engländer mit der Lieferung von Lokomotiven und Know-how. Jede Menge Stoff für Mythen und Legenden lieferte nach 1880 die bahntechnische Erschließung des Westens bis Kalifornien und des Südens bis an die Grenzen Mexikos. Immer wieder kamen sich Pioniere, die den Schienen unaufhaltsam einen Weg durch die weiten Landschaften bahnten, und einheimische Indianer ins Gehege. Im Lauf der Zeit entstand auch eine Eisenbahntechnik „made in America". Noch heute kennt jeder Eisenbahnfreak jenseits des Großen Teiches den Namen George Westinghouse. Der Ingenieur entwickelte 1869 ein weltweit erfolgreiches Druckluftbremssystem für Züge.

HISTORIE

Tucson, Arizona

Die historische Missionskirche San Xavier in Tucson stammt aus dem 18. Jh.

Houston ist die größte Stadt in Texas und Metropole der Ölindustrie, der Raumfahrt, der Finanzwelt und des Gesundheitswesens. San Antonio, der nächste Halt des Zuges nach dem Verlassen des Bahnhofs von Houston, trägt einen spanischen Namen und bewahrt auf diese Weise die Erinnerung an das späte 17. Jh., als die Stadt von spanischen Kolonisten gegründet wurde. Bevor die Fahrgäste nach El Paso kommen, stoppt der Zug in Del Rio, Sanderson und Alpine, Letzteres ein kleines Nest mit gerade einmal knapp über 6000 Einwohnern.

▣ Von Alpine aus ist die Grenze zu New Mexico nicht mehr fern. Direkt an dieser Grenze liegt als südwestlicher Vorposten von Texas das berühmte El Paso. Auch Mexiko ist gleich nebenan, was man gleich bemerkt, wenn man mal die Nase aus dem Zug herausstreckt. Die Sonne brennt hier unbarmherzig vom meist wolkenlosen Himmel. Hispanics stellen den größten Anteil an der Bevölkerung. In New Mexico macht der „Sunset Limited" nur zweimal Halt – in den Kleinstädten Deming und Lordsburg. Weiter geht es Richtung Westen und bald wird die Grenze zu Arizona erreicht.

staat Kalifornien. Los Angeles ist die Endstation. Doch vorher läuft der Zug die Bahnhöfe von Palm Springs, Ontario und Pomona an. Palm Springs, etwa 180 km von Los Angeles entfernt, ist das El Dorado der Reichen und Schönen. Reporter der Regenbogenpresse und von Boulevardmagazinen kommen hier immer auf ihre Kosten. Ontario, nicht zu verwechseln mit dem Namensvetter in Kanada, ist viel ruhiger und deswegen nicht minder attraktiv. Vor der Schlussetappe nach Los Angeles hält der Zug noch einmal in Pomona. Der etwas seltsame Name erklärt sich aus dem Umstand, dass zu jener Zeit, als die Stadt gegründet wurde, humanistisch gebildete Menschen als Taufpaten an der Wiege standen. Denn Pomona war im alten Rom die Göttin, in deren Zuständigkeitsbereich die Pflege der Obstkulturen fiel. Das passt in diesem Fall gut, denn auch das kalifornische Pomona ist reich gesegnet mit dem Anbau von Früchten.

Willkommen Das offizielle Signet beweist: In Palm Springs scheint immer die Sonne.

▣ Wenn es keine Verspätung gibt, erreicht der „Sunset Limited" genau 48 Stunden, nachdem er New Orleans verlassen hat, Los Angeles. Die „Union Station" aus dem Jahr 1939 ist weniger betriebsam, als man es von dem Hauptbahnhof einer amerikanischen Millionenmetropole vielleicht erwarten würde. Aber wer 48 Stunden als Reisender mitgemacht hat, wird dankbar sein, wenn sich der Bahnhofstrubel in Grenzen hält. Aber jeder Passagier, der den langen Weg von New Orleans nach Los Angeles absolviert hat, wird von einer Reise voller interessanter Eindrücke schwärmen.

Palm Springs, Bahnhof Der kalifornische Ort macht seinem Namen alle Ehre. Palmen begrüßen die Besucher bereits am Bahnhof.
«

Los Angeles 215 m hoch, 137 m lang und 220 t schwer: Der berühmte Hollywood-Schriftzug in den Bergen oberhalb von Los Angeles.

Benson erfüllt den Tatbestand eines kleinen, unbedeutenden Nestes von ein paar Tausend Einwohnern. Tucson ist ein ganz anderes Kaliber. Die nach Phoenix zweitgrößte Stadt in Arizona hat über 500 000 Einwohner. Die Namen der Bahnhöfe Maricopa und Yuma sind indianische Bezeichnungen. Yuma ist auch der Sammelname für eine ganze Reihe von Indianerstämmen, die im Westen Arizonas beheimatet sind.

▣ Nach Yuma erreicht der „Sunset Limited" auf seiner 48-Stunden-Tour von Osten nach Westen endlich den Sonnen-

Ferrocarril Chihuahua al Pacífico

Sie nennen ihn liebevoll „Chepe". Seine Strecke ist unbestreitbar ein Wunderwerk der Ingenieurskunst. Rund 650 km lang, durch 86 Tunnels und über 37 Brücken windet sich atemberaubend sein Weg. 13 bis 16 Stunden dauert die halsbrecherische Fahrt des Zuges „Ferrocarril Chihuahua al Pacífico" von der mexikanischen Provinzhauptstadt Chihuahua bis zur Pazifikküste bei Los Mochis im Bundesstaat Sinaloa.

Ein typischer Bahnhof An den Zwischenstopps der Zugfahrt von Chihuahua an den Pazifik kommen – wie hier in San Raffael – Indiofrauen zum „Chepe", um handgewebte Taschen und andere Erzeugnisse ihrer Handwerkskunst zu verkaufen.

Lange Brücken
Die Reise führt über insgesamt 37 Brücken. Weit reicht der Blick von der Brücke Agua Caliente über das Tal des Rio Fuerte.

Wenn „Chepe" von Chihuahua aus das abgeschiedene und wilde, streckenweise nur mit Kakteen bewachsene Hochland verlässt, führt ihn die Strecke auf der halsbrecherischen Trasse entlang an steilen Abhängen und über die tiefsten Schluchten. Darüber erheben sich die majestätischen Gipfel der Sierra Madre Occidental bis zu einer Höhe von 4000 m. Spektakuläre Blicke öffnen sich am Rande des Abgrunds, auf bizarre Felsformationen, auf Flüsse zwischen den Pinienwäldern in der Tiefe der Täler und auf tosend herabstürzende Wasserfälle. Selbst erklimmen die Wagen auf den Gleisen eine Höhe von 2450 m. Unbeirrbar kämpft sich die Lokomotive nach oben, oft nicht schneller als mit 20 km/h. Höhenangst sollten Passagiere nicht haben. Begeisterte Touristen sprechen von einer „Zugfahrt über den Himmel", andere vergleichen das Erlebnis mit dem auf einer Achterbahn. 1800 m lang zieht sich der längste der Tunnel hin. Wie in einer Spirale windet sich der Weg durch das Gestein und viele Minuten lang werden die Reisenden in die Finsternis eingetaucht. Um 360 Grad winden sich einmal die Schienen um eines der Täler. Am Ende verschwindet der Zug in der grünen Wildnis der tropischen Küstenwälder, die immer wieder unterbrochen werden von Bananen- und Mangoplantagen.

Zwischenstopp bei den Fußläufern

▣ Die spektakulärsten Aussichten in der Kupferschlucht – und auch Lokalkolorit bietet der Zwischenstopp in Divisadero. Selbst gewebte Stoffe und geflochtene Körbe bieten die Frauen an ihren Verkaufsständen an. Doch nur eine Viertelstunde stoppt der Zug an der Haltstelle von Divisadero und die meisten Touristen sind voll damit beschäftigt, mit ihren Foto- und Filmapparaten die Landschaft und die Menschen festzuhalten. So bleiben die Einnahmen der Frauen vom Stamm der Tarahumara spärlich. Die Tarahumara: Typische Indios sind sie und vielen sieht man Krankheiten und Unterernährung an. Doch sie haben besondere Eigenschaften:

Das Signet Ein stilisierter laufender Fuß und der Schriftzug „Chepe", der von der Abkürzung für Ferrocarril Chihuahua al Pacífico (ChP) abgeleitet ist.

Mit fast unbegrenzter Ausdauer können sie die weitesten Strecken bergauf und bergab laufen. Tarahumara, das ist die spanische Ableitung ihres eigentlichen Namens Rarámuri; er bedeutet „Fußläufer" oder „die mit den leichten Füßen". 100 km am Tag, barfuß, sind für sie kein Problem. An ihren Festtagen treten ganze Teams zum Laufwettbewerb an. Sie kicken dabei einen kleinen hölzernen Ball vor sich her. 300 km bewältigen sie auf diese Weise an drei Tagen. Zwischen 40 000 und 60 000 Tarahumara leben heute noch in der unzugänglichen Sierra Madre Occidental, die nach ihnen auch Sierra Tarahumara genannt wird. Völkerkundler meinen, sie zählten zu den wenigen Völkern, die nie wirklich unterworfen wurden und sich nicht mit anderen Kulturen vermischten. Die Jagd und der Maisanbau ernähren sie.

Größer als der Grand Canyon

▣ Spektakulär ist der Blick, der sich von der Bahn und ihren Haltestellen aus in die Tiefen der Kupferschlucht (englisch: Copper Canyon, spanisch: Barranca del Cobre) öffnet. Der Name leitet sich vom kupferfarben glänzenden Gestein in den Schluchten ab. Insgesamt prägen sechs Canyons die Landschaft. Die Flüsse, die sich durch die Täler winden, vereinigen sich zum Rio Fuerte, der sich westlich von Los Mochis in den Golf von Kalifornien ergießt. Das ganze Gebiet ist rund 25 000 km² groß und erstreckt sich über eine Länge von 50 km. Einzelne Schluchten sind bis zu 1800 m tief. Die Kupferschlucht wird oft mit dem Grand Canyon in den benachbarten USA verglichen. Tatsächlich ist das Gebiet in Mexiko etwa viermal so groß. 20 Jahre lang dauerten die Bauarbeiten an der Bahnstrecke bis zu dieser Höhe. Es bleiben nur 15 Minuten, um den überwältigenden Panoramablick zu genießen, dann setzen sich die Wagen in Bewegung.

Beste Aussicht

▣ Jeden Tag beginnen die Züge der Bahngesellschaft Ferrocarril Mexicano (Ferromex) um 6.00 Uhr in beide Richtungen

Viele Zwischen-stopps Oft können die Reisenden sich die Beine vertreten und einen Blick in die Landschaft werfen.

Blick in die Kupfer-schlucht Der Zug durchfährt die Sierra Tarahumara. Im Hintergund ist die Kupferschlucht zu sehen

Ferrocarril Chihua-hua al Pacífico

Atemberaubende Blicke bieten sich auf der Fahrt von Chihuahua bis zur Pazifikküste.

Träume eines Sozialisten

Albert Kinsey Owen war Mitglied der Sozialistischen Utopia Kolonie in New Harmony/Indiana. Ein Traum war die Einrichtung einer neuen Kolonie in der mexikanischen Küstenstadt Topolobampo. Der zweite Traum war älter. Er wollte einen schnellen und billigen Weg für den Güterfernverkehr zwischen Texas und der mexikanischen Pazifikküste einrichten. Denn hier und über den Pazifik hinweg warteten ungeahnte geschäftliche Möglichkeiten. 1880 bekam Owen vom mexikanischen Präsidenten General Manuel Gonzales tatsächlich die Konzession für einen Eisenbahnbau. Doch das Projekt kam nicht voran. Die Pläne gelangten erst wieder aus der Schublade, als der amerikanische Eisenbahnpionier Arthur Edward Stilwell von Kansas aus sein Bahnnetz ausdehnte. Auf mexikanischer Seite trieb die Idee der zeitweilige Außenminister Enrique Creel voran, nach dem eine Station entlang der Chihuahua-Pacífico-Bahn benannt ist. Endgültig fertig wurde die Strecke erst 1961.

HISTORIE

Ingenieurkunst in der Natur Hohe Ingenieurkunst war die Voraussetzung, um die Fahrt des Zuges durch die grandiose Landschaft mit ihren Felsmassiven zu ermöglichen.

„Tal der Pilze" Immer wieder bietet die Sierra Madre Occidental überraschende Ausblicke. Die Natur lässt das harte Gestein wie Pilze aus der Hochebene bei Creel herausragen.

Bahnhof in Creel Die Ortschaften entlang der Strecke sind klein und die Bahnhöfe eher provisorisch. Dennoch lässt sich hier die Zugfahrt für eine Trekkingtour unterbrechen.

mit ihrer Fahrt – einer der ersten, der andere der zweiten Klasse. Die erste Klasse bietet allen erdenklichen Luxus. Das Oberdeck ist verglast und ermöglicht den Reisenden optimale Bedingungen zum Fotografieren und für Videoaufnahmen. In der zweiten Klasse dauert die Fahrt zwei bis drei Stunden länger und einheimische Reisende sorgen manchmal für Überfüllung. Denn der „Chepe" ist auch das wichtigste Verkehrsmittel für die Gebirgsbewohner.

▣ Nur selten erblicken die Zugreisenden einen Reiter am Rand des Weges. Allerdings sind an den Haltestationen – wie in Creel, dem größten Ort entlang der Route – Hotels entstanden und Reiseanbieter werben für Trekkingtouren in der Sierra. Zu Fuß, per Mountainbike, am besten aber vom Pferderücken aus haben Teilnehmer dabei die Gelegenheit, die unberührte Natur aus der Nähe kennenzulernen. Eine Vielzahl von Pflanzen ist nur hier beheimatet und manche sind vom Aussterben bedroht. Artenreich ist die Vogelwelt.

Beste Reisezeit

▣ Die Tour ist eine der schönsten und bizarrsten Eisenbahnfahrten der Welt. Die besseren Lichtverhältnisse bietet die Tour von Westen nach Osten, also von der Küste aus, vor allem zur Mittagszeit. In Reiseführern wird empfohlen, in El Fuerte in der Küstenebene zuzusteigen. Dort fährt der Zug 90 Minuten später als in Los Mochis ab und das alte Kolonialstädtchen gilt als eines der attraktivsten Nordmexikos. Die Fahrzeiten sind allerdings nicht wirklich verlässlich.

▣ Als beste Reisezeit für die Zugfahrt gilt Juni bis Oktober. Dann ist die Regenzeit und ein Risiko besteht darin, dass Wolkenfetzen manche Berggipfel verhängen. Doch die Landschaft ist dann fruchtbarer und farbenprächtiger. Zwischen November und Februar kann in der Höhe eine Schneedecke ganz andere faszinierende Ausblicke bieten.

Die Andenbahnen

Eine Eisenbahnfahrt durch die Anden ist ein einmaliges Erlebnis. Voraussetzung für einen ungetrübten Genuss ist es allerdings, schwindelfrei zu sein. Denn die Züge der Andenbahn schlängeln sich über abenteuerliche Brückenkonstruktionen, durch die höchsten Berge und die tiefsten Täler und stoppen dazu noch an historisch bedeutenden Stätten.

Lima Das Rathaus in der peruanischen Hauptstadt Lima präsentiert sich im typischen Kolonialstil.

Auf dem La-Raya-Pass Schneebedeckte Berge gehören auf der ganzen Tour zu den ständigen Begleitern der Andenbahn.

■ Als Eisenbahnfan noch nie in Peru gewesen? Dann wird es aber „höchste Eisenbahn" – und das im doppelten Sinn. Eine Fahrt durch das Hochgebirge der Anden ist schon wegen der Faszination, die von Natur und Landschaft ausgeht, ein Muss. Vor allem aber geht es beim Eisenbahnfahren auf der ganzen Welt nicht viel höher hinaus als in den peruanischen Anden.

■ Die Galerastrecke wird von der Gesellschaft „Ferrocarril Central Andino" bedient. Sie ist der Spezialist für die Spitzenreiter unter den peruanischen Hochlandbahnen. 591 km ist das Schienennetz lang, auf dem die Züge von Ferrocarril verkehren. Dabei geht es nicht allein um Personenverkehr. Wirtschaftlich noch wichtiger ist die Andenstrecke als Transportweg für die begehrten Eisenerze, die in den Minen der Gebirgslandschaft abgebaut werden. Doch sind die Personenzüge, die regelmäßig auf der Route zwischen der Hauptstadt Lima und der 300 000-Einwohner-

Zugemblem Lama, Kondor, Inkamauer und ein stilisiertes Machu Picchu zieren das Logo der PeruRail.

Stadt Huancayo im Hochtal des Flusses Mantaro verkehren, stets gut gefüllt.

▢ 1876 hatten unter abenteuerlichen Verhältnissen die Bauarbeiten an der Strecke Lima–Huancayo begonnen. Die Meriten des Eisenbaupioniers von Peru verdiente sich damals der US-Amerikaner Henry Meiggs. Die Herausforderung, im Hochgebirge der Anden eine Bahnlinie zu bauen, war einer schillernden Persönlichkeit wie Meiggs geradezu auf den Leib geschnitten. Nachdem er in Kalifornien vom Goldrausch profitiert hatte und dabei in dunkle Geschäfte verwickelt worden war, wechselte er vorsichtshalber Aufenthaltsort und Ressort und betätigte sich in Südamerika als Eisenbahnbauer. Neben der peruanischen Andenlinie zeichnete er auch für Routen in Argentinien und Chile verantwortlich. Meiggs verstarb aber bereits 1877.

Von Lima nach Huancayo

▢ Seine Bahn aber nahm bald Fahrt auf. Die Entfernung zwischen dem Startpunkt Lima und dem Zielort Huancayo beträgt genau 347 km. In normalem Gelände braucht ein durchschnittlicher, von einer E-Lok angetriebener Zug für eine solche Distanz in der Regel nicht mehr als vier Stunden. Reisende, die von Lima nach Huancayo wollen, brauchen viel Geduld. Hohe Geschwindigkeiten verbieten sich auf der schwierigen Trasse von selbst. Rund zwölf Stunden dauert es üblicherweise, bis die Züge der Zentralbahn „Ferrocarril Central Andino" ihr Endziel erreichen. Die Einheimischen ertragen die langsame Fahrt mit stoischer Ruhe. Touristen sind begeistert und können sich gar nicht sattsehen an der atemberaubenden Gebirgslandschaft der Anden. Die ersten Kilometer geht es noch ganz gemächlich durch die Landschaft. Der Anstieg verläuft zunächst recht moderat. Doch ab dem sonnigen Ferienort Chosica, 54 km nach dem Start, geht es so richtig in die Berge. Bis zur Gipfelstation Galera gibt es keine Verschnaufpause mehr. Die Strecke steigt jetzt kontinuierlich an. Immer wieder muss der komplizierten Wegführung Tribut gezollt werden. Nach 76 km absolviert der Zug die erste Spitzkehre. Bis zum Ziel folgen 17 weitere. Auch die Zahl der Brücken ist immens: Nicht weniger als 61 gibt es davon und manche von ihnen sind so eng, so schmal

Gipfelstürmer Auf seinem Weg zu den Gipfeln der Anden schlängelt sich der Zug durch abenteuerliche Landschaften.

Gebirgsbahnhof In den hoch gelegenen Bahnhöfen ist die Luft ziemlich dünn.

und so hoch, dass sie bei Fahrgästen, die zum ersten Mal mit der Andenbahn unterwegs sind, wechselweise Schüttelfrost oder Schweißausbrüche hervorrufen. Besonders spektakulär ist die 187 m lange und 80 m hohe Carrión-Stahlbrücke, die über die wilde Verruga-Schlucht hinwegläuft. Ihren Namen trägt sie nicht zufällig, denn in ihm spiegelt sich ein Stück tragischer Eisenbahngeschichte. Als die Bahn gebaut wurde, brach unter den Arbeitern ein mysteriöses Fieber aus. Ein Mediziner namens Carrión versuchte, den Ursachen der Krankheit auf die Spur zu kommen. Doch wurde er selbst

ein Opfer des Fiebers und starb. Das war im Jahr 1885 gewesen und durch die Brücke bleibt die Erinnerung an den unglücklichen Arzt immer lebendig. Ein weiteres Highlight ist die schon vom Namen her bedrohliche Infiernillo-Brücke. Die „kleine Hölle" liegt in einer Höhe von 3300 m und ist in der Liga der höchsten Eisenbahnbrücken der Welt ganz oben auf einem Spitzenplatz zu finden. Fast erholsam sind, verglichen mit den kühnen Brückenkonstruktionen, die insgesamt 65 Tunnel, die der Zug auf dem Weg von Lima nach Huancayo passiert.

Nichts für schwache Nerven In schwindelerregender Höhe passiert der Zug den Viadukt über die Verruga-Schlucht. »

▣ Je höher der Zug klettert, desto faszinierender präsentiert sich die Landschaft. Überall eröffnen sich herrliche Blicke auf Bergpanoramen mit schneebedeckten Gipfeln. Der Bahnhof Galera ist nicht nur der höchste Punkt der Strecke. Hier befindet sich auch die Wasserscheide zwischen Pazifik und Atlantik. Parallel zur Eisenbahnstrecke verläuft in diesen luftigen Höhen der Ticlio-Pass, eingerahmt von dem mächtigen Massiv des 5250 m hohen Anticona.

▣ Wenn der Andenzug Lima um 8.00 Uhr verlassen hat, erreicht er Huancayo um 20.00 Uhr. Mit dem Bus oder dem Auto geht es schneller. Der Bus braucht acht, das Auto nur fünf Stunden. Aber keines dieser beiden Verkehrsmittel beschert dem Reisenden ein solches Erlebnis wie die Fahrt mit der Eisenbahn. Die Einheimischen wissen überdies den Vorteil zu schätzen, dass die Andenbahnen auch abgelegene Ortschaften anfahren, die von Bussen nicht zu erreichen

Aguascalientes, Bahnhof Machu Picchu ist nicht mehr weit. Die „Heißen Quellen" liegen 2410 m über dem Meeresspiegel. ➤➤

Indiomarkt Auf dem Markt von Huancayo herrscht reges Treiben.

sind. Und über ein eigenes Auto verfügen in den Anden bei weitem nicht alle Menschen.

Von Machu Picchu nach Cuzco

▣ Die Distanz, die diese Züge zwischen Machu Picchu und Cuzco zurücklegen, beträgt 112 km. Die Zugfahrt dauert drei und eine halbe Stunde. Machu Picchu, was übersetzt nichts anderes als „Alter Gipfel" heißt, liegt in 2430 m Höhe.

Hier befindet sich eine der berühmtesten Ausgrabungsstätten der Inkakultur. Allein ist man in den Ruinen von Machu Picchu allerdings nicht. Dank der guten Zugverbindungen tummeln sich hier täglich bis zu 2000 neugierige Touristen – dies umso mehr, seitdem die Stätte 2007 in die Liste der „Neuen sieben Weltwunder" aufgenommen wurde. Vom nahe gelegenen Bahnhof Aguascalientes gelangen die Reisenden auf einer gewundenen Straße per Bus zu dem archäologischen Areal.

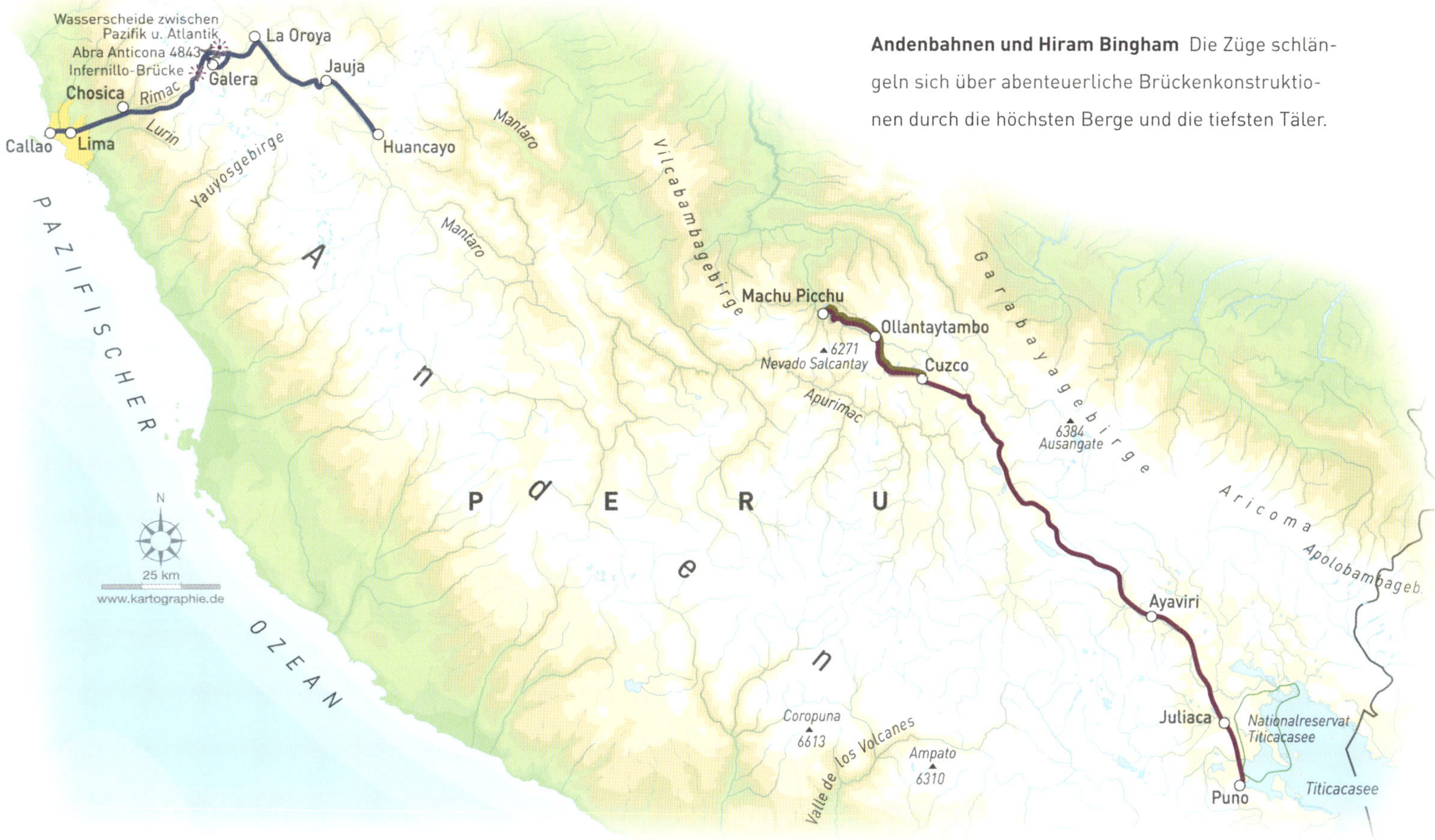

Andenbahnen und Hiram Bingham Die Züge schlängeln sich über abenteuerliche Brückenkonstruktionen durch die höchsten Berge und die tiefsten Täler.

◾ Cuzco ist ebenfalls von herausragender geschichtlicher Bedeutung. 3300 m über dem Meeresspiegel gelegen, war es einst ebenfalls ein Zentrum der Inkas, bevor es das Schicksal von Machu Picchu teilte und von den europäischen Kolonialherren erobert wurde. In der Inkazeit war Cuzco ein religiöser Mittelpunkt, wovon Eisenbahnfreunde, die etwas länger verweilen wollen, sich anhand der vielen alten Monumente an Ort und Stelle überzeugen können. Startpunkt für die 388 km lange Reise nach Puno am Titicacasee ist der Wanchac-Bahnhof. Der Zug, der um 8.00 Uhr losfährt, erreicht Puno und den Titicacasee um 18.00 Uhr desselben Tages. Der See gehört zu den populärsten Attraktionen von ganz Peru. Sein besonderes Merkmal ist nicht einmal so sehr die Tatsache, dass er mit einer Fläche von über 8000 km² der größte See in ganz Südamerika ist. Es gibt vielmehr weltweit keinen anderen See, der so hoch wie der Titicacasee (nämlich 3810 m über dem Meeresspiegel) liegt und dennoch schiffbar ist. Der See ist der ideale Endpunkt eines Eisenbahnabenteuers durch das peruanische Hochland.

Der „Hiram Bingham"

◾ Der Luxuszug „Hiram Bingham" fährt ganzjährig täglich außer sonntags ab 9.00 Uhr vom Bahnhof Poroy bei Cuzco in etwa 3½ Stunden zur Ruinenstadt Machu Picchu. Benannt ist der Zug nach dem US-amerikanischen Archäologen Hiram Bingham III., der zwischen 1906 und 1924 sechs Expeditionen nach Südamerika unternahm und am 24. Juli 1911 auf die Ruinen von Machu Picchu stieß.

◾ Ab Cuzco-Poroy geht die Fahrt vorbei an pappelbestandenen Flächen und terrassenförmigen Berghängen hinunter an

den Lauf des Urubambas. Der Fluss entspringt in der Umgebung des Titicacasees, an der Wasserscheide zwischen den südöstlichen Andenketten Perus und dem Hochland (Perus und Boliviens). Nördlich von Cuzco fließt er dann schließlich durch eine der kulturell und landschaftlich vielfältigsten Regionen des Landes: durch das bei Pisac ansetzende Heilige Tal der Inkas – das Valle Sagrado. Dort wird der Urubamba dann auch Río Vilcanota, Heiliger Fluss, genannt. Schwemmmaterial hat dieses einst tiefe Tal mit der Zeit breit gemacht, teilweise mehr als 3 km, sodass Ackerbau (insbesondere Maisanbau) in dieser Region ertragreich ist. Am Ende des Tals, bei Ollantaytambo, genau

Auf des Entdeckers Spuren „Hiram Bingham" auf seinem Weg nach Machu Picchu.

Per Zug durch sagenhaftes Inkaland Der „Hiram Bingham" im Urubambatal.

Die höchsten Bahnstrecken

Die Peru-Bahn konnte sich bis vor kurzem des Privilegs rühmen, sowohl über die höchst gelegene Bahnstrecke der Welt als auch über den höchsten Bahnhof der Welt zu verfügen. Seit einigen Jahren gibt es einen neuen Rekordhalter im Hochland von Tibet. Der Bahnhof von Tanggula hat mit einer Höhe von 5068 m nun die Nase vorn. Auf Rang zwei folgt die Station von Condor in Bolivien. Sie liegt 4787 m über dem Meeresspiegel. Aber dann folgt gleich der höchste Bahnhof von Peru. Ganze 6 m fehlen Galera, um mit Condor gleichzuziehen. Doch die 4781 m, die von ihm erreicht werden, sind natürlich auch noch aller Ehren wert. Und wer hier den Zug verlässt, spürt sofort, dass die Luft schon ziemlich dünn ist.

T E C H N I K

Macchu Picchu Das UNESCO-Weltkulturerbe. Im Hintergrund das Gipfelpaar Machu Picchu (Alter Gipfel, links) und Huayna Picchu (Junger Gipfel, rechts).

«

S. 228/229 Der „Hiram Bingham" in Aktion In blaugoldenen Waggons mit 1920er-Jahre-Pullman-Charme und großen Fenstern durchs peruanische Andenhochland.

Cuzco Inti Raymi, der wiederbelebte Inkakult zu Ehren der Sonne, vor La Compañía de Jesús, der 1552 bis 1668 erbauten Jesuitenkirche.

≪

dort, wo der Zug auf den Fluss trifft, zieht sich der Urubamba dann durch tiefe Schluchten weiter in Richtung Regenwald. Endstation der Bahn ist Aguascalientes, umgeben von Steilwänden aus Fels und Nebelwald. Von dort aus führen Serpentinen hoch zur etwa 1,5 km entfernten Bergsiedlung Machu Picchu – dem Ziel der Reise.

Was Hiram Bingham fand, hatte er eigentlich gar nicht gesucht. Ziel der unter seiner Leitung veranstalteten Expedition der Universität Yale war es nämlich vielmehr gewesen, der geheimnisvollen Inkasiedlung Vilcabamba auf die Spur zu kommen: dem sagenhaften Zufluchtsort der Inkas 1536 vor Pizarro. So dachte Bingham schließlich auch, in Machu Picchu dieses beschriebene Vilcabamba entdeckt zu haben, das jedoch – wie wir heute wissen – 35 km weiter im Dschungel lag. Gleichwie: In den Jahren nach 1912 begann Bingham jedenfalls damit, seine Trouvaille der Hand des Dschungels zu entreißen und den Händen der Weltöffentlichkeit zu übergeben. Böse Zungen behaupten, erst nachdem er den Ort seiner unermesslichen Schätze beraubt hatte. Was immer man auch von solchen Gerüchten halten mag – fest steht: Die Existenz Machu Picchus war lange vor Binghams Entdeckung bekannt, jedenfalls kleineren Kreisen. Herman Göhring z.B., ein Landvermesser, zeichnete 1874 eine Karte,

auf der – sage und schreibe – Name und Lage der Stadt korrekt eingetragen wurden.

Machu Picchu – die Inkastadt

▣ Die Inkafestung Machu Picchu liegt etwa 75 km nordwestlich von Cuzco in 2360 m Höhe auf einem Gebirgsplateau über dem Urubambatal. Der ursprüngliche Name der Siedlung ist verloren. Ihr heutiger leitet sich ab von der nächstgelegenen Bergspitze: dem Machu Picchu (Alter Gipfel) eben. Gemeinsam mit dem unweit entfernten, hoch in den Himmel wachsenden Huayna Picchu (Junger Gipfel) bildet dieser – so die Vorstellung – ein Generationenpaar. Der Zeitpunkt der Stadterrichtung lässt sich – dank neuerer Analysemethoden – relativ sicher auf die Zeit um

Beim Reisen fein speisen Hochgenuss in jeder Hinsicht während einer Fahrt im Luxusliner „Hiram Bingham".

1450 eingrenzen. Pachacútec Yupanqui, der den Kult um den Sonnengott Inti begründete, war damals an der Macht (1438–1471). So findet sich auf Machu Picchu auch eine Sonnenuhr, genauer: ein Stein mit einem 66 cm hohen Zapfen. Fiel der Schatten auf eine bestimmte Stelle, war Sonnenwende angezeigt.

▣ Welchem Zweck diente Machu Picchu, die entlegene Stadt, die geschätzte 1000 Menschen beherbergen konnte? War die Stadt also vielleicht ein Verwaltungszentrum für den Ackerbau? Hatte doch der damalige Inkaherrscher Pachacútec Yupanqui zur großen Neulandgewinnung aufgerufen! Wieso konnte ein 80–85%iger Frauenanteil unter den gefundenen Skeletten ermittelt werden? Neuere Untersuchungen sagen: Analysefehler. Wieso haben die spanischen Eroberer den Ort nicht zerstört? Haben sie ihn vielleicht gar nicht entdeckt? Und wenn ja, warum nicht? War die Stadt von ihren Bewoh-

nern vielleicht schon wieder verlassen worden? Oder war die Stadt erst noch in Bau, als Pizarros Leute anrückten? Also noch gar nicht wirklich besiedelt? – Fragen über Fragen, denen man nach Rückkehr an Bord am frühen Abend bei Liveunterhaltung in der Cocktailbar noch genüsslich nachsinnen kann und selbst noch später während des Viergängemenüs à la Carte im Restaurantwagen. Gegen 22 Uhr trifft die Bahn schließlich wieder im Bahnhof Cuzco-Poroy ein.

Ferrocarril und PeruRail

 Inzwischen hat die Ferrocarril auch die wirtschaftliche Krise gemeistert, in die sie in den 1970er Jahren geraten war, als die Konkurrenz der Passstraße dem Schienenverkehr schwer zu schaffen gemacht hatte. Über längere Zeit wurde der Bahnverkehr sogar komplett eingestellt. Erst seit 2002 sind die Züge von Ferrocarril wieder regelmäßig im Anden-Einsatz. Ferrocarril ist indes nicht die einzige Gesellschaft, die Eisenbahnen auf die Reise durch das Gebirge schickt. Auch PeruRail ist in dieser Hinsicht sehr gefragt und für Eisenbahnfans eine der ersten Adressen. Kultcharakter hat die Fahrt vom sagenumwobenen Machu Picchu nach Puno am Titicacasee über die Zwischenstation Cuzco. Vier Züge unterschiedlicher Ausstattung und Qualität schickt die PeruRail auf die Reise. Der „Hiram Bingham" im eleganten Blaugold ist ein ausgesprochenes Luxusgefährt. Er bedient die Strecke zwischen Machu Picchu und Cuzco und verwöhnt die Reisegäste mit allerlei Komfort. Restaurantwagen und Barwagen gehören zum selbstverständlichen Komfort. Der „Vistadome" fährt die gleiche Tour und setzt ganz auf die Karte der guten Aussicht. Dafür sorgen große Panoramafenster, die den Reisenden das Gefühl vermitteln, in einem rollenden Glashaus zu sitzen. Nostalgie, gepaart mit Luxus, ist die große Trumpfkarte des „Andean Explorer". Die Reisenden in der ersten Klasse entdecken die Landschaft in noblen Waggons, die im Stil der 1920er Jahre hergerichtet sind. Bei einem üppigem Dreigängemenü kann man im Restaurantwagen die Natur der Anden an sich vorbeirauschen lassen. Für schmalere Geldbeutel steht in der Zugflotte der PeruRail der „Backpacker" bereit. Der Name hat programmatischen Charakter, denn die Ausstattung des Zuges ist ganz auf die Bedürfnisse von Rucksackreisenden ausgerichtet, die von Machu Picchu nach Cuzco oder in umgekehrter Richtung fahren wollen.

Zwischen Cuzco und Puno Auch hier präsentiert sich die Natur in atemberaubender Schönheit.

«

Den Zug verpasst? Die Einheimischen nutzen die Schienen der Andenbahn gern als Fußweg.

«

Begehrte Lok Die Fahrt mit der PeruRail von Puno nach Machu Picchu ist bei Eisenbahnfans sehr beliebt.

Züge in Film und Literatur

Die im Verlauf der industriellen Revolution 1825 eingeführte Dampfeisenbahn transportierte erst Güter, später Personen, letztlich aber ein radikal neues gesellschaftliches Verständnis der Welt. So änderten sich etwa die Bauaufgaben, die Landschaftsbilder, die Raum-Zeit-Vorstellungen, die Reisesituationen und es ist verständlich, dass die Eisenbahn auch Eingang in Literatur und Film fand.

Einführung

Anna Karenina Literaturverfilmung nach dem gleichnamigen Roman von Lew Tolstoi (USA 1935, Regie: Clarence Brown): Szene mit Greta Garbo und Freddie Bartholomew. Anna Karenina stürzt sich später vor einen Zug.

▢ Gleich, ob hierfür im Einzelfall Technikbegeisterung, Fortschrittskritik, Exotikinteresse oder einfach nur der spezifische Handlungsstrang ausschlaggebend war – fest steht: Innerhalb dieser beiden Sparten ist die assoziative Bandbreite des Eisenbahnmotivs groß. Man denke unter diesem Gesichtspunkt nur an Lew Tolstois Anna Karenina (1875–1877), Émile Zolas La Bête Humaine (1889), Graham Greenes Stamboul Train (1932) oder Pascal Merciers Nachtzug nach Lissabon (2006) – an

Mathilde – eine große Liebe (Frankreich 2004, Regie: Jean Pierre Jeunet): Bahnsteigszene mit Audrey Tautou. Die Geschichte spielt im Ersten Weltkrieg.

Alfred Hitchcocks Der unsichtbare Dritte (1959), Terence Youngs Liebesgrüße aus Moskau (1963), Sergio Leones Spiel mir das Lied vom Tod (1968) oder Sidney Lumets Mord im Orient Express (1974).

Anna Karenina

☐ Lew Nikolajewitsch Tolstoi, Anna Karenina, publiziert in „Russkij vestnik" 1875–1877. Im Zentrum des Romans, einer Chronik dreier Familien der russischen Gesellschaft Ende des 19. Jh., steht eine der großen Liebenden der Weltliteratur: Anna Karenina. Sie will ihrem Gatten Alexej Karenin eine treue Gattin sein, ihrem Sohn Serjoscha eine gute Mutter, aber ihre Leidenschaft für den jungen Petersburger Offizier Graf Alexej Wronskij zehrt an ihr. Annas Welt beginnt zu wanken. Sie gerät in einen Strudel aus Unvereinbarkeiten: widersprüchlichen Gefühlen, kontroversen Verpflichtungen, gegensätzlichen Lebensentwürfen – in einen Sog, der sie immer weiter ins gesellschaftliche Abseits zieht. Schließlich darf sich Anna selbst der Liebe Wronskijs nicht mehr sicher sein. Ohne den geringsten Halt mehr im Leben zu verspüren, wirft sie sich vor einen fahrenden Zug am Moskauer Bahnhof, dort wo sie einst ihren Geliebten kennenlernte. Die Ikone technikgestützter Mobilität, die das Paar zunächst zusammenführte, trennt es jetzt wieder – für immer. Die Eisenbahn erscheint so als geradezu mystische Vollstreckerin.

Doktor Schiwago (USA 1965, Regie: David Lean): Szene am Bahngleis mit Omar Sharif und Geraldine Chaplin.

Liebesgrüße aus Moskau (Großbritannien/ USA 1963, Regie: Terence Young): Plakat und Bahnszene mit Sean Connery und Daniela Bianchi.

Liebesgrüße aus Moskau

◾ Großbritannien 1963, Regie: Terence Young, Darsteller: Sean Connery, Daniela Bianchi, Pedro Armendáriz, Lotte Lenya, Robert Shaw, Bernard Lee, Eunice Gayson, Walter Gotell, Francis De Wolff, George Pastell, Nadja Regin, Lois Maxwell, Aliza Gur, Martine Beswick, Vladek Sheybal. Literaturvorlage: Ian Fleming – From Russia, with Love, Jonathan Cape 1957

◾ Inhalt: James Bond (Sean Connery), Agent 007 des britischen Geheimdiensts, vermag aus der russischen Botschaft Istanbul die hochmoderne Dechiffriermaschine Lektor zu entwenden – dank einer Überläuferin (Daniela Bianchi) und eines MI6-Verbindungsmanns (Pedro Armendáriz). Anschließend setzen sich er und seine Helfershelfer im Orient Express in Richtung Westen ab. Doch: Die ganze Aktion folgt dem Plan der Verbrecherorganisation PHANTOM (original: SPECTRE = Special Executive for Counter Intelligence, Terrorism, Revenge and Extortion). Sie versucht, selbst in den Besitz der Maschine zu gelangen, die Weltmächte gegeneinander aufzuhetzen und Rache an 007 für den Tod des ehemaligen Mitarbeiters Dr. No zu nehmen. Red Grant (Robert Shaw), einer ihrer brutalsten Killer, ist auch bereits an Bord des Zuges.

Dort zwingt er Bond in einer der längsten und aufwendigsten jemals choreografierten Kampfszenen der Filmgeschichte zu einem legendären Duell im Schlafwagen.

◾ Bahnszenen: Angesichts derartiger produktionstechnischer Herausforderungen wurden alle Innenraumszenen in den Ateliers der Londoner Pinewood Studios gedreht. Sämtliche Außenaufnahmen von Relevanz – die Abfahrt, die Zwischenstopps, die Schienenblockade etc. – entstanden am Bahnhof Istanbul Sirkeci und anderswo in der Türkei, oftmals durch ein parallel produzierendes Second Unit Team. Hartnäckig hält sich das Gerücht, kein Geringerer als Ian Fleming selbst, der Bond-Autor, sei dabei einmal kurz ins Bild genommen worden. Dem war aber wohl nicht so, wenngleich ein kurzer Besuch des Schriftstellers am Dreh belegt ist. Gleichwie, fest steht: Im Unterschied zur Literaturvorlage handelt es sich bei der Zugverbindung im Film nicht um den 1919 ins Leben gerufenen Simplon-Orient-Express (S.O.E) der 1950er Jahre, sondern um dessen 1962 eingerichteten Nachfolger: den sogenannten Direct-Orient (D.O.), der Belgrad und Zagreb über den Sowjetsatelliten Bulgarien (Plovdiv und Sofia) ansteuerte. Unterwegs auf dieser Strecke verlässt Bond den Zug kurz vor der italienischen Grenze: mit ihm die schöne Überläuferin – und die Dechiffriermaschine.

Transsiberian
(Großbritannien/
Deutschland/Spa-
mien/Litauen 2008,
Regie: Brad Ander-
son): Szene im
Bordrestaurant mit
Ben Kingsley, Emily
Mortimer, Woody
Harrelson.
»

Der General

- USA 1926, Regie: Buster Keaton, Clyde Bruckman, Darstel-
ler: Buster Keaton, Marion Mack, Charles Smith, Frank
Bernes, Glen Cavender, Jim Forley, Literaturvorlage: Al
Boasberg nach einer Erzählung von William Pittinger

- Inhalt: Amerikanischer Bürgerkrieg: Lokomotivführer Johnnie Gray (Buster Keaton) will mit allen Mitteln seine von
Nordstaatlern entwendete Lokomotive „General" zurückerobern. Dabei gewinnt er auch das Herz seiner Angebeteten
(Marion Mack) zurück. Keatons Komödie basiert auf dem
sogenannten Andrews-Überfall vom 12. April 1862.

Transsiberian

- Großbritannien, Deutschland, Spanien, Litauen 2008, Regie:
Brad Anderson, Darsteller: Woody Harrelson, Emily Mortimer, Eduardo Noriega, Kate Mara, Ben Kingsley u. a., Drehbuch: Brad Anderson, Will Conroy

- Inhalt: Roy (Woody Harrelson) und Jessie (Emily Mortimer)
reisen mit der Transsibirischen Eisenbahn sieben Tage lang
und 9000 km weit von Peking nach Moskau. Sie sind auf
dem Weg zurück in die USA, letztlich aber auf der Suche
nach ihrer verlorenen Gemeinsamkeit. Während der Fahrt
nehmen schicksalhafte Ereignisse ihren Lauf.

Der General (USA
1926, Regie: Buster
Keaton): Johnnie
Gray (Buster Kea-
ton) vor seinem
geliebten „General".
«

Mord im Orient Express Literaturverfilmung nach dem gleichnamigen Roman von Agatha Christie (Großbritannien 1974, Regie: Sidney Lumet): Original-Filmplakat mit Hauptdarstellern und Dampflok

Mord im Orient Express

▢ Großbritannien 1974, Regie: Sidney Lumet. Darsteller: Albert Finney, Lauren Bacall, Martin Balsam, Ingrid Bergman, Jacqueline Bisset, Jean Pierre Cassel, Sean Connery, John Gielgud, Wendy Hiller, Anthony Perkins, Vanessa Redgrave, Rachel Roberts, Richard Widmark, Michael York. Literaturvorlage: Agatha Christie – Murder on the Orient Express, Collins Crime Club 1934

▢ Inhalt: Winter 1934. Hercule Poirot (Albert Finney), der weltbekannte belgische Meisterdetektiv, befindet sich auf der Rückreise aus Jordanien. In Istanbul plant er ein paar Tage Aufenthalt. Doch ein unvorhergesehener Auftrag zwingt ihn zur sofortigen Weiterreise nach London. So steigt er ohne vorherige Reservierung in den überfüllten Simplon-Orient-Express, der ihn über Paris zur Fähre nach Calais bringen soll. Zwar vermag sich Poirot kraft seiner Beziehungen ab Belgrad doch noch ein Abteil zu sichern, doch eine ruhige Fahrt steht ihm wahrlich nicht bevor. Denn schon in der darauffolgenden Nacht wird im Nachbarabteil, irgendwo zwischen Vinkovci und Brod, der US-amerikanische Geschäftsmann Samuel Edward Ratchett (Richard

Ein weltberühmter Roman meisterhaft verfilmt

Nat Cohen präsentiert für Gloria Film:

AGATHA CHRISTIE's
MORD IM ORIENT EXPRESS

ALBERT FINNEY · LAUREN BACALL
MARTIN BALSAM · INGRID BERGMAN
JACQUELINE BISSET · JEAN-PIERRE CASSEL
SEAN CONNERY · JOHN GIELGUD · WENDY HILLER · ANTHONY PERKINS
VANESSA REDGRAVE · RACHEL ROBERTS · RICHARD WIDMARK
MICHAEL YORK mit Colin Blakely · George Coulouris · Denis Quilley
Musik: Richard Rodney Bennet · Orig.-Soundtrack auf Schallplatte d. EMI Electrola · Drehbuch: Paul De
Produzenten: John Brabourne und Richard Goodwin · Regie: Sidney Lumet · Eine EMI Produktion

Widmark) mit insgesamt zwölf Messerstichen ermordet. Als dann auch noch der Zug nach schweren Schneeverwehungen auf offener Strecke stecken bleibt, übernimmt Poirot die fällige Ermittlungsarbeit. Nach und nach bittet er die Tatverdächtigen zu sich in den Salonwagen – nach und nach eröffnen sich ihm schier unglaubliche Zusammenhänge.

▢ Bahnszenen: Die Inszenierung der Bahnfahrt erfolgte unter Mitwirkung des renommierten Eisenbahnhistorikers Roger Commault. So waren die in den britischen Elstree-Studios in Borehamwood bei London gebauten Innenräume auch sämtlich realen, wenn auch nie wirklich auf dem Balkan eingesetzten Waggons der ehemaligen Compagnie Internationale des Wagons-Lits et des Grands Express Européens (CIWL) nachgebildet. Die Außenaufnahmen entstanden in Frankreich, sieht man von wenigen Originalsequenzen aus der Türkei am Filmbeginn ab. Als Drehort für die Bahnsteigszenen diente das bahnsteiglose CIWLT-Wagendepot.

Ich denke oft an Piroschka Bahnsteigszene mit Liselotte Pulver und Gustav Knuth. (Deutschland 1955, Literaturvorlage: Hugo Hartung, Regie: Kurt Hoffmann).

Le Landy im Pariser Außenbezirk Saint-Denis, was die film-typischen, realiter aber völlig ungebräuchlichen Einstiegslei-tern in die Waggons erklärt. Die übrigen Szenen wurden im Departement Doubs nahe der schweizerischen Grenze gedreht – auf der 23 Kilometer lange Nebenlinie zwischen Gilley und Pontarlier. Der felsenreiche Ort, an dem die Schneewehe den Zug gefangen nimmt, liegt nördlich von La Longeville.

Die Brücke am Kwai

▢ Großbritannien 1957 (laut Vorspann 1958), Regie: David Lean, Darsteller: William Holden, Jack Hawkins, Alec Guin-ness, Sessue Hayakaw u.a., Literaturvorlage: Pierre Boulle

▢ Inhalt: Im Zweiten Weltkrieg zwingen Japaner britische Gefangene zum Bau einer strategisch wichtigen Eisenbahn-linie zwischen Thailand und Burma – unter (laut Genfer Konventionen) rechtswidriger Beteiligung der Offiziere. Aus Angst vor Gesichtsverlust trifft der britische Oberbefehlsha-ber Nicholson (Alec Guinness) eine bemerkenswerte Ent-scheidung: Er hilft dem gegnerischen Lagerkommandanten Saito (Sessue Hayakawa), die anstehende Überbrückung des Kwai besser und schneller als geplant zu bewerkstelligen. So wichtig ist ihm der Erfolg, dass er am Ende sogar die Spren-gung der Brücke durch alliierte Truppen zu verhindern sucht.

▢ Bahnszenen: Gedreht wurde dieses auf historischen Tatsa-chen basierende Drama auf Sri Lanka, nahe Kitulgala. Die dort errichtete, 35 m hohe und 130 m lange Brückenkulisse war die bis dahin größte ihrer Art der Filmgeschichte. Im wahren Leben wurden zwei Brücken errichtet, zunächst eine aus Holz, später dann noch eine weitere aus Stahl. Beide fielen alliierten Truppen zum Opfer. Die 1946 rekon-struierte Stahlbrücke ist noch immer in Betrieb.

Die Brücke am Kwai

(Großbritannien 1957, Regie: David Lean): „Das neue Film Programm" und Filmszene mit Sessue Hayakawa.

WILLIAM HOLDEN · ALEC GUINNES · JACK HAWKINS

COLUMBIA FILM ZEIGT EINE SAM SPIEGEL PRODUKTION

DIE BRÜCKE AM KWAI

Zugstrecken in Afrika

Der Schwarze Kontinent hat für Bahnreisende besondere Leckerbissen zu bieten: Die Bahnlinie Kairo–Assuan führt entlang des Nils durchs Land der Pharaonen, mit den „Kenya Railways" lernt man eine einzigartige Tier- und Pflanzenwelt kennen, nostalgische Dampfloks fahren zu den Victoriafällen und in den luxuriösesten Zügen der Welt fährt man von Kapstadt nach Pretoria.

AFRIKA | Streckenübersicht

Mittelmeer

Kairo
El Minia
Nil
Kairo–Assuan | 240–247
ÄGYPTEN
Assuan

SUDAN

Golf von Guinea

UGAN

Victoria
see

ATLANTISCHER

TA
Tanganjika-
see

Kasama

ANGOLA
SAMBIA

OZEAN
Lusaka

Victoriafälle
Harare

Zimbabwe Special | 252–257
SIMBABWE

Bulawayo
NAMIBIA
Windhoek
BOTSUANA

Walvis Bay
Kalahariwüste
Messina

Desert Express | 258–265
Gaborone
Pretoria

Johannes-
burg
SWASILA

Kimberley

LESOTHO

De Aar
SÜDAFRIKA

Blue Train | 266–273

Kapstadt

Afrika

Rotes Meer

Arabisches
Meer

Golf von Aden

Golf
von
Bengalen

ÄTHIOPIEN

SOMALIA

KENIA

bi

Mombasa

IA

Daeressalam

INDISCHER

OZEAN

OSAMBIK

Straße von Mosambik

MADAGASKAR

N

250 km

www.kartographie.de

Kairo–Assuan

Touristen erkunden Ägypten gern auf einem der Nilschiffe. Doch lohnt sich auch eine Eisenbahnfahrt durch das Land der Pharaonen. Die Strecke von Kairo nach Assuan wird von eleganten Zügen bedient. Sie bescheren den Reisenden eine Tour mit Erlebniswert, auch wenn die meisten Fahrten in der Nacht stattfinden.

Am Bahnsteig Auch in den 1950er Jahren ging es auf ägyptischen Bahnhöfen schon geschäftig zu. Damals hielt sich die Zahl der Touristen allerdings noch in Grenzen.

▣ Beim Thema „Reisen in Ägypten" denken die meisten nicht sofort an die Eisenbahn. Klassisch ist die Fahrt auf einem Nildampfer, auf dem die Reisenden langsam auf einem der berühmtesten Ströme der Welt an der ägyptischen Landschaft und ihren historischen Sehenswürdigkeiten vorbeischweben. Der unschlagbare Vorteil der Eisenbahn liegt darin, dass sie preisgünstiger ist und mehr Stationen anläuft, sodass man häufiger die Chance hat auszusteigen.

Die Eisenbahn hat in Ägypten eine lange Tradition. Schon um die Mitte des 19. Jh., als im Land der Pharaonen noch die Türken am Ruder waren, wurden die ersten Strecken in Betrieb genommen. Die Ägypter sind besonders stolz darauf, früher als jedes andere Land in Afrika über eine Eisenbahn verfügt zu haben. Zunächst spielte sich der Schienenverkehr ausschließlich im Norden des Landes, im Delta des Nils, ab. Vorrangig ging es damals darum, die Metropolen Alexandria und Kairo miteinander zu verbinden. Eine wichtige Rolle spielte auch die Linie nach Sues.

Der Süden des Landes wurde eisenbahntechnisch erst später erschlossen. Doch heute verkehren regelmäßig und täglich viele Züge zwischen Kairo und Assuan. Genau 879 km sind dabei zu absolvieren. Und der Fahrplan liest sich wie eine Reise in die Geschichte des Landes am Nil und der neugierige, kulturbeflissene Reisende kann trotz Nachtfahrten die Chance nutzen, sich in einzelnen Etappen bis zum Endpunkt nach Assuan vorzuarbeiten.

Auf den Spuren der Pharaonen

Kairo In der ägyptischen Hauptstadt Kairo ist die Besichtigung der Alabastermoschee aus dem 19. Jh. sehr zu empfehlen.

Ein normaler Zug hält auf dem Weg von Kairo nach Assuan 13-mal, bevor er in den Bahnhof von Assuan einläuft. Wer die ganze Strecke in einem Schwung zurücklegen möchte, trifft nach etwas mehr als zwölf Stunden in Assuan ein. Schon 15 Minuten, nachdem der Zug den Ramses-Bahnhof von Kairo verlassen hat, findet der erste fahrplanmäßige Stopp in El-Giza statt. So heißt auf Arabisch jener Ort, der den Europäern besser unter dem Namen Giseh bekannt ist. Von hier aus ist es nur ein kurzer Trip bis zu den Pyramiden der Pharaonen aus der 4. Dynastie. Widersteht man der Versuchung, den monumentalen Gräbern einen Besuch abzustatten, geht die Reise gleich weiter. Nach etwas mehr als einer Stunde erreicht der Zug Beni Suef. Die Stadt liegt 115 km von Kairo ent-

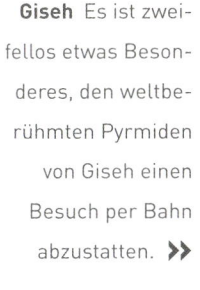

Giseh Es ist zweifellos etwas Besonderes, den weltberühmten Pyrmiden von Giseh einen Besuch per Bahn abzustatten. »

fernt und bietet sich als Ziel von Exkursionen in das seit pharaonischen Zeiten bedeutende Gebiet von Fayum an. Und auch auf den weiteren Stationen sind Denkmäler und Monumente aus dem alten Ägypten treue und sehenswerte Reisebegleiter. Auf km 247, gerechnet ab dem Startpunkt Ramses-Bahnhof Kairo, liegt der Ort El Minia. Wer von hier einen 40-km-Trip nicht scheut, darf sich auf die berühmte Grabanlage des Hohepriesters Petosiris freuen.

▣ Und weiter bahnt sich der schlanke Zug der Ägyptischen Staatsbahn seinen Weg Richtung Süden. Bei km 375 kommt Asyut in Sicht, das ziemlich genau in der Mitte von Ägypten liegt. Ganz in der Nähe des Bahnhofs der Provinzhauptstadt lockt das lebhafte Basarviertel. Außerhalb der Stadt sind die Oasen für viele Touristen ein magnetischer Anziehungspunkt. Bei Sohag ist der Kairoer Bahnhof bereits 467 km entfernt. Kein Reiseführer verzichtet hier darauf, den Reisenden einen Besuch der koptischen Klöster wärmstens ans Herz zu legen. Über Girga erreicht der Zug Nag Hammadi, dessen Umgebung ebenfalls reich an archäologischen Kostbarkeiten ist, der darüber hinaus aber auch für die Route der Eisenbahn von Bedeutung ist. Denn bis hierhin ist der Zug auf der Westseite des Nils gefahren. Nun aber wechselt er, wo der Strom einen großen Bogen nach Norden schlägt, die Seiten. Er überquert den Nil auf einer Brücke und bleibt bis zum Zielort Assuan auf der Ostseite des großen Stromes.

▣ Der Name Luxor elektrisiert alle Freunde des alten Ägypten. Exakt 671 km vom Ausgangspunkt Kairo entfernt, öffnen sich hier die Tore zu einem archäologischen Paradies. Luxor

Zwischen Luxor und Assuan Der Nil ist ständiger Begleiter auf einer Eisenbahnfahrt durch Ägypten.

Edfu, Bahnhofshalle Hier werden die Tickets Richtung Norden oder Süden gelöst. ≫

und sein Nachbarort Karnak befinden sich dort, wo sich einst in pharaonischen Zeiten die alte Königsstadt Theben erstreckte. Viele Pharaonen haben hier ihre baulichen Visitenkarten hinterlassen, allen voran natürlich der große Ramses. Konkurrieren muss er hier aber mit dem Pharao Tutanchamun, der zu Lebzeiten ziemlich unbedeutend war. Nachdem aber Howard Carter 1922 im nahe gelegenen „Tal der Könige" seine unberührte Grabkammer mit all ihren Schätzen entdeckt hatte, erlebte der früh verstorbene Herrscher eine erstaunliche Wiedergeburt.

▣ Von Luxor sind es noch 108 km bis nach Assuan. Im tiefen Süden Ägyptens hält der Zug in der kleinen Stadt Esna, die sich durch den Bau eines 874 m langen Stauwehrs zu einem landwirtschaftlichen Zentrum entwickelte. 52 km legt der Zug von Esna zurück, bevor er nach Edfu kommt. Das ist schon wieder ein Name, den sich Freunde des alten Ägypten auf der Zunge zergehen lassen. Hier befindet sich ein berühmter Tempel des Gottes Horus, den die Ägypter in der Gestalt eines Falken darzustellen pflegten. Dieser Tempel ist ein Werk der griechischen Ptolemäer.

Gott Horus Der Falke genoss im alten Ägypten als Verkörperung des Gottes Horus höchste Verehrung.
»

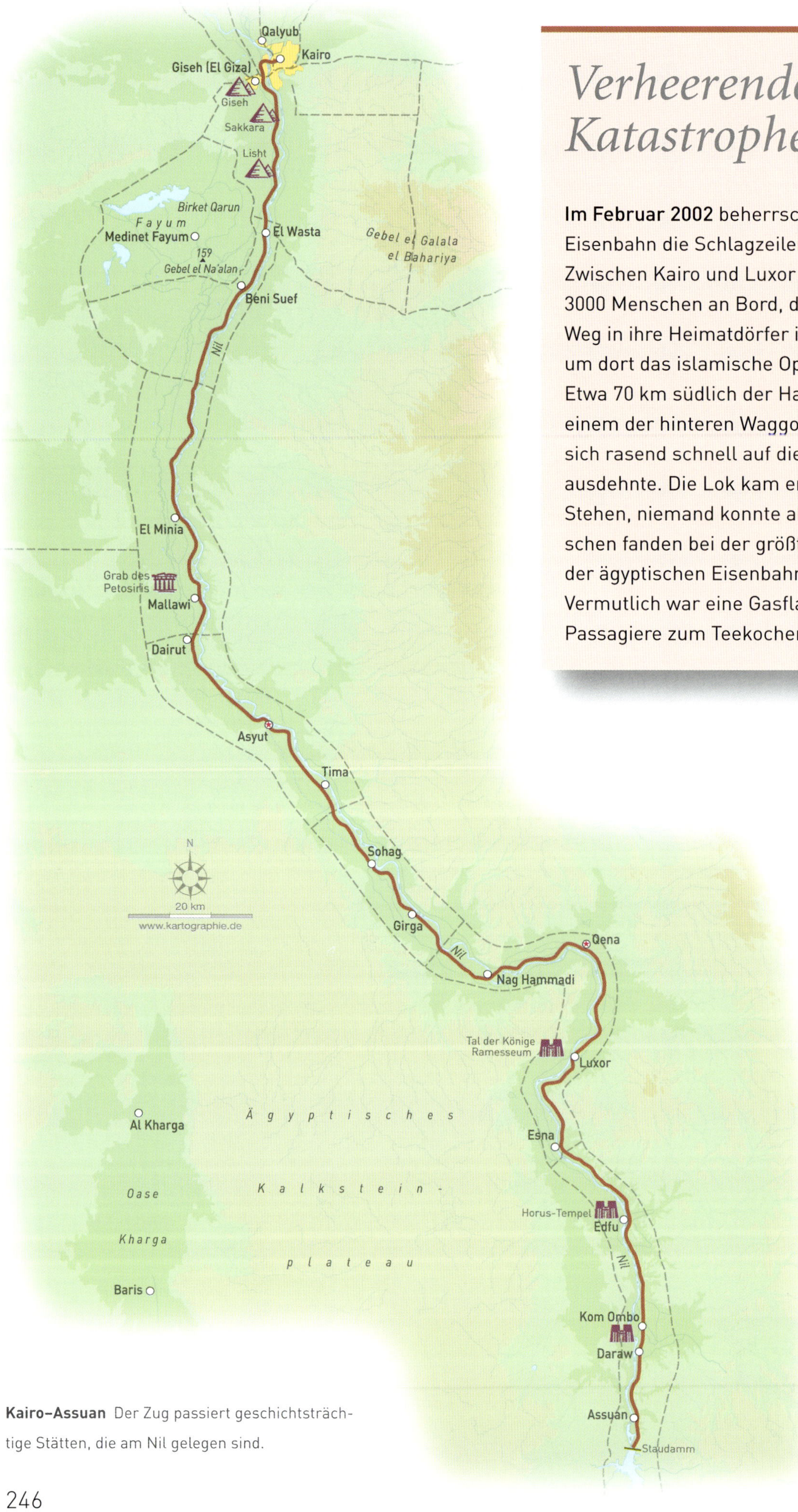

Qalyub
Kairo
Giseh (El Giza)
Giseh
Sakkara
Lisht
Birket Qarun
Fayum
Medinet Fayum
El Wasta
159
Gebel el Na'alan
Gebel el Galala el Bahariya
Beni Suef
Nil
El Minia
Grab des Petosiris
Mallawi
Dairut
Asyut
Tima
N
20 km
www.kartographie.de
Sohag
Girga
Nil
Qena
Nag Hammadi
Ägyptisches
Kalkstein-
Al Kharga
Tal der Könige
Ramesseum
Luxor
Oase
Esna
Kharga
plateau
Horus-Tempel
Edfu
Baris
Nil
Kom Ombo
Daraw
Assuan
Staudamm

Kairo–Assuan Der Zug passiert geschichtsträchtige Stätten, die am Nil gelegen sind.

Verheerende Katastrophe

Im Februar 2002 beherrschte die ägyptische Eisenbahn die Schlagzeilen der Weltpresse. Zwischen Kairo und Luxor fuhr ein Zug mit fast 3000 Menschen an Bord, die meisten auf dem Weg in ihre Heimatdörfer im Süden des Landes, um dort das islamische Opferfest zu feiern. Etwa 70 km südlich der Hauptstadt brach in einem der hinteren Waggons ein Feuer aus, das sich rasend schnell auf die vorderen Wagen ausdehnte. Die Lok kam erst nach 7 km zum Stehen, niemand konnte abspringen. 373 Menschen fanden bei der größten Brandkatastrophe der ägyptischen Eisenbahngeschichte den Tod. Vermutlich war eine Gasflasche explodiert, die Passagiere zum Teekochen mitführten.

EREIGNIS

Ein Hauch von Schwarzafrika

◻ Bei km 834 steht der Bahnhof eines Ortes mit dem exotisch klingenden Namen Kom Ombo. Auch hier waren die Könige aus der Dynastie der Ptolemäer am Werk. Direkt am Nil liegt in attraktiver Lage ein Tempel, dessen kühne Architektur beweist, dass die Griechen gelehrige Schüler der altägyptischen Lehrmeister gewesen sind.

◻ Die letzte Station vor Assuan ist die Stadt Daraw. Auf dem Weg dorthin fliegt eine Landschaft am Zug vorbei, die immer mehr einen afrikanischen Touch annimmt. Ausnahmsweise gibt es hier keine besonderen archäologischen Zeugnisse, dafür aber viel Trubel um einen Kamelmarkt, zu dem Karawanen aus dem Sudan heraufziehen.

Auf dem Nil Ein Nildampfer kreuzt bei der Nilinsel Elephantine in der Nähe des ersten Katarakts.

Assuan-Staudamm Der Bau war in den 1960er Jahren ein technisches Megaprojekt.

◻ Nach 879 km auf Schienen ist in Assuan der Endpunkt der Reise erreicht. Der Name dieser betriebsamen Stadt ist untrennbar mit dem Megaprojekt des Staudamms verbunden, obwohl auch hier kein Mangel an archäologischen Attraktionen – wie z. B. auf der Nilinsel Elephantine – herrscht. Der Staudamm wurde zwischen 1960 und 1971 unter der Regie des damaligen Staatspräsidenten Nasser und mit freundlicher Unterstützung der Sowjetunion erbaut. Damals mussten nicht nur die Ramses-Tempel von Abu Simbel weichen. Auch 100 000 Nubier waren gezwungen, ihre Heimat zu verlassen, als infolge des Staudamms der Wasserspiegel dramatisch zu steigen begann.

Kenya Railways

„Halten Sie nach Impalas, Giraffen, Straußen und anderen wilden Tieren Ausschau, während Sie im Restaurantwagen Ihr Frühstück einnehmen", heißt die Empfehlung im Werbeprospekt. Man braucht natürlich auch etwas Glück für die Begegnung. Und viele der Tiere Afrikas kann man wirklich nicht beim Blick aus dem Fenster sehen. Denn der Zug fährt die meiste Zeit durch die Nacht.

Unter Dampf Zuverlässig verrichten die Dampflokomotiven der Eisenbahnen in Kenia seit Jahr und Tag ihren Dienst. Die Züge sind auch wichtig für die Warentransporte im Land.

▣ Offiziell heißt sie „Jambo Kenya Deluxe" – die Bahn, die dreimal wöchentlich von der kenyanischen Hauptstadt Nairobi zur Küstenstadt Mombasa am Indischen Ozean fährt und dreimal wieder zurück. Hinter dem Wort „Jambo" verbirgt sich in Suaheli die Begrüßungsformel. Von Einheimischen stammt die Bezeichnung „Eiserne Schlange". 530 km lang ist die Strecke, in der 1000-mm-Spur. Vorsorglich raten die Prospekte, am Ziel keine festen Termine zu vereinbaren. Denn oft hat der Zug Stunden Verspätung. Afrikakenner sprechen dennoch von einem der pünktlichsten Bahnen des Schwarzen Kontinents. Zwischen drei Klassen können die Pas-

Bahnhof Nairobi
Ausgangspunkt für die Fahrt des „Jambo Kenya Deluxe" ist der Bahnhof in der kenianischen Hauptstadt. Hier herrscht immer ein geschäftiges Treiben.

»

sagiere wählen. Zwei Betten stehen in der 1. Klasse zur Verfügung, vier in der 2. Von einheimischen Fahrgästen überfüllt ist die 3. Klasse, die nur mit Sitzen ausgestattet ist.

▣ Als Lager für Bahnarbeiter wurde die heutige Millionenstadt Nairobi gegründet. Hier wurden die Werkstätten und Magazine für das Material eingerichtet. Vor allem Arbeiter aus Britisch-Indien trieben die Schienen Meter um Meter durch die tropische Landschaft voran. Insgesamt wurden für den Eisenbahnbau bis 1902 rund 37 000 Arbeiter, Handwerker und andere Hilfskräfte von Indien ins heutige Kenia verschifft. Die britische Verwaltung in Indien erließ dazu ein eigenes Auswanderungsgesetz. Ihre Nachkommen sorgen noch heute für einen beträchtlichen indischstämmigen Bevölkerungsanteil in Ostafrika. Historiker werten die Errichtung der Bahnlinie im Rückblick als Manifestation der europäischen Präsenz und als Symbol kolonialer Macht. Die einheimische Bevölkerung beobachtete die Arbeiten mit Furcht. Sie wurde nicht nur mit einer beängstigenden Technik, sondern auch mit Erscheinungen wie Alkoholismus und Prostitution konfrontiert.

Endstation Museum Einen Besuch wert ist das Eisenbahnmuseum in Nairobi. Hier fanden manche Loks wie diese Dampflok 2-6-2 ihren letzten Stellplatz.

▣ Für Fans empfiehlt sich heute ein Besuch des Eisenbahnmuseums in Nairobi. Die Metropole des Landes ist eine Stadt der Kontraste. Wolkenkratzer und eine moderne Geschäftswelt wechseln sich mit Vierteln voller Armut und idyllischen Vororten ab. Während der Kolonialzeit war Nairobi das Zentrum des Kaffee-, Tee- und Sisalgeschäfts.

Durch die Wildnis

▣ Um 19.00 Uhr abends setzt sich der Zug langsam in Bewegung, um bald in das Dunkel der Nacht einzutauchen. Von Nairobi kommend, steht um 4.00 Uhr früh

249

der Halt in der Stadt Voi auf dem Fahrplan. Die Passagiere sollten wach sein zu diesem Zeitpunkt. Denn der Ort ist das Zugangstor zum Nationalpark Tsavo-West, den die Bahn durchkreuzt. Auf dieser Teilstrecke sind die Chancen am größten, einen Blick auf die Tierwelt Afrikas zu erheischen.

▣ In der unendlich bis zum Horizont verlaufenden Savanne trifft die Eiserne Schlange vielleicht auf eine Herde Gazellen, die blitzschnell, vom Getöse der Dampflokomotive aufgeschreckt, das Weite sucht. Elefanten können nicht weit von den Schienen entfernt vor sich hin trotten, Giraffen unbeirrt das Laub von den Ästen der Bäume zupfen. Die Löwenfami-

lie, gesättigt von erfolgreicher morgendlicher Jagd im Schatten von Bäumen ruhend, ist schwer im Gebüsch auszumachen. Tsavo West und Tsavo East sind zusammen eines der größten Wildschutzgebiete auf dem afrikanischen Kontinent. Erst bei einer organisierten Safari von Nairobi, Mombasa oder eben dem Zwischenstopp in Voi aus und bei einem Aufenthalt in den Lodges und Camps erschließt sich die Wildnis dem Besucher aus der Ferne.

▣ Die „Jambo"-Linie knüpft an die Tradition der legendären Uganda-Bahn an. Es waren die heißen Tage des kolonialen Wettlaufs zur Erschließung Afrikas, als 1896 die British East

Ingenieurkunst Die historische Aufnahme aus der Zeit der Wende vom 19. zum 20. Jh. zeigt die hohe Kunst der Ingenieure, die einen Weg durch die unwirtliche Landschaft finden mussten. Viele Täler waren dabei zu überbrücken.

«

Africa Company von Mombasa aus mit dem Bau der Strecke begann. Am 26. Februar 1885 hatten schließlich 14 Staaten in Berlin die sogenannte Kongoakte unterschrieben. Sie besagte, dass jede Kolonialmacht in Afrika nur dasjenige Gebiet beanspruchen könne, das es „effektiv" in Besitz nahm. Es war aber auch der wirtschaftliche Nutzen, der die Arbeiten beflügelte. Im Inneren Afrikas gab es Früchte, die in Europa als Luxuswaren begehrt waren, und Rohstoffe, die industriell verarbeitet werden konnten. Diese Schätze auszubeuten bedeutete profitable Geschäfte.

☐ Zudem erleichterte die Eisenbahn das Vordringen weißer Siedler. Besonders im fruchtbaren zentralen Hochland ließen sie sich nieder. Für die Eingeborenen war das mit Landraub verbunden. Die Benachteiligung der einheimischen Bauern war schließlich ein Motiv für den sogenannten Mau-Mau-Aufstand 1952–1957, der von den britischen Truppen blutig niedergeschlagen wurde und offiziell 11 500 Tote, nach Schätzungen bis zu 50 000 Menschenleben kostete. Nach der Unabhängigkeit des Landes 1963 begann die neue Regierung unter Jomo Kenyatta dann, die Ländereien zurückzukaufen.

☐ Das Bahnprojekt erschien allerdings vielen Zeitgenossen anfangs so abenteuerlich, dass die Gegner von einer „Strecke des Irrsinns" sprachen. Erst 1931 konnte Kampala, die Hauptstadt Ugandas, an das Schienennetz angeschlossen

Tsavo West Die Bahnlinie streift den Nationalpark Tsavo West. Er ist einer der wildreichsten Schutzgebiete Afrikas.

TSAVO WEST NATIONAL PARK

werden. Eine durchgängige Route, die von Passagieren genutzt werden könnte, gibt es heute allerdings nicht mehr.

Menschenfresser

▣ Viele Geschichten ranken sich um die Errichtung der Uganda-Bahn – so wie jene von den zwei großen Löwen, die beim Bau der Strecke rund 140 Arbeiter töteten. Daraus entstand die Legende über die Menschenfresser von Tsavo. Oberst John Henry Patterson war im März 1898 der Bauleiter, als der Trupp der Arbeiter am Tsavo-Fluss angelangt war und begann, eine Brücke zu bauen. Der Schrecken war groß, als die beiden Löwen in der Nacht einen Angestellten in seinem Zelt angriffen und verschleppten. Man fand später von ihm nur noch die Knochen. Fast jede Nacht wieder-

Afrikas Tierwelt Zum besonderen Reiz einer Fahrt mit den Kenya Railways gehört die Begegnung mit Afrikas Tierwelt. Hier spaziert ein Dromedar über die Schienen.

holte sich die Tragödie. Angst griff um sich und in ihrem Aberglauben sahen die Arbeiter in den Löwen das Böse. Sie gaben den Tieren die Namen „Dunkelheit" und „Geist" und waren kaum mehr dazu zu bewegen, weiter an der Brücke zu bauen. Das „Aus" für die ganze Bahnlinie drohte. Feuer hielt sie nicht ab und Zäune um die Lager überwanden die Tiere spielend. Patterson war ständig auf der Jagd nach den Bestien. Auch Fallen nützten nichts. Erst am 9. Dezember gelang es dem Bauleiter, von einem Hochsitz aus den ersten der beiden Löwen und wenig später den zweiten zu erschießen. Drei Meter lang sollen die „Menschenfresser" gewesen sein.

Handelsstadt am Meer

▣ Geschichtsträchtig ist das Ziel Mombasa. Schon die alten Griechen wussten von dem Küstenstreifen. Arabische Händler gründeten die Stadt im 11. Jh. Von hier aus lief der Elfenbein- und Sklavenhandel nach Norden. Der erste Europäer, der hierher gelangte, war 1498 Vasco da Gama.

Zielort Mombasa Die Fahrt von
Nairobi aus endet im Bahnhof der Hafenstadt
Mombasa. Viele Reisende schließen hier
einen Badeurlaub am Indischen Ozean an.

Die Stadt diente erst arabischen, später portugiesischen
Händlern als Stützpunkt. Die Portugiesen eroberten den
Ort im 16. Jh.

▣ Die ersten Hotels wurden hier bereits in den 1920er Jahren
errichtet. Ganze vier Wochen brauchten damals Reisende
aus London, bis sie auf dem Seeweg durch den Sueskanal
hierher gelangten. Der Schriftsteller Ernest Hemingway
zählte 1934 zu den Gästen. Seine Erlebnisse auf der Groß-
wildjagd flossen in die Kurzgeschichte „Das kurze glückliche
Leben des Francis Macomber" ein. Am Bahnhof von Mombasa herrscht wie früher zu den Abfahrts- und Ankunfts-
zeiten der Züge stets ein emsiges Treiben. Gepäckträger und
Taxifahrer bieten ihre Dienste an, dazwischen mischen sich
Verkäuferinnen von Holzschnitzereien und frischen Ana-
nas. Obst, Gemüse und Gewürze werden im Großmarkt
umgeschlagen, der ebenso einen Besuch wert ist wie die aus
dem 16. Jh. stammende Festung Fort Jesus, die von den
portugiesischen Händlern zum Schutz ihrer Flotten nach
Indien errichtet wurde. Heute bieten sich die Strandhotels
vor allem an der Küste des Indischen Ozeans nördlich von
Mombasa als Urlaubsziel nach der Bahnfahrt von Nairobi
an. Insgesamt hat Kenia eine Küste von 480 km Länge mit
vorgelagerten Korallenbänken. Nur während der großen
Regenzeit Ende März und Anfang Mai, und der kleinen
Regenzeit im November können Regenschauer das Bade-
vergnügen stören.

Schlange aus Eisen

Die Einheimischen sprechen von der „Eisernen Schlange", die die Savanne durchquert.
Giraffen und Impalas gehören zur natürlichen
Tierwelt, die die Passagiere von den Fenstern
des Zuges aus zu sehen bekommen.

«

Elefanten auf Schienen

Die Strecke von Harare über Bulawayo zu den Victoriafällen ist Teil eines halbstaatlichen Eisenbahnnetzes im Lande, das in guten Zeiten über 3000 km Schienenstrang verfügte. Simbabwe verfügt damit über eines der dichtesten Schienennetze in Afrika – auch wenn viele Strecken sanierungsbedürftig sind.

▢ 7.00 Uhr früh und 18.30 Uhr stehen als Abfahrtszeiten im Fahrplan. Ob die nostalgische Luxusbahn auf der Strecke von Harare über Bulawayo zu den Victoriafällen wirklich fährt, hing in der turbulenten Geschichte von Simbabwe immer wieder von verschiedenen Bedingungen ab: von der politischen Lage im Land ebenso wie, ganz praktisch, vom Nachschub an Kohle für die Dampflokomotiven. Kohle kostet Geld, das das Land viele Jahre lang wegen der Hyperinflation nicht besaß. 2006 begannen, wieder einmal, die Schwierigkeiten wegen des ausbleibenden Kohlenachschubs. Gecharterte Zugreisen mussten abgesagt werden.

Lange Tradition Die Züge in Simbabwe werden von der halbstaatlichen Eisenbahngesellschaft betrieben. Die meisten Verbindungen wurden bereits unter britischer Kolonialverwaltung geschaffen.

Mit voller Kraft Mit der starken Zugkraft der Lokomotiven werden die Waggons mit den Reisenden von Bulawayo zu den Victoriafällen gebracht.

Rund 880 km sind es zwischen Start- und Zielpunkt durch die vielfältige tropische Flora und Fauna. Die Mehrzahl der Waggons stammt aus den 1950er Jahren. Liebevoll herausgeputzt, garantieren sie des Fahrgästen eine angenehme Reise. In der ersten Klasse sorgen Abteile mit zwei und vier Betten für ruhige Stunden während der nächtlichen Fahrstrecken, während außerhalb die Jäger unter den Wildtieren ihre Beute suchen.

Nord-Süd-Achse für die Kolonialherren

Beim Blick auf die Landkarte drängt sich die Frage auf: Warum wurde gerade hier – mitten im Binnenland des afrikanischen Kontinents – eine Trasse vorangetrieben? Anderswo – etwa in Westafrika – baute man Linien, um Rohstoffe und Agrarprodukte aus dem Hinterland zu den Häfen an der Küste transportieren zu können. Die Planer der Eisenbahnverbindungen im Süden hatten dagegen eine weitere Absicht: ein Zugnetz zu schaffen, das das Kap im Süden einmal mit Kairo im Norden verbinden sollte. Dadurch sollte die britische Kolonialherrschaft über Afrika abgesichert werden. Die Idee ging auf Cecil Rhodes (1853–1902) zurück, der als Premierminister der Kapkolonie in Südafrika die britischen – vor allem aber wohl die eigenen – Interessen vertrat. Der Eisenbahnbau auf der Nord-Süd-Achse in Afrika sollte also vor allem dazu dienen, um den britischen Truppen ein

Aus alter Zeit Eine Sehenswürdigkeit ist das Gebäude der Eisenbahngesellschaft in Harare. Es ist ein Beispiel für den Baustil der Kolonialzeit.

schnelles Vorankommen zu ermöglichen. Zugleich diente das Schienennetz aber eben auch dem Rohstofftransport. Die Kunde reicher Erzvorkommen ließ die Kolonialmacht von der Kapkolonie aus nach Norden – damals als Matabeleland bekannt – vordringen. Dort machte sich die „British South Africa Company" breit, die das Territorium ab 1894 verwaltete. Nach Cecil Rhodes wurden Nord- und Süd-Rhodesien genannt – Ländernamen, die erst nach der Unabhängigkeit durch Sambia und Simbabwe ersetzt wurden.

▣ Die Eisenbahn förderte zudem die Niederlassung weißer Siedler. Der Burenkrieg (1899–1902) verzögerte jedoch das Fortschreiten der Arbeiten und hinterließ sprichwörtlich viel verbrannte Erde. Dennoch konnte noch im Herbst 1902 das Teilstück der Bahn zwischen Bulawayo und Harare in Betrieb genommen werden. Bei einem Referendum 1922 entschieden sich die Siedler für eine Trennung von Südafrika unter eigener Verwaltung. In der Zeit der Unabhängigkeitsbewegung nach dem Zweiten Weltkrieg entwickelte sich die Eisenbahnergewerkschaft zur stärksten Organisation der afrikanischen Bevölkerung.

Cecil Rhodes Eine Verbindung vom Kap nach Kairo wollte der britische Politiker Cecil Rhodes herstellen. Eisenbahnen hatten dabei für ihn eine strategische Bedeutung.

Traumstrecke durch Simbabwe Der Zug fährt von Harare über Bulawayo zu den Victoriafällen.

Durch bizarre Landschaften

▢ Harare, früher Salisbury, die Hauptstadt Simbabwes und
Ausgangspunkt der Zugfahrt, wurde von weißen Siedlern
erstmals im September 1890 erreicht. Der heutige Name
lehnt sich an den hier ursprünglich lebenden Stamm der
Harava an. Die Überlegenheit der Waffen, die die Einwande-
rer mit sich führten, brach jeden Widerstand.
Vor oder nach der Bahnfahrt zu den Victoriafällen lohnt sich
von Harare aus ein Trip zu den „balancierenden Felsen" im
Süden. Bizarre „Hartlinge" türmen sich hier aufeinander auf,
während das dazwischenliegende weichere Gestein weg
gespült wurde. In dieser Gegend bieten bis zu 2000 Jahre
alte Felszeichnungen zudem Einblick ins Leben der Jäger-
stämme, die hier einmal nach Beute suchten. Es waren Vor-
fahren der sogenannten Buschleute. Oberhalb der Victoriafälle liegt – grenzüberschreitend – das Gebiet des Mosi-Oa-
Tunya-Nationalparks, eines der ältesten im Süden Afrikas.

Geheimtipp für Eisenbahnfans

▢ Bulawayo wird von der Bahn am frühen Abend erreicht.
Lange Zeit schwärmten die Besucher, es gebe nur wenige

Mit zwei Triebwerken Typisch für die Simbabwe
sind die sogenannten Garratt-Dampflokomotiven.
Sie sind durch ein Brückenstück mit Führerstand
und Dampfkessel miteinander verbunden.

Buren gegen Briten Der Burenkrieg von 1899
bis 1902 verzögerte den Weiterbau der Eisenbahnstrecken.

Zu den Victoriafällen Für viele Reisende beginnt hier die Rückfahrt.

Betriebswerke in der Welt, die noch immer ein solches Flair aufweisen wie jenes in Bulawayo. Die Stadt Bulawayo wurde bereits 1897 an das Eisenbahnnetz angeschlossen. Bis in die 1920er Jahre war sie das wirtschaftliche Zentrum des Landes. Hier wurde auch ein Eisenbahnmuseum eingerichtet, für Fans wohl eines mit den aufregendsten Exponaten auf der Welt. Für die Eisenbahnliebhaber gilt Simbabwe daher als Geheimtipp unter den Reisezielen. Allemal befindet sich das Land nicht im Blick der großen Touristenströme. Im Museum bekam, neben vielen alten Lokomotiven, der Salonwagen Cecil Rhodes' einen Platz.

▣ Vor allem Garratt-Dampfloks sind hier zu finden und sie ziehen zu normalen Zeiten Güterzüge ebenso wie die Waggons auf der Strecke von Harare über Bulawayo zu den Victoriafällen. Die Besonderheit dieses Typs besteht in zwei voneinander getrennten Triebwerkseinheiten, die durch ein Brückenstück mit Führerstand und Dampfkessel miteinander verbunden sind. Die Überreste von 30 Garrats zählten Fans noch Anfang des Jahrhunderts in Simbabwe. Der Name geht auf den Ingenieur Herbert William Garratt aus Manchester zurück. Erstmals eingesetzt wurden sie auf der zu Australien gehörenden Insel Tasmanien. In Afrika nennt man sie die „Elefanten auf Schienen".

▣ 40 km entfernt von Bulawayo aus liegt der Matopos Nationalpark mit einer atemberaubenden Landschaft. Strauße, Giraffen, Büffel und Nashörner sind hier zu Hause. Nicht zu nahe kommen sollte man den angriffslustigen Warzenschweinen. Manche der Vögel sammeln sich hier zum Frühjahrsflug nach Europa. In der Nähe des Nationalparks liegt, auf einem Berg, die Grabstätte von Cecil Rhodes.

Die Victoriafälle

▣ Die Victoriafälle stehen im Fahrplan der Eisenbahn von Simbabwe als Endstation. Das Schauspiel ist einzigartig und kein Wasserfall auf der Welt ist breiter: Quer auf gut 1700 m donnern, wenn es am Oberlauf des Flusses vorher genügend geregnet hat, die Wassermassen hinab – 110 m tief über die Felswand. Dabei entsteht ein Sprühnebel, der wie Rauch bis zu 300 m hoch aufsteigt.

▣ Von Sir Cecil Rhodes stammt die Idee einer Brücke über die Kluft gegenüber dem Wasserfall. Der Ingenieur Sir Ralph Freeman entwarf die Pläne und innerhalb von 14 Monaten war sie fertiggestellt. Die Stahlkonstruktion gehört noch heute auf die Liste der beachtlichen technischen Meisterwerke. Mehr als 150 m weit spannt sie sich über den 128 m tiefen Abgrund. Auch der Bahn bietet die Brücke einen Weg.

Über die Schlucht des Sambesi Die Überquerung des spektakulären Brückenbauwerks gehört zu den Höhepunkten der Fahrt.

Zum Donnernden Rauch

Vage waren die Berichte von Einheimischen über den „Donnernden Rauch" gewesen, die David Livingstone bei einer früheren Expedition erreichten. Erst Jahre später, am 16. November 1855, stand der schottische Afrikareisende vor den gigantischen Wasserfällen. Nach seiner Königin in der Heimat nannte er sie die Victoriafälle. An der Grenze zwischen Simbabwe und Sambia, im Herzen Afrikas, verschwindet der bis dahin träge fließende Sambesi-Fluss quasi im Nichts. Für Livingstone war der Wasserfall ein Ärgernis, denn er stoppte seinen Weg über das Wasser, auf dem er die Eingeborenen missionieren wollte. Später kam Sir Cecil Rhodes auf die Idee, die Kluft gegenüber dem Wasserfall mit eine Brücke zu überspannen.

HISTORIE

Der Desert Express

Wer in Windhoek ein Ticket mit der Zielbestimmung Swakopmund löst, darf sich auf eine eindrucksvolle Bahnfahrt durch den Südwesten Afrikas freuen. Noch besser und wahrhaft luxuriös fährt, wer für diese Reise den „Desert Express", das Aushängeschild der Eisenbahn von Namibia, besteigt.

Die Schienen sind einst von den Deutschen gelegt worden. Das heutige Namibia war vor dem Ersten Weltkrieg unter der Bezeichnung „Deutsch-Südwestafrika" kaiserliches Kolonialgebiet gewesen. 1897 begannen sie mit der Anlage einer Eisenbahnstrecke zwischen Windhoek im Inneren des Landes und Swakopmund an der Küste des südlichen Atlantik. Heute ist die Route Windhoek–Swakopmund die Paradestrecke des „Desert Express". Seit dem Ersteinsatz im April 1998 ist der Luxuszug der ganze Stolz der Eisenbahngesellschaft TransNamib Holding Limited.

Windhoek, Bahnhof Die Fassade des Bahnhofs von Windhoek ist eine Reminiszenz an die deutsche Kolonialzeit.

Konstruiert wurde der Zug unter Beteiligung deutscher Ingenieure. Die Bauzeit war rekordverdächtig, denn nur zwei Jahre dauerte es, bis der Zug auf die Schienen gestellt werden konnte.

◾ Die Bezeichnung „Desert Express" ist nur zu 50% zutreffend. Einen beträchtlichen Teil der Strecke geht es tatsächlich durch die Wüste. Verbindet man jedoch mit dem Wort „Express" die Vorstellung von einer rasanten Geschwindigkeit, so wird man bei dem „Desert Express" in Namibia je nach Erwartungshorizont entweder angenehm oder unangenehm überrascht. Freunde schneller Züge sollten ihn besser meiden. Wer aber das ruhige Reisen durch eine höchst attraktive und abwechslungsreiche Landschaft liebt, der ist beim „Desert Express" genau richtig aufgehoben. Für die 371 km von der Hauptstadt an die Küste braucht der Zug zwei Tage, eine Übernachtung mit inbegriffen. Die klassische Abfahrtszeit in Windhoek ist nach dem Winterfahrplan (der in Namibia von April bis August reicht) 12.00 Uhr mittags. Vorher besteht eine Stunde lang Gelegenheit zum Einchecken. Am nächsten Tag läuft der „Desert Express" um 10.00 Uhr in den Bahnhof von Swakopmund ein. Von September bis März gilt in Namibia der Sommerfahrplan, da fährt der Zug eine Stunde später aus Windhoek ab, kommt aber, da das Management an der Nachtruhe spart, um dieselbe Zeit am Zielort an.

Durch die Wüste Das Logo des „Desert Express" vermittelt Wüstenstimmung pur. In der Namib-Wüste kommen die Fans des „Desert Express" voll auf ihre Kosten.

„Deutsch-Südwestafrika"

Das heutige Namibia ist das Kernland des ehemaligen deutschen Kolonialbesitzes im südwestlichen Afrika. Zwischen 1883 und 1918 war das Gebiet zwischen Angola und dem Kap deutsches „Schutzgebiet". Den Auftakt bildeten Verträge, die der Bremer Kaufmann Adolf Lüderitz mit Vertretern der einheimischen Bevölkerung geschlossen hatte. Mit der ihnen eigenen Gründlichkeit hatten sich die deutschen Kolonialherren darangemacht, das Land wirtschaftlich zu erschließen. Der Bau einer Eisenbahn diente der Herstellung einer verkehrsmäßigen Infrastruktur zur wirtschaftlichen Erschließung. Aufstände der einheimischen Hereros wurden mit Gewalt unterdrückt. Mit dem Ersten Weltkrieg endete die deutsche Kolonialherrschaft.

Altes Dampfross Sie gehören längst der Vergangenheit an. Der „Desert Express" wird von modernen Dieselloks angetrieben.

Komfortabel durch die Wüste

▣ Wenn der Zug Windhoek mit dem Ziel Swakopmund erst um 12.00 Uhr oder um 13.00 Uhr verlässt, ist noch genug Zeit für einen kleinen Trip durch die 1650 m hoch gelegene Hauptstadt Namibias. Windhoek ist mit seinen rund 250 000 Einwohnern relativ übersichtlich und obwohl die koloniale Vergangenheit nun schon bald 100 Jahre zurück liegt, ist der deutsche Einfluss im Stadtbild noch überall spürbar. So findet man viele Gebäude im wilhelminischen Stil und auch das gastronomische Angebot gibt Besuchern aus Deutschland das Gefühl, in der Heimat zu sein.

▣ Doch diese Empfindung verfliegt schnell, wenn sich der „Desert Express" auf die Reise macht. Eine 2000 PS starke blaue Diesellok versetzt die Passagiere, sobald sie den Bahnhof hinter sich gelassen hat, in eine andere Welt. Zunächst geht es durch das zentrale Hochland, dann wird die Vegetation immer spärlicher, um schließlich dem Namen des Zuges alle Ehre zu machen, indem es mitten durch die Namib-Wüste geht, bevor die Küste des Atlantischen Ozeans erreicht wird. Doch nicht nur die Landschaft zieht die Reisenden in ihren Bann. Genauso faszinierend ist die Welt der wilden Tiere, die sich dem staunenden Betrachter im Vorbeifahren hautnah präsentiert. Es passiert ja auch nicht jeden Tag, dass während einer Zugfahrt am Abteilfenster eine Herde Antilopen oder eine Gruppe Nashörner vorbeizieht.

Desert-Express-Route Die Tour führt nicht nur durch Wüsten- sondern auch durch Savannenlandschaften.

Die Transnamib baut beim „Desert Express" nicht allein auf den Reiz der Landschaft. Kräftig wird die Werbetrommel gerührt, um die Annehmlichkeiten und den Komfort an Bord anzupreisen. Tatsächlich braucht der „Desert Express" in dieser Hinsicht den Vergleich mit anderen Luxuszügen nicht zu scheuen. Viel wurde von der Gesellschaft investiert, um eine rollende Wohlfühlanlage auf die Schienen zu stellen. Wenn sich der Express gemächlich durch die Wüste schlän-

Adolf Lüderitz (1884–1886) In Windhoek blickt der deutsche Kolonialpionier von seinem Denkmal auf die Christuskirche.

Ländlicher Bahnhof
Der Bahnhof von Gibeon ist eher bescheiden. Doch das reicht völlig aus für einen Ort mit 3000 Einwohnern.
«

gelt, führt er in vier Schlafwagenwaggons 24 Abteile mit sich. Maximal 48 Gäste hat er auf einer Tour dabei, mit dem nicht zu unterschätzenden Vorteil, dass es hier nicht zu einem Gedränge kommt. Pro Person kostet die Fahrt von Windhoek nach Swakopmund im Doppelabteil 246 Euro, Einzelpersonen zahlen 312 Euro. Vom an Bord gebotenen Verwöhnungsfaktor her beurteilt, ist dieser Preis gar nicht so hoch. Salonwagen, Konferenzwagen und Bar sorgen, je nach Interessen der Gäste, für weiteren Komfort. Und weil die Manager wissen, dass die Eisenbahnliebe der Kundschaft auch durch den Magen geht, sind die Express-Köche emsig bestrebt, auf die Tische im Bordrestaurant kulinarische Köstlichkeiten zu zaubern.

Obligatorisch ist ein Stopp bei der Okapuka-Ranch, bald nachdem der Zug Windhoek verlassen hat. Diese Ranch liegt als Touristenparadies inmitten eines von Gras- und Buschsavanne umgebenen Wildparks am Fuße der Berge. Die Ranch lockt mit der Attraktion der Fütterung von Löwen. Zurück im Zug, wird die Reisegesellschaft am Abend im Speisewagen verwöhnt. Und bevor sich die Gäste in ihren Abteilen persönlich von der Qualität der Betten im „Desert Express" überzeugen können, genießen sie durch die Fenster einen grandiosen Sonnenuntergang. Nachts bleibt der Zug auf einem Nebengleis stehen – einmal, um den Reisenden eine nicht durch Fahrgeräusche beeinträchtigte Nachtruhe zu bieten, dann aber auch, um ihnen das 100 %ige Streckenerlebnis im hellwachen Zustand zu ermöglichen.

Am nächsten Morgen nimmt der „Desert Express" wieder seine gemächliche Fahrt auf den 1067-mm-Kapspur-Gleisen auf. Die Strecke ist hier, wie auch auf der gesamten Route,

eingleisig. Gegen 10 Uhr ist der Endbahnhof Swakopmund erreicht. Doch bevor es so weit ist, aktiviert der Zugführer noch einmal die Bremsen, um den Reisenden zum krönenden Abschluss ein Wüstenerlebnis der besonderen Art zu bescheren. Unter der Devise „Ab in die Wüste" dürfen nun alle für eine Stunde die grandiosen Sanddünen der Namib genießen. Schließlich gibt es auf der ganzen Welt keine höheren Sanddünen als hier. Dann aber ist das Abenteuer vorbei, nach kurzer Zeit erreicht der Zug Swakopmund. Und wieder stellt sich das Gefühl ein, aus der Wüste direkt in einer deutschen Stadt gelandet zu sein. Während der Kolonialzeit war die Hafenstadt das maritime Tor zu Deutsch-Südwestafrika. Der alte Bahnhof stammt aus derselben Zeit, als die Bahnlinie nach Windhoek in Betrieb genommen wurde, und ist im Stil ganz wilhelminisch. Auf den „Desert Express" aber wartet schon wieder neue Kundschaft, die bereits darauf brennt, nun in umgekehrter Richtung eine komfortable Zugfahrt durch die Wüste in Angriff zu nehmen.

Swakopmund, Kaiser-Wilhelm-Street Namen aus der deutschen Kolonialzeit sind in Namibia sehr verbreitet. ➤➤

SWAKOPMUND DISTRICT

Savannenidyll Eine Herde von Elefanten labt sich im Abendlicht am Wasser.

▦ Zweimal verkehrt der „Desert Express" in der Woche. Freitags geht es von Windhoek nach Swakopmund, samstags von Swakopmund nach Windhoek. Neben diesem regelmäßigen Pendelverkehr vom Landesinnern an die Küste bietet die Gesellschaft aber auch mehrtägige Sondertouren in andere Regionen des schönen Namibia an. Ein Highlight ist eine Tour, die nur zweimal im Jahr angeboten wird. Das Ziel dieser mehrtägigen Fahrt ist der Etosha-Nationalpark im Norden des Landes, am Westrand der Kalahari-Wüste, 400 km von der Hauptstadt Windhoek entfernt. Über 22 000 km² erstreckt sich das Terrain dieses einmaligen Nationalparks.

Extrembedingung Wüste Von hinten sollte man den Zug in der Wüste nach Möglichkeit nicht sehen müssen. ➤➤

S. 266/267 Sand, soweit das Auge reicht In der Namib-Wüste kommen die Fans des „Desert Express" voll auf ihre Kosten.

Blue Train – der Diamant vom Kap

Luxus wird an Bord des blauen Juwels ganz groß geschrieben. Aber der „Blue Train" hat noch mehr zu bieten als ein Maximum an Komfort und Annehmlichkeiten. Die Tour von Pretoria nach Kapstadt führt durch faszinierende Landschaften und lässt auch nicht die Quellen des Reichtums außer Acht.

▣ Schon am Bahnhof sollen die Kunden des „Blue Train" merken, dass sie einen besonderen Zug ausgewählt haben. Denn sie müssen nicht wie normale Reisende am Bahnsteig stehen und auf die Ankunft des Zuges warten. Die Blue-Train-Klientel wird von der Betreibergesellschaft Spoornet zu einem Empfang in einer VIP-Lounge des Bahnhofs von Pretoria gebeten. Bei einem Cocktail darf man sich

Pretoria Der Bahnhof von Pretoria ist Ausgangspunkt für die Eisenbahntour nach Kapstadt.

schon einmal auf die bevorstehende Reise einstimmen. 994 Meilen oder 1600 km liegen vor den Gästen. So weit ist der Zielpunkt Kapstadt von der Startstation in Pretoria, der offiziellen Hauptstadt der Republik Südafrika, entfernt. Pünktlichkeit ist angesagt, denn der Zug startet in Pretoria Main Station exakt um 8.50 Uhr. In Kapstadt soll er am Mittag des nächsten Tages, fahrplanmäßig genau um 12.00 Uhr,

Herzlich Willkommen Ein Signalhornbläser begrüßt die Reisenden des Blue Train.

Panoramablick Bei Kapstadt fährt der Blue Train vor der faszinierenden Kulisse des berühmten Tafelbergs.

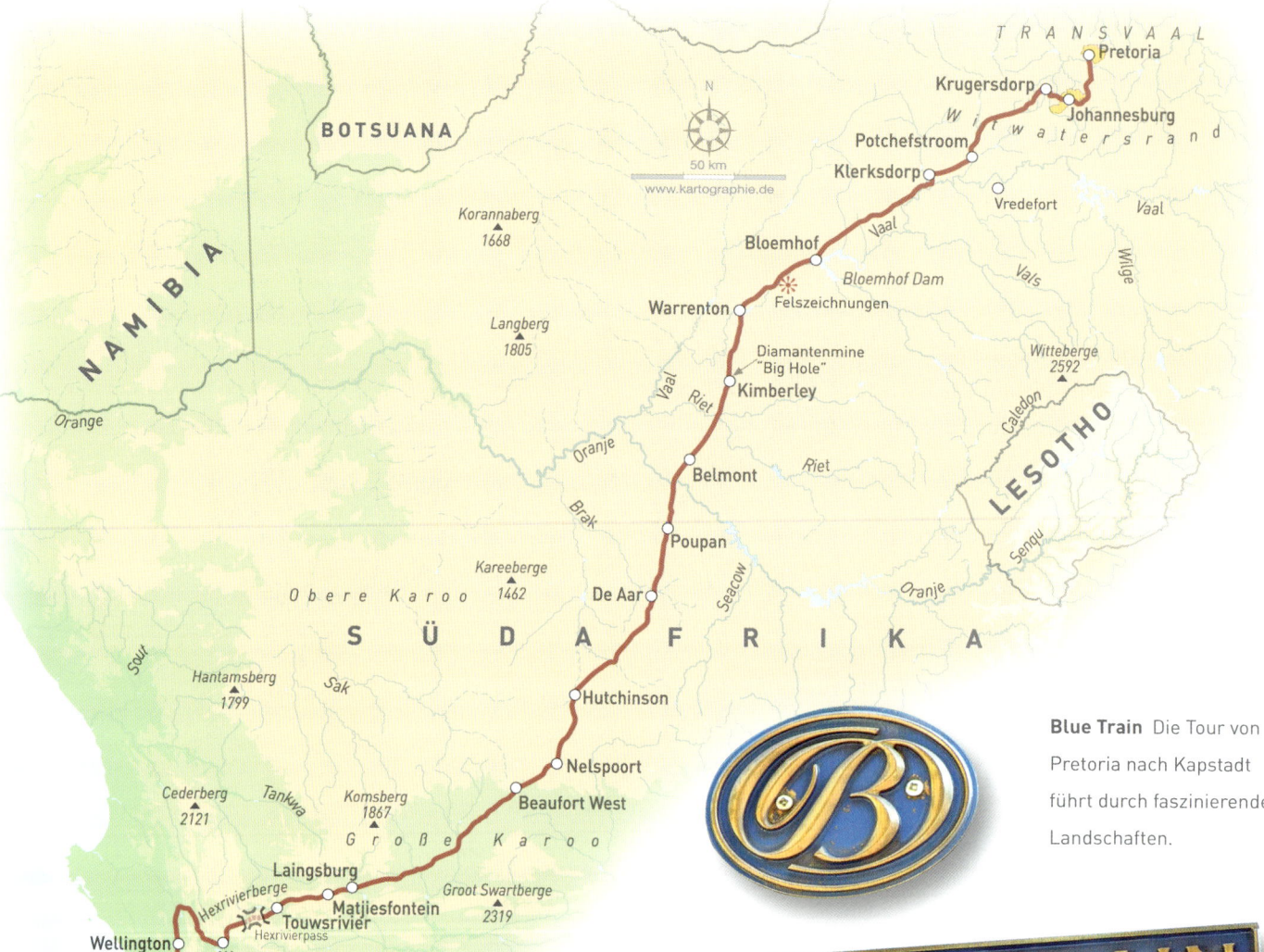

Blue Train Die Tour von Pretoria nach Kapstadt führt durch faszinierende Landschaften.

eintreffen. Dazwischen liegt das Erlebnis einer aufregenden, faszinierenden südafrikanischen Landschaft. Vor allem aber erwartet die Reisenden Luxus, Luxus und noch einmal Luxus. Jedenfalls wird das Management nicht müde, auf diese Qualität ihres Vorzeigezugs in aller Nachdrücklichkeit hinzuweisen. Denn die Konkurrenz schläft auch in Südafrika nicht. Seit einigen Jahren wird der altehrwürdige Platzhirsch „Blue Train", der seine Jungfernfahrt im Jahr 1923 absolviert hat, von der bewusst auf Nostalgie gestylten „Rovos Rail" bedrängt. Umso mehr muss der „Blue Train" alles tun, um seine bislang unangefochtene Spitzenposition in Südafrika zu verteidigen.

Luxus in Blau-Gold

▣ Die Manager des „Blue Train" versprechen nicht zu viel. Schon der äußere Anblick ist geeignet, Eisenbahnfans mit

Sinn für Ästhetik in Verzückung geraten zu lassen – auch wenn es einige Kritiker gibt, die der Meinung sind, dass beim „Blue Train" alles ein wenig zu dick aufgetragen ist. Im Inneren stehen die Zeichen auf Eleganz. Nachdem der Zug etwas in die Jahre gekommen war, wurde ihm 1990 vom Management eine Verjüngungskur verordnet, die dem „Blue Train" sichtlich gut getan hat. Alles erstrahlt in neuem Glanz. Abschattierte Fenster zum Schutz vor den sengenden Sonnenstrahlen sind im „Blue Train" ebenso selbstverständlicher Standard wie dicke Teppichböden oder holzgetäfelte Wände. 18 Waggons zieht die saphirblaue Lokomotive hinter sich her, sodass der „Blue Train" insgesamt eine Länge von 380 m erreicht. Was die Abteile angeht, so besteht die Auswahl zwischen zwei Kategorien. Da gibt es einmal die sogenannten De-luxe-Abteile, insgesamt 36 an der Zahl. Alle sind geräumig, verfügen über Dusche/WC, Telefon, Fernseher. Dazu gibt es einen Safe zum Verstauen der Juwelen, die zum Dinner im eleganten Restaurant hervorgeholt werden.

▣ Noch eine Spur komfortabler sind die sechs Luxuryabteile. Sie übertreffen die De-luxe-Abteile in Sachen Geräumigkeit deutlich und bieten darüber hinaus eine Sonderausstattung, bestehend aus Hi-Fi-Anlage, CD-Player und Video. Im Bad befindet sich eine veritable Badewanne, sodass die betuchten

Eisenbahn in Südafrika

Die Eisenbahn spielt in Südafrika als Verkehrsmittel im Personen- und Güterverkehr traditionell eine wichtige Rolle. 24 000 km Schienen stehen dafür bereit. Damit verfügt die Republik Südafrika über das größte Schienennetz auf dem Schwarzen Kontinent. Besonders zwischen den größeren Städten sind die Verbindungen exzellent und an Pünktlichkeit kaum zu übertreffen. Die ersten Strecken wurden bereits in der Mitte des 19. Jh. unter der Kolonialherrschaft der Engländer angelegt, um das Land wirtschaftlich und strategisch zu erschließen.

HISTORIE

Schlafsuite Im Hotel kann man die Nacht nicht komfortabler zubringen als in einer Doppelsuite des Blue Train.

Aussichtswaggon Wie überall im Zug ist auch hier die Einrichtung vom Feinsten.

Gäste hier ein Vollbad nehmen können, während der Zug durch die südafrikanische Landschaft rauscht. Wer Luxury bucht, hat auch Anspruch auf einen eigenen Butler.

▣ Neben dem Restaurant verfügt der „Blue Train" über zwei weitere Gesellschaftswagen. In das Lounge Car begeben sich die Gäste, um nach englischem Vorbild dort am Nachmittag den Tee zu nehmen und dabei ein köstliches Sandwich zu verzehren. Das Club Car ist der ideale Raum zum Kommunizieren und zum Schauen. Um Letzteres zu einem Erlebnis der besonderen Art zu machen, bietet dieser Wagen als Extraservice große Panoramafenster, an denen die faszinierende Landschaft Südafrikas vorbeifliegt. Das Betrachten wird dadurch erleichtert, dass der „Blue Train" mit maximal 110 km/h nicht gerade ein Höchstgeschwindigkeitszug ist.

Durchs Diamantenland

▣ Mit 84 Reisenden an Bord – der „Blue Train" ist so gut wie immer voll ausgelastet – verlässt der Zug also am Morgen den Bahnhof von Pretoria. Kurze Zeit später passiert er bereits Johannesburg. Am Rande der pulsierenden Millionenmetropole fallen die Abraumhalden auf, die aus jener Zeit stammen, als um Johannesburg herum noch Goldminen ausgebeutet wurden. Heute haben sie ihre Bedeutung weitgehend verloren, die wichtigen Minen befinden sich an anderen Orten. Dass in Südafrika nicht alles Gold ist, was glänzt, beweisen die vielen Slums. Das Land befindet sich seit dem wesentlich von Nelson Mandela herbeigeführten, radikalen politischen Wandel in einer tief greifenden Umbruchphase, die zu erheblichen sozialen Problemen geführt hat. Der Glamourzug „Blue Train" wirkt in den Momenten, wenn er an den Slums vorbeibraust, wie ein Monstrum von einem anderen Stern.

Gediegener Luxus
In den üppig ausgestatteten Luxussuiten lässt es sich gut aushalten.

▣ Edle Steine aber bleiben während der Fahrt des blau-goldenen Zuges durch das Goldland Südafrika die ganze Zeit ein Thema. So macht der „Blue Train" auf dem Weg Richtung Südwesten einen geplanten Stopp in der Stadt Kimberley. Völlig zu Recht darf sich Kimberley in dem Ruhm sonnen, eine der größten Diamantenmetropolen der Welt zu sein. Nachdem 1867 per Zufall der erste Diamant zum Vorschein gekommen war, entwickelte sich die Hauptstadt der Provinz North Cape zu einem Zentrum des Abbaus von Diamanten und des Handels mit Diamanten. Eine viel besuchte Attraktion von Kimberley ist das „Big Hole". In diesem Loch wurde früher so intensiv nach Diamanten gesucht, dass es seinen überdimensionalen Durchmesser von 460 m angenommen

Salonwagen Er bietet jeglichen Komfort und die Möglichkeit, die Fahrt via Bildschirm zu verfolgen.

hat. Heute ist die Mine leer und das Loch ist mit Wasser gefüllt. Den Kunden des „Blue Train" wird in Kimberley ergänzend eine Stadtrundfahrt angeboten, die mehr ist als touristisches Pflichtprogramm. Denn auch hier dreht sich fast alles um Diamanten – sei es in den Gärten der einstigen Diamantenlegende Ernest Oppenheimer, im Minenmuseum direkt neben dem „Big Hole". Erholung von den Diamanten verschafft eine Fahrt mit der alten Straßenbahn.

Pünktlichkeit wird großgeschrieben

▣ Beim „Blue Train" ist alles akribisch geplant. Der Zug läuft um 17.10 Uhr im Bahnhof von Kimberley ein. Die Weiterfahrt startet um 19.10 Uhr. Nach dem Dinner begeben sich die Gäste in ihre luxuriösen Suiten zur Nachtruhe. Am

Über Klüfte Kühne Brückenkonstruktionen ebnen dem Zug den Weg durch wilde Landschaften.

nächsten Morgen wird ab 7.00 Uhr das Frühstück serviert. Langschläfer gibt es an Bord des „Blue Train" keine und wenn, dann sind sie fehl am Platz. Denn es gilt, keine Minute zu verlieren, um die Schönheiten der Landschaft angemessen würdigen zu können. Über Beaufort West, Laingsburg, Matjiesfontein und Worcester erreicht der Zug dann um 12.00 Uhr Cape Town Station.

▣ Natürlich kann die Fahrt mit dem „Blue Train" auch in umgekehrter Richtung absolviert werden. Abfahrt in Kapstadt ist um ebenfalls um 8.50 Uhr, die Ankunft in Pretoria ist am darauffolgenden Tag um 12.30 Uhr. Statt Kimberley präsentiert das Management auf dieser Strecke als touristischen Leckerbissen den kleinen Ort Matjiesfontein. Seit 1970 steht der ganze Ort mit seinem wertvollen Bestand an historischen Bauten aus dem 19. Jh. unter Denkmalschutz. Sie dokumentieren die von Großbritannien geprägte koloniale Phase in der Geschichte Südafrikas. Neben seiner Stammtour Pretoria–Kapstadt–Pretoria unternimmt der „Blue Train" auch immer wieder Sonderreisen in andere attraktive Ecken von Südafrika. Großer Beliebtheit erfreuen sich Reisen zu den Küstenstädten Port Elizabeth und Durban. Die Millionenmetropole Durban am Indischen Ozean hat sich in den letzten Jahren zu einem der großen Urlaubs- und Touristenzentren in Südafrika entwickelt. Für viele Durban-Gäste ist es ein besonderes Erlebnis, die Ferien am Indischen Ozean mit einer Fahrt im „Blue Train" beginnen zu lassen.

Blick auf Kapstadt
Eine Fahrt mit der Seilbahn auf den 1086 m hohen Tafelberg dauert sieben Minuten und ist ein unvergessliches Erlebnis.

Rovos Rail

Dampfzischend verlangsamt die Lok ihre Fahrt. Eine Herde Wasserbüffel überquert träge die Gleise, die sich durch die Weite der Savanne schlängeln. Niemand hat es eilig, ans nächste Etappenziel zu kommen, und die Tierbeobachtung ist schließlich ein Zweck der Reise mit der Rovos Rail – auch der „Stolz Afrikas" genannt – von Kapstadt nach Daressalam in Tansania.

Vor der Abfahrt

Letzte Lieferungen zur Ausrüstung des Zuges für die Fahrt von Kapstadt nach Daressalam: Jetzt kann die luxuriöse Reise beginnen.

«

▣ Den Geist Afrikas erleben kann man, wenn man sich auf eine Zugreise mit der Rovos Rail einlässt. Wie sein Konkurrent „Blue Train" beackert Rovos Rail die Strecke Pretoria–Kapstadt, die jedoch nur ein Teilstück auf der Reise nach Daressalam darstellt. Deren Gründer, der Unternehmer Rohan Vos – daher der Name Rovos Rail –, investierte Ende der 1980er Jahre sein ganzes Vermögen in eine eigene Eisenbahnlinie. Die sechs Lokomotiven, die die private Betreibergesellschaft im Einsatz hat, lassen das Herz eines jeden Eisenbahnfans höher schlagen. Mit jeder Lokomotive verbindet sich eine eigene Geschichte. Alle wurden tadellos instand gesetzt. 1989 ging die erste nach langer Zeit wieder auf die Schiene. Mit der Zeit wuchs die

THE PRIDE OF AFRICA
The most luxurious train in the world

Der Stolz Afrikas Im Jahr 1989 ging zum ersten Mal ein Zug der Rovos Rail auf die Strecke.

Betreibergesellschaft für die Rovos Rail auf gut 250 Beschäftigte an. Viele Menschen entlang der Route – Zulieferer, Straßenhändler wie Führer – profitieren mit von dem exklusiven touristischen Angebot.

▣ Gefühle von Nostalgie und Romantik sind im Fahrpreis mit einkalkuliert. Eine exklusive Gruppe von maximal 72 Reisenden pro Fahrt ist in den Royal- oder De luxe-Suiten mit 11 oder 16 m² Fläche untergebracht. Historisch sind nicht nur die Lokomotiven, sondern ist auch die Ausstattung der Waggons, deren Charme der 1930er Jahre liebevoll wieder zum Leben erweckt wurde. Klimaanlage ist selbstverständlich und die Zugabe an weiterer Technik der modernen Welt üppig. Die Mischung lässt den Zug zu einem Fünfsternehotel auf Rädern werden. Butler sind

Durch die Weite der Savanne In lang gezogenen Kurven sucht sich der „Stolz Afrikas" seinen Weg durch die afrikanische Savanne. Weithin sichtbar ist die Fahne, die die Dampflokomotive in den Himmel schickt.

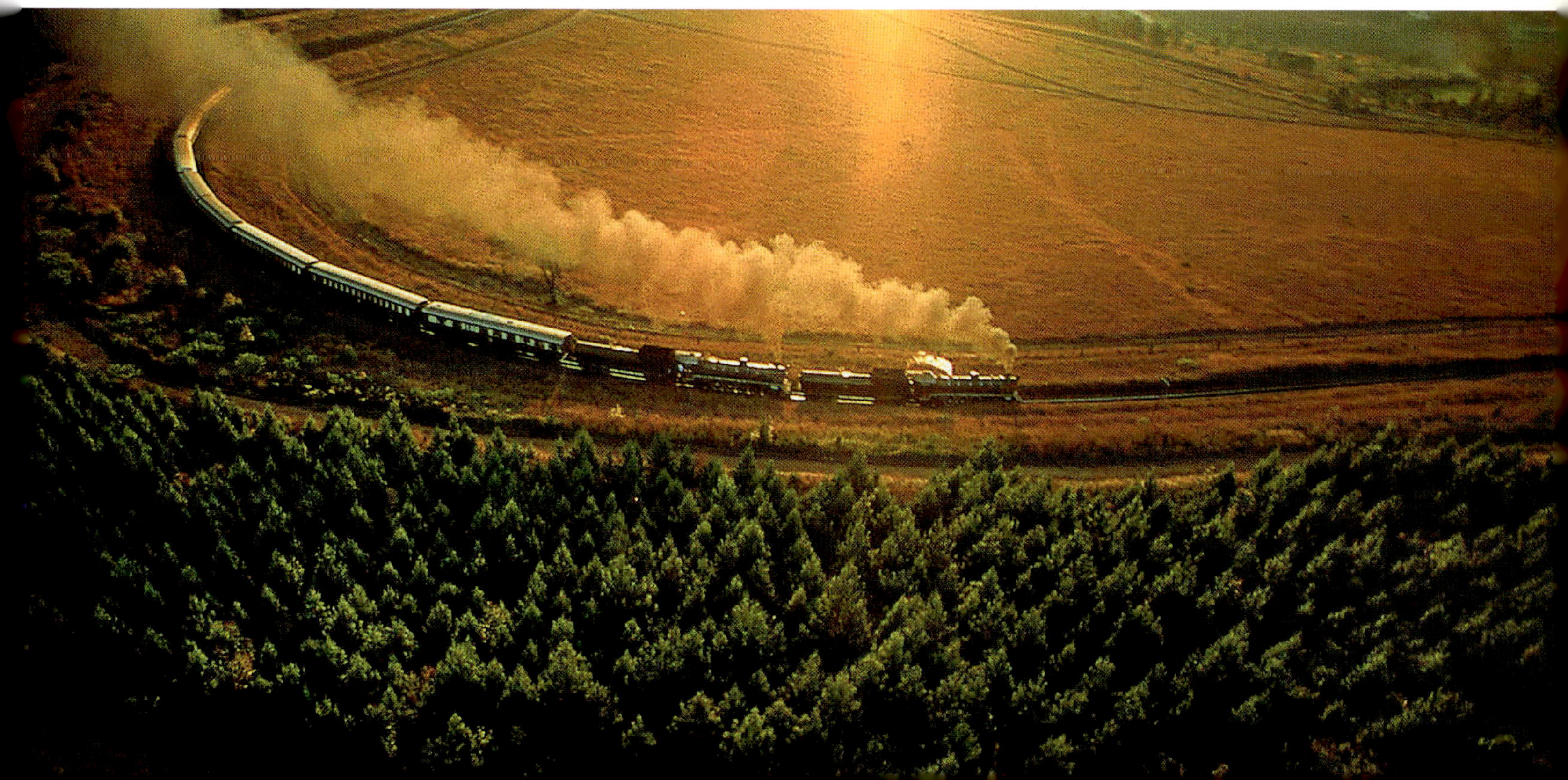

24 Stunden am Tag im Einsatz. Treffpunkt für die Gäste ist eine Cocktaillounge in der Zugmitte. Die exquisite Küche, die in der viktorianischen Atmosphäre des Speisewagens serviert wird, nimmt in der Werbung für die Fahrten einen hohen Stellenwert ein. Dazu wird eine Auswahl an südafrikanischen Weinen der Anbaugebiete von Stellenbosch, Paarl und Franschhoeck angeboten.

Afrikas Natur begegnen

▣ Auf der Fahrt mischt sich der Geruch der Lehmerde mit Düften aus tropischer Blütenpracht. Das Gekreische von Affen ist dazwischen die Würze, um den „Geist Afrikas"

erahnen zu lassen. Das Bild der Frauen mit ihren in die bunten Gewänder eingewickelten Kindern auf dem Rücken, das sich am Wegesrand immer wieder beim Blick durchs Fenster bietet, lenkt ab von der Armut in den Hütten, die dahinter zwischen Palmen als Kulisse vorbeiziehen. Kein Film und kein Zoobesuch kann auch die Natureindrücke vermitteln, die der Aussichtswaggon am Zugende mit dem besten Rundumblick auf die vorbeiziehende Landschaft bietet. In Küstennähe mit Flamingoschwärmen, im Inneren des Kontinents mit Elefanten- und Zebraherden. An den Haltestellen werden zusätzlich Busfahrten angeboten. Fachleute, die die Flora und Fauna sowie die Geschichte des Landes erklären, sind stets mit an Bord. Übernachten kann man im Zug und teilweise in Lodges am Rande der Strecke. Dann sind die Schreie der Hyänen, das Zirpen der Grillen und die Rufe der Frösche die unbeschreibliche Nachtmusik.

Vom Schrottplatz gerettet

Sechs Dampflokomotiven ließen die Vos wieder fahrtüchtig herrichten: „Tiffany" (Nr. 439) ist die älteste und zugleich die kleinste – eine Lok der Klasse 6 von 1895 der Schmiede von Dubs & Cie in Glasgow. „Brenda" (Nr. 2701) und „Bianca", 1938 von Borsig gebaut, sind der Klasse 19D zuzuordnen. „Shaun" (Nr. 3360) entdeckte Rohan Vos in Witbank auf einer Schrotthalde. „Marjorie" wurde 1954 bei der North British Locomotive Company gebaut. Auf Ölfeuerung umgestellt, ist sie 700 km ohne Zwischenstopp unterwegs. Die Lestingsfähige „Anthea" von Henschel, 1953, gehört der Klasse 25 NC an.

Bereit zur Weiterfahrt An den Haltestellen wartet die Rovos Rail auf die Rückkehr der Reisenden von Ausflügen in die Umgebung. Nostalgisch wirken auch manche der Bahnhöfe.

Kapstadt–Daressalam Rovos-Rail-Reisende sind auf der etwa 5000 km langen Strecke 14 Tage unterwegs.

Diamanten und Wasserfälle

Kimberley, die alte Diamantenmetropole ist ein Haltepunkt auf der Tour. Nachdem 1866 Erasmus Jacobs hier in der Nähe am Ufer des Oranje-Flusses den ersten Diamanten fand, setzte ein Boom an Zuwanderern ein, der nur vom Goldrausch im amerikanischen Wilden Westen übertroffen wurde. Von Kimberley aus ging der Aufschwung der bis heute führenden Diamantengesellschaft De Beers aus. Lusaka erreicht der Zug nach rund 3000 km. Die Hauptstadt der heutigen Republik Sambia wurde ab 1905 von Europäern besiedelt. Der Ort wurde als Knotenpunkt der Eisenbahnen und Straßen 1935 zum Verwaltungszentrum Nord-Rhodesiens ausgewählt. Am nächsten Tag stoppt der Zug in Pretoria, der offiziellen Hauptstadt Südafrikas für eine Stadtrundfahrt. Victoria Falls ist einer der Höhepunkte der Reise. Hier können die Rovos-Rail-Reisenden die Victoriafälle von einem Helikopter aus bestaunen. Zwei Tage später steht der Ort Kanona auf dem Programm. Ein mehrstündiger Halt gibt Gelegenheit zum Besuch der Kundalila-Wasserfälle. Über 70 m ergießt sich hier der Kaombe-Fluss in die Tiefe, umgeben von einem natürlichen botanischen Garten.

UNESCO-Weltnaturerbe Ein grandioses Naturspektakel auf der Strecke Kapstadt–Daressalam der Rovos Rail bieten die Victoriafälle.

Mit allem Komfort Die Reisenden schätzen die feine Küche während der Fahrt. Der Speisewagen bietet ein luxuriöses Ambiente.

Daressalam schließlich, am Ende – oder Anfang – der Reise, hat ihr eigenes Flair, eine Mischung aus afrikanischen, asiatischen, britischen und letztlich noch ein wenig deutschen Einflüssen. Historiker gehen von einer Besiedelung des Ortes bereits in der Antike aus. Elfenbein und Schildkrötenpanzer, später auch Sklaven wurden als Ware hier umgeschlagen. Ab 1862 begann der Sultan von Sansibar, im damaligen Fischerdorf seine Residenz aufzubauen. 30 Jahre später nahm die Kolonialverwaltung über Deutsch-Ostafrika hier ihren Sitz, 1920 die britische Mandatsverwaltung. Nach der Unabhängigkeit wurde die heutige Millionenstadt Hauptstadt von Tansania. Sie ist Knotenpunkt für Wirtschaft und Verkehr.

Züge in Australien und Neuseeland

Australiens transkontinentale Zugstrecken gehören zu den längsten der Welt.
Mit dem „Ghan" durchquert man den Kontinent durch das rote Herz von Nord
nach Süd. Für Pendler zwischen den Weltmeeren von West nach Ost ist der
„Indian Pacific" genau das Richtige. Großes Kino bietet die Fahrt mit dem
„TranzAlpine Express" durch die Alpenwelt der neuseeländischen Südinsel.

Darwin

Katherine

The Ghan | *284 – 289*

Alice Springs

Ayers Rock
▲
867

A U S T R A L I E N

Eyre See

Indian Pacific | *290 – 297*

Kalgoorlie

Nullarbor-
Wüste

Perth

Broken Hill

Port Augusta

Port Pirie

Adelaide

Melbourne

I N D I S C H E R

O Z E A N

N

100 km

www.kartographie.de

Tasma

Australien und Neuseeland

Korallensee

Great Dividing Range

Brisbane

PAZIFISCHER

OZEAN

Great Dividing Range

Orange

Sydney

Great

Tasmansee

NEUSEELAND

Greymouth

TranzAlpine-Express | 298 – 301

Christchurch

The Ghan

Die Fahrstrecke des australischen Ghan ist eine der längsten der Welt: 2979 km. Die Linie verbindet das wohltemperierte Adelaide im Süden mit dem tropischen Darwin im Norden, dazwischen liegt das rote, vor Hitze starrende Herz Australiens: Alice Springs.

Bahnhof Adelaide
Heute beherbergt der alte Bahnhof an der North Terrace das Casino Adelaide. »

„The Ghan" in der Nähe von Darwin Die rote Lokomotive des Ghans sticht zwar schon von weitem ins Auge, trotzdem passierten schon zahlreiche Unfälle an den unbeschrankten Bahnübergängen.

Am Bahnsteig in Adelaide nimmt der als legendär geltende Ghan jeden Sonntag und Mittwoch seine Fahrgäste auf. Für einen legendären Zug wirkt der Ghan jedoch reichlich modern mit seinen 14 mächtigen, aluminiumglänzenden Waggons und den schweren Diesellokomotiven. Die Bezeichnung legendär bezieht sich auch weniger auf den heutigen Zug als vielmehr auf seinen Vorgänger, dessen Anfänge und die einzigartige Fahrstrecke, die den wohltemperierten Süden mit dem tropischen Norden verbindet und dabei das rote Herz des Kontinents durchquert. Der Name Ghan ist eine Abkürzung von Afghan Express, denn bevor die Bahnstrecke gebaut war, konnte das Landesinnere nur mittels Kamelkarawane erreicht werden. Die Briten hatten zu diesem Zweck im 19. Jh. afghanische Kameltreiber und ihre Tiere ins Land geholt. Auch am Bau der Strecke hatten die Afghanen maßgeblichen Anteil: Sie waren die Einzigen, die dem extremen Klima im Landesinneren standhielten und dort arbeiten konnten. Heute erinnern der Name und das Logo des Zuges – ein Kamel samt Kameltreiber – an die Anfangszeit. Außerdem sind seither wilde Kamelherden im Outback heimisch.

Reisen in allen Komfortklassen

▣ Die freundlich-legeren Zugbegleiter helfen den Fahrgästen auf der Suche nach ihrem Quartier im 500 m langen, 1200 t schweren Riesenzug. Je nach der Größe des Geldbeutels kann die Reise mehr oder weniger luxuriös verlaufen. Zwischen vier Kategorien können die Reisenden auswählen: Am preiswertesten ist die Red-Kangaroo-Liegewagenklasse, wo sich die zurückklappbaren Sitze – ähnlich wie im Flugzeug – in einem Großraumabteil befinden. Schon etwas bequemer ist der Red-Kangaroo-Schlafwagen, bei dem die Betten abends von der Wand geklappt werden. In beiden Fällen befinden sich Toiletten und Duschen am Ende des Abteils. Wer wert auf seine Privatsphäre legt, wählt wohl eher die Gold-Kangaroo-Klasse, also die erste Klasse. Bei den Doppelkabinen haben die Gäste ihre eigene Dusche, Toilette und Waschgelegenheit – Letztere beiden werden jedoch ebenfalls aus der Wand geklappt, genau wie die übereinanderliegenden Betten. Luxuriöser verspricht die seit 2008 angebotene Premiumklasse zu sein: Hier gibt es Doppelbetten sowie Dusche, WC und einen 24-Stunden-Service. Entsprechend der Bandbreite der verschiedenen Kategorien ist auch das Publikum des Zuges bunt gemischt: Von Rucksackreisenden über Familien, Frischverheirateten bis zu Rentnern ist alles vertreten.

Weinreben, Südaustralien Die berühmtesten australischen Weine kommen aus dem Barossa Valley in Südaustralien.

▣ Mittags um 12.20 Uhr geht die Reise fahrplanmäßig in Adelaide los. Gemächlich verlässt der Zug, der von Great Southern Railway betrieben wird und dessen Lokomotiven von Pacific National stammen, den Bahnhof und fährt durch gepflegte

287

Alte Lok Erinnerungen an den alten Ghan prägen das Bild der Eisenbahnstadt Marree im australischen Outback.

Das Zugemblem
Afghanische Kamelhüter bauten die Eisenbahnlinie in die australische Wüste. ➤➤

Vororte und Weinberge. Der Weg, den er nimmt, ist nicht mehr ganz der ursprüngliche, denn seit Oktober 1980 verläuft die Trasse rund 160 km weiter westlich und nunmehr in Normalspurbreite (1435 mm). Zuvor wurde auf Schmalspur gefahren. Überschwemmungen und Unterspülungen nach schweren Regenfällen sowie gefräßige Termiten setzten den Gleisanlagen aber immer wieder stark zu, sodass es häufig zu Verspätungen kam. Die Reise mit dem Originalzug soll zwar sehr romantisch gewesen sein, jedoch auch recht unzuverlässig. Es wird erzählt, dass einmal ein Zug zwei Wochen im Nirgendwo ausharren musste und die Schaffner vorbeifliegende Vögel abschossen, um die Fahrgäste mit Essbarem zu versorgen.

Die alte Strecke

▣ Der Bau der ursprünglichen Bahnstrecke begann 1878 in Port Augusta. Im Januar 1884 erreichte man Marree und im

Januar 1891 Oodnadatta. 1929 fuhr der erste Zug durch bis Alice Springs, zuvor mussten die Reisenden für das letzte Stück auf Kamele umsteigen. Schon von Anfang an gab es Pläne, die Bahnstrecke bis nach Darwin auszubauen. Nach Fertigstellung der Strecke Adelaide–Alice Springs ging jedoch der Eisenbahngesellschaft Commonwealth Railways das Geld aus und die weiteren Baupläne wurden auf Eis gelegt. Die Strecke verlief entlang der Telegrafenleitung, welche wiederum der Route gefolgt sein soll, die der Pionier John McDouall Stuart bei seiner Durchquerung Australiens 1862 genommen hatte.

In gemächlichem Tempo das rote Herz des Kontinents erkunden

▣ Je weiter der Zug ins Landesinnere hineinfährt, umso karger und lichter wird die Landschaft. Sind anfangs noch Bäume und Sträucher zu sehen, so wird es zunehmend leerer und roter. Gelegentlich tauchen Termitenhügel und vereinzelte Kängurus auf und sorgen für Abwechslung vor den großen Fenstern. Der Zug ist mit seinen 90 km/h relativ gemächlich unterwegs. Am Abend treffen sich die Fahrgäste im Speisesaal: Vor der Kulisse der untergehenden Sonne, die der ohne-hin schon sehr roten Erde (wegen ihres hohen Eisengehalts) einen noch intensiveren Anschein verleiht, wird das mehr-gängige Menü serviert.

▣ Am nächsten Morgen gegen 9 Uhr kommt der Zug in Alice Springs an. Da der Ghan hierfür einige Stunden hält, haben die Reisenden Gelegenheit, die Stadt, die auch das rote Herz des Kontinents genannt wird, zu erkunden. Für Eisenbahn-freunde dürfte ein Besuch des Eisenbahnmuseums interes-sant sein. Viele Besucher nehmen auch an einer Tour durch den Alice Springs Desert Park mit seinen 350 Pflanzen- und 140 Tierarten teil. Um den bekanntesten australischen Fel-sen, den Ayers Rock und die Olgas im Uluru-Kata-Tjuta-Nationalpark zu sehen, braucht es jedoch mehr Zeit, denn dieser liegt fünf Autostunden entfernt. Manche Bahnfahrer unterbrechen deshalb ihre Reise hier und setzen sie erst einige Tage später fort.

Von Darwin nach Adelaide Die Fahrstrecke des Ghan führt mitten durch das rote Herz das Kontinents.

Eisenbahn-museum

Die Gesellschaft „The Ghan Preservation Society" widmet sich dem Erhalt des ursprüng-lichen Zuges und betreibt ein kleines, sehens-wertes Eisenbahnmuseum in Alice Springs. Besucher können dort einen Blick auf den alten Ghan werfen und die Entwicklung des Zuges bis in die Gegenwart nachverfolgen. Die Original-bahn fuhr von 1929 bis 1980 zwischen Adelaide und Alice Springs auf Schmalspurbreite. Die luxuriösen Erste-Klasse-Schlafwagen waren noch im viktorianischen Stil mit edlen Holzver-täfelungen und silbernen Wasserhähnen ausge-stattet. Dreimal pro Woche bietet die Gesell-schaft kurze Ausflüge in liebevoll renovierten Waggons, die von einer Dampflokomotive gezo-gen werden, an.

HISTORIE

Strecke nach Alice Springs „The Ghan" im roten Zentrum oder Herzen von Australien – in der Nähe von Alice Springs.

Die Fußgängerzone in Darwin Hier zeigt sich das multikulturelle Flair der tropischen Stadt am „Top End" Australiens. 75 verschiedene Nationalitäten wohnen in Darwin, das als Brücke nach Asien bezeichnet wird.

Wie auch immer man sich entscheidet: Die Möglichkeit, mit dem Zug weiter ans nördliche Ende des Kontinents zu fahren, gibt es erst seit 2004. Der Bau dieser 1420 km langen Gleisanlage dauerte rund zweieinhalb Jahre und kostete 1,3 Milliarden australische Dollar. 145 000 t Stahl wurden dabei verbaut. Ausschlaggebend für die Verlängerung war eine wirtschaftliche Überlegung: Der Gütertransport von und nach Darwin sollte erleichtert und damit dessen Position als Handelstor nach Asien gestärkt werden. Die touristische Komponente spielte eher eine Nebenrolle, war quasi das schöne Sahnehäubchen obendrauf. Umso mehr überraschte, dass der Zug häufig ausgebucht ist. Dennoch gilt: Güterzüge haben Vorfahrt auf der einspurigen Strecke.

Bequem durch vier Klimazonen

Die nächste Möglichkeit, das australische Outback aus unmittelbarer Nähe zu erleben, bietet sich in Katherine, wo der Zug ebenfalls einen längeren Aufenthalt einlegt. Je nach Geschmack können die Reisenden hier entweder eine Kanutour im Nitmiluk (Katherine Gorge) National Park unternehmen oder sich das Ganze von oben – per Helikopterrundflug – anschauen. Ein paar Stunden später steht die letzte Etappe der Zugfahrt an. Von Katherine aus ist es nicht mehr weit bis ans Ziel. Je länger der Zug nach Norden fährt, umso grüner und üppiger wird die Landschaft. Rund 48 Stunden nach der Abfahrt im südlichen Adelaide kommen die Fahrgäste schließlich in Darwin an, das sie mit sei-

Die goldene Känguruklasse Sie war lange Zeit die erste Klasse im Ghan. Seit 2008 gibt es noch mehr Luxus in der „platinum kangaroo class".

ncm tropischen Flair begrüßt. Um hierher zu gelangen durchquerten sie 22 Breitengrade und vier Klimazonen. Eine Reise in einem luxuriösen Nachbau des „Orient-Expresses" war es zwar nicht, aber allemal ein Fahrt in einem bequemen Zug durch eine einzigartige Landschaft.

▣ Für die Fahrt mit dem Ghan können die Passagiere zwischen drei Zugkategorien wählen: der roten, der goldenen und der Platin-Känguruklasse. Die preiswerteste Art zu reisen bietet die rote Klasse mit Schlafwagen für zwei Personen oder einem breiten, nach hinten klappbaren Sitz im Großraumwagen. Ab der Goldklasse verfügen die Reisenden über ein eigenes Badezimmer im Abteil und genießen ihre Mahlzeiten bei der Fahrt durchs Outback im stilvollen Speisewagon.

Der Indian Pacific

Wenn ein Zug in einer Richtung 4352 km zurücklegt, bis er sein Ziel erreicht hat, dann muss für eine solche Distanz viel Platz vorhanden sein. In den Weiten Australiens ist dies der Fall. Und so verbindet der Indian Pacific den Indischen mit dem Pazifischen Ozean und damit die Westküste mit der Ostküste des fünften Kontinents.

Perth, Ostbahnhof, Mittwoch um 11.55 Uhr. Der Zug mit den blau-gelben E-Loks und den silbernen Waggons setzt sich langsam in Bewegung. Unter eingefleischten Eisenbahnfans genießt er schon fast Kultstatus, obwohl er noch gar nicht so lange unterwegs ist. Erst seit 1969 wurden die technischen Voraussetzungen dafür geschaffen, dass der Express die 4352 km von Perth an der Westküste Australiens bis nach Sydney am anderen Ende des Kontinents nonstop bewältigen kann. Damals hatte der „Indian Pacific" schon 52 Jahre auf dem Buckel. Die ersten Züge waren auf dieser Strecke 1917 auf die Strecke gegangen – mitten im Ersten Weltkrieg. Damals hatte Australien sich politisch einigermaßen von den britischen Kolonialherren emanzipieren können. 1901 waren eine Reihe ehemaliger Kolonien

Bunter Zug Der „Indian Pacific" auf seinem Weg durch die Weiten Australiens.

Durststrecke Der „Indian Pacific" rast durch die Wüste.

Die einsamste Großstadt der Welt Mitten in der Wüste ragt die Skyline von Perth empor.

zu einem neuen Bundesstaat zusammengeschlossen worden, der allerdings Teil des Britischen Empire geblieben war.

▢ Und gaben auch die Engländer bei dem Bau der australischen Eisenbahnen den Ton an – zunächst aber galt es damals, die Vorbehalte gegen eine transkontinentale Bahnlinie zu zerstreuen. Viele Experten bezweifelten nämlich – angesichts der unermesslichen Weiten Australiens – die technische Machbarkeit eines solchen Projekts. Tatsächlich waren die Bauarbeiten an dem Schienennetz in größtenteils unwirtlichem Gelände alles andere als einfach gewesen. Doch dann hatte man 1917 endlich Vollzug melden und die Verantwortung für die neue Strecke der „Trans-australischen Eisenbahn" übertragen können. Wer allerdings zwischen 1917 und 1979 den langen Weg von Perth nach Sydney per Eisenbahn zurücklegen wollte, musste viel Geduld und strapazierfähige Nerven mitbringen. Die Schwierigkeit bestand als Erbe der britischen Kolonialherrschaft in den unterschiedlichen Spurbreiten. Die Reisenden mussten auf dem Weg von Perth nach Sydney (oder umgekehrt) viermal in andere Züge umsteigen. Ab 1969 gehörten diese Probleme der

Perth–Sydney Die Strecke des „Indian Pacific" ist mit 4352 km eine der längsten der Welt.

Jungfernfahrt Mit der Jungfernfahrt im Februar 1970 begann die Erfolgsgeschichte des „Indian Pacific".

Strecke der Superlative

Nicht der Zug an sich ist die Attraktion beim „Indian Pacific". Vielmehr sind es die Strecke, die Landschaft und die zu bewältigenden Distanzen, die ihn in die erste Liga der Superzüge katapultiert haben. Spricht man vom „Indian Pacific", muss man sich einiger Superlative und Alleinstellungsmerkmale bedienen. Er ist der einzige Zug, der einen Kontinent in seiner ganzen Länge durchquert. Perth liegt direkt an der Westküste Australiens, Sydney ganau an der Ostküste. Kein anderer Zug fährt zwar nicht ganz ohne Halt, aber eben doch in einem Schwung und in einer Tour so viele Kilometer wie der „Indian Pacific". Dominiert wird die Szenerie die meiste Zeit über vom „Outback", wie die Australier die kargen Wüsten- und Steppenlandschaften nennen, deren Faszination sich die Passagiere nicht entziehen können. Abwechslung bieten die „Blue Mountains" im Bundesstaat New South

Vergangenheit an. Jetzt waren alle Züge zwischen Perth und Sydney auf Normalspurverkehr eingestellt. Die Jungfern-Nonstop-Tour fand unter großem Medienrummel am 23. Februar 1970 statt, als der erste durchgehende „Indian Pacific" in Sydney startete. Seitdem wird die Strecke zweimal in der Woche bedient. Mittwochs und sonntags fährt der Express von Perth nach Sydney, samstags und mittwochs geht er in der umgekehrten Richtung auf Tour.

Wales, deren üppige Vegetation in einem scharfen Kontrast zum Outback steht. Doch drei Tage und drei Nächte hält es kein Mensch ununterbrochen in einem Zug aus – zumal, wenn Komfort und Abwechslung wie im „Indian Pacific" eher kleingeschrieben werden. Also bietet die „Australia Southern Railways"-Gesellschaft den Reisenden die Chance, unterwegs den Zug zu verlassen, um ihnen eine Reihe von Sehenswürdigkeiten an der Strecke zu präsentieren. Noch am ersten Tag, nach etwa 600 Kilometern Fahrt, erreicht der „Indian Pacific" gegen Abend Kalgoorlie. Der Name dieser Stadt erweckt bei jedem Australier die Erinnerung an den „Gold Rush", der am Ende des 19. Jh. das Land in Atem hielt und viele Glücksritter anlockte. Noch immer ist Kalgoorlie mit seinen Goldminen ein überaus wichtiger Wirtschaftsfaktor. Der Zug hat das Goldgräberparadies um 21.50 Uhr erreicht. Es ist nicht mehr hell und doch greifen viele Passagiere das Angebot, einen kleinen Trip durch die Stadt zu unternehmen, gerne auf.

Blue Mountains Die berühmten „Three Sisters". So heißt im Volksmund eine markante Formation mit drei spitzen Felsen.

Publikumsmagne-
ten Zwölf solcher
Skulpturen in der
Nähe von Broken
Hill wurden 1993
von international
renommierten
Künstlern ge-
schaffen. »»

Schnurgerade durch die Wüste

▣ Um 1.40 Uhr am ganz frühen Donnerstag morgen geht die Reise weiter. Bald ist die Nullarborebene erreicht, in der es tatsächlich „keinen Baum" gibt, unter dem die Kängurus Schatten finden könnten. Der „Indian Pacific" schreibt an diesem Punkt Eisenbahngeschichte: Über 478 km Länge verlaufen die Schienen ohne jeden Schlenker streng geradeaus, das ist Weltrekord. Den Touristen zuliebe hält der Zug kurz in Cook. Früher war dies einmal eine wichtige Station zur Versorgung des Zuges mit Wasser gewesen. Über eine mehrere hundert Kilometer lange Pipeline wurde das kostbare Nass herbeitransportiert. Nach der Privatisierung der „Indian Pacific" hat sie ihre Funktion eingebüßt.

Nächster fahrplanmäßiger Halt ist am Freitag um 7.20 Uhr Adelaide. 1836 gegründet, ist Adelaide heute die Hauptstadt des australischen Bundesstaats South Australia. Zwei Stunden und 40 Minuten bleibt der Zug im Bahnhof der Stadt, die mit ihrer Lebhaftigkeit und ihrem Trubel so ganz im Gegensatz zu den ruhigen und verlassenen Gegenden gebildet, die der „Indian Pacific" auf dem Weg hierher durchquert hat. Nach über 2000 km ist Adelaide die erste Stadt, welche die Reisenden seit der Abfahrt in Perth zu Gesicht bekommen. Auch in Adelaide bietet die „Southern Railways" ihren Gästen eine Exkursion per Bus an. Man lässt sich gern die sanfte Meeresbrise um die Nase wehen, während man alle Sehenswürdigkeiten dieser eleganten Stadt mit ihren kolonialen Prachtbauten in Augenschein nimmt.

Um 10.00 Uhr verlässt der „Indian Pacific" schon wieder den Bahnhof von Adelaide und setzt seine lange Reise in Richtung Osten fort. Am selben Nachmittag gibt es um 4.30 Uhr einen weiteren Stopp. Nun dürfen sich unternehmungslustige Reisende unter fachkundiger Führung in Broken Hill vergnügen. Der Name dieser Stadt mit ihren knapp 19 000 Einwohnern ist eng mit dem Bergbau verbunden. Hier, im Grenzgebiet zwischen den Bundesstaaten South Australia und New South Wales, schägt das Metallherz Australiens. Abgebaut werden hier schon seit Jahrzehnten wertvolle Bodenschätze. Während der einstündigen Tour durch Broken Hill erfahren die Passagiere des „Indian Pacific" fast alles über diesen bedeutenden Wirtschaftsstandort im Südosten von Australien.

Zum letzten Mal bittet der Zugchef die Kunden am Freitag abend um 18.30 Uhr zur Weiterfahrt. Jetzt steht den Gästen noch eine nächtliche Reise nach Sydney bevor. Am Samstag vormittag trudelt der Zug endlich im repräsentativen Bahnhof der australischen Millionenmetropole ein. Die Gäste steigen aus und sind stolz darauf, mit dem „Indian Pacific" einen ganzen Kontinent von Küste zu Küste durchquert zu haben. Waren sie in Perth vom Indischen Ozean verabschiedet worden, empfängt sie in Sydney der Pazifische Ozean.

« Strecke auf Broken Hill hin In weit ausgreifenden Kurven steuert der Zug die Bergbaustadt Broken Hill an.

Sydney Ein städtebauliches Highlight der großen australischen Metropole ist die Harbour Bridge mit einer Spannweite von 503 m.

Der TranzAlpine Express

Ein Trip quer durch Neuseelands Südinsel mit dem „TranzAlpine Express" erinnert an großes Kino. Denn die Landschaften, die während der viereinhalb voll klimatisierten Stunden Bordaufenthalt hinter riesigen Panoramafenstern vorbeiziehen, sind gleichsam Teil eines einzigartigen Naturschauspiels.

Strecke am Brunnersee Vorbei am Angler- und Wassersportparadies im Bezirk West Coast.

▣ Weite Ebenen, veränderliche Ströme, enge Schluchten, stille Seen, schneebedeckte Gebirgsgipfel, feuchte Regenwälder, gewaltige Ozeane: Bilderreicher kann eine rund 2233,8 km lange Fahrt wohl kaum verlaufen. Und: Wer diese Fahrt auch noch um die Nase spüren will, der kann sich in einen der offenen Aussichtswaggons begeben. Heiße und kalte Getränke, Snacks und leichte Mahlzeiten vervollkommnen den

Springfield Der „TranzAlpine Express" verlässt hier die Canterbury-ebene. »

Genuss. Ins Leben gerufen wurde der TranzAlpine-Service zwischen Christchurch und Greymouth am 22. November 1987. Infolge einer verstärkten Tourismusorientierung der New Zealand Railways Corporation ersetzte er die bis dahin bestehende konventionelle Expressverbindung. Und tatsächlich erfreut sich die Reise Jahr für Jahr größerer Beliebtheit. 2007 unternahmen sie insgesamt 204 000 Fahrgäste. Kein Wunder: Die Strecke gilt als eine der zehn schönsten Naturrouten der Bahn weltweit. Abfahrt: Christchurch, 8.15 Uhr, täglich.

Durch die Canterburyebene

▣ Zunächst rollt der „TranzAlpine Express" ein Stück auf der Main South Line nach Süden, dann schwenkt er ein auf die berühmte Midland Line nach Westen: Zahlreiche Brücken, Viadukte und Tunnels prägen von nun an die Fahrt. Zunächst geht es hinein in die Canterburyebene, ein Gebiet, das sich bis hin an die Neuseeländischen Alpen erstreckt. Sie entstand aus den Schuttkegeln großer Flüsse, den sogenannten Zopfströmen, die sich durch veränderliche, in kleine Kanäle und Inseln aufgespaltene Läufe auszeichnen. Diese an sich fruchtbare Region wird zwischenzeitlich immer wieder von Dürreperioden heimgesucht. Denn ein vorherrschender Föhnwind aus Nordwest, der sogenannte Northwester, bringt die feuchtwarme tasmanische Seeluft bereits vor den hoch aufschießenden Südalpen, in der Region West Coast also, zum abregnen. Dort nährt sie immergrüne Regenwälder.

Christchurch Die 350 000 Einwohner starke „englischste" Stadt Neuseelands ist Ausgangspunkt der Reise.

299

Panoramafahrt in schwindelnder Höhe Der „TranzAlpine Express" überquert einen Viadukt in den Südalpen.

Der größte dieser regionalen Zopfströme ist der Waimakariri („Waimak"), was in der Sprache der Maori so viel wie „Fluss aus kaltem, rauschendem Wasser" bedeutet. Europäische Siedler der 1850er Jahre tauften ihn Courtenay River, ein Name, der sich allerdings schon bald wieder verlor. Der Strom entspringt an der Ostflanke der Südalpen, etwa 8 km südwestlich von Arthur's Pass, um dann 151 km lang über die Canterburyebene bis in den Pazifik nahe Kaiapoi zu fließen. Die längste Zeit der Strecke bildet er das beschriebene System aus zahlreichen veränderlichen Kanälen aus: So mündete er zwischenzeitlich sogar in den Ellesmeresee. Kurz vor Eintritt in die Canterburyebene zwingt ihn eine enge Schlucht jedoch zu einem kontrollierten Verlauf: die Waimakariri-Schlucht. Dorthin bahnt sich nun auch der „TranzAlpine Express" – aus entgegengesetzter Richtung

kommend – seinen Weg: vorbei an atemberaubenden Felswänden, hindurch durch eng geführte Tunnels, hinüber über schwindelerregende Viadukte, hinein in eine Welt aus Schnee, Eis und Fels – hinein in die Südalpen.

Über die Südalpen

Einem Rückgrat gleich durchziehen die rund 360 km langen Südalpen die Südinsel der Länge nach. Entstanden ist das Inselgebirge vor etwa 100 bis 150 Millionen Jahren. Als Teil des Pazifischen Feuerrings hat es überdies Vulkane und Heiße Quellen zu bieten, die in einigen Landstrichen sogar als Energiequellen genutzt werden. Höchster Berg der Kette ist gleichzeitig der höchste Berg ganz Australiens/Ozeaniens: der bis auf 3754 m aufragende Mount Cook (Maori: Aoraki

= Wolkenstecher). Baut sich der Gebirgsriegel im Westen von der Küste ab binnen 50 km auf, so fällt er im Osten deutlich gemächlicher ab. So kann sich dort das Wasser in zahlreichen Seen sammeln. Hier hinauf, in diese glücklicherweise noch immer sehr tourismusarme Landschaft, kämpft sich nun die Bahn.

◻ Der höchste Punkt der Fahrt ist mit 737 m bei Arthur's Pass erreicht. Seinen Namen verdankt der Pfad Sir Arthur Dudley Dobson, der – instruiert durch den West-Coast-Maori-häuptling Tarapuhi – 1864 erstmals Europäer darüberleitete. Der Zeitpunkt seiner Entdeckung hätte günstiger kaum fallen können, wurde doch unwesentlich später an der Westküste Gold ergraben. In den 1880er Jahren begann man dann schließlich, entlang dieser Wegstrecke Schienen zu verlegen. Doch das Unterfangen stockte immer wieder aufgrund technischer und finanzieller Probleme. Ohne nennenswerte maschinelle Unterstützung konnte der Bautrupp Ost so erst 1906 die Waimakariri-Schlucht vergleisen. Ein Teilerfolg, der aber immerhin die Möglichkeit eröffnete, Greymouth unter Zuhilfenahme einer Kutsche binnen eines Tages zu erreichen. Cass konnte 1910, Arthur's Pass schließlich 1914 angefahren werden.

◻ Bereits am 25. Mai 1908 hatte der mittlerweile bis auf Höhe Otira vorgedrungene Bautrupp West begonnen, einen Gebirgsstock zu durchtunneln. Betriebsfertig war die Röhre jedoch erst am 4. August 1923. Der damals übliche Dampfbetrieb hatte sich auf diesem Teilstück nicht einsetzen lassen. Nicht nur war die Tunnelstrecke mit 8550 m sehr lang, damals eine der längsten der Welt – nein: Das Tunnelende bei Otira lag rund 250 m tiefer als dasjenige bei Arthur's Pass. Schwere Rauchgasvergiftungen in diesem Kamin wären die Folge gewesen. So wurde dieser Teilabschnitt mit Elektroloks an Fahrdrähten ausgestattet, versorgt über ein eigens dafür konstruiertes Wasserkraftwerk. Heute, im Zeitalter der Dieseltechnik, wird nach Einfahrt eines Zuges durch das untere Tor eine Tür hinter ihm geschlossen und erst wieder geöffnet, wenn die Emissionen vollständig abgesaugt sind. Unser Zug – unterwegs in entgegengesetzter Richtung – unterschreitet bald nach Tunnelende wieder die Schneegrenze, taucht ein in einen üppigen Regenwald, rollt vorbei an Lake Brunner auf die mit nur rund 30 000 Einwohnern am dünnsten besiedelte Region Neuseelands zu. Um 12.45 Uhr schließlich ist Greymouth erreicht.

Landschaft bei Otira Bald taucht der Zug ein in üppig bewaldete Bergregionen.

„TranzAlpine Express" Die Fahrt durch die Neuseeländischen Alpen bietet ein einmaliges Naturschauspiel.